普通高等教育工程应用型系列规划教材

管 理 学

主 编 王小青
副主编 解茹玉 郑桂玲

科学出版社
北 京

内 容 简 介

本书以管理职能为基本框架展开，从管理的基本概念、理论形成与发展出发，着重介绍了战略管理、决策、计划、组织、人力资源管理、领导、沟通、激励、控制等经典理论和技术方法，以及企业变革与管理理论发展的最新动态。本书力求内容精炼易懂、语言简洁平实，结构清晰，概念准确，案例充分，在阐明管理学基本知识体系的同时，充分反映理论和实践的最新发展。

本书可作为高等学校经济管理类专业的必修课程及工科类专业选修管理类课程的教材，也可作为企业实践者学习管理学理论的参考读物。

图书在版编目（CIP）数据

管理学/王小青主编. —北京：科学出版社，2016

ISBN 978-7-03-048925-8

Ⅰ. ①管⋯ Ⅱ. ①王⋯ Ⅲ. ①管理学 Ⅳ. ①C93

中国版本图书馆 CIP 数据核字（2016）第 138408 号

责任编辑：张 帆 李 清 / 责任校对：贾伟娟
责任印制：徐晓晨 / 封面设计：迷底书装

科 学 出 版 社 出版
北京东黄城根北街 16 号
邮政编码：100717
http://www.sciencep.com

北京中石油彩色印刷有限责任公司 印刷
科学出版社发行 各地新华书店经销

*

2016 年 6 月第 一 版　开本：787×1092　1/16
2019 年 1 月第三次印刷　印张：15 1/4
字数：362 000
定价：49.00 元
（如有印装质量问题，我社负责调换）

前　言

管理学是一门建立在经济学、心理学、行为科学、社会学、统计学基础上，研究管理活动的基本规律和一般方法的综合性、实践性很强的应用学科，这些基本规律和科学方法对于所有管理领域具有普遍适用性，是经济管理学科群中最为基础的学科。因此，管理学已成为高等院校经济管理类专业必修的专业基础课之一。

"力求内容精炼易懂、语言简洁平实，结构清晰，概念准确，案例充分，在阐明管理学基本知识体系的同时，充分反映理论和实践的最新发展"，是指导我们编写本书的基本思想，主要体现在以下几个方面。

第一，内容精炼易懂，语言简洁平实。本书从谋篇布局到遣词造句都力求精练、易懂，争取用有限的篇幅来高效、准确地阐述管理学知识体系。本书在每章前设有学习目标和本章结构图，既方便广大教师制定教学大纲、因材施教，也帮助读者快速了解本章内容及重难点。

第二，结构清晰。本书继续保持以管理职能为框架的基本特点。第1、2章为管理的基本概念和理论发展，第3～12章以管理职能为主线展开，较为全面地介绍管理活动的基本规律、管理学一般原理及各种管理技术和方法。第13章介绍企业变革与管理理论发展的最新动态。

第三，概念更加准确、清晰。我们在编写过程中，力求首先界定每个概念的准确含义，为后续的理论阐释和讨论奠定坚实的基础，做到学者易学、读者易懂。

第四，章前引导案例与章后职场案例。本书在每章前设有引导案例，帮助读者了解本章内容与管理实践的关系，使读者带着问题和思考进入本章的理论学习；在每章后设有1~2个职场案例，可作为教师推广案例教学的基本素材，也可帮助读者回顾和领会本章的理论知识。

第五，课后思考题与技能训练。本书在每章后设有复习思考题，题目涉及本章所有知识点，帮助读者来检验自己理解的程度，也可作为复习考试的参考；在部分章节后设有技能训练，可作为教师课堂训练的素材，也可帮助学生体验和领悟管理职能。

本书是普通高等教育"工程应用型"系列规划教材，并配套在线题库，共计2000余道题帮助读者学习理解和巩固知识点。本书由西安交通大学城市学院王小青主编，西安交通大学城市学院解茹玉、东南大学成贤学院郑桂玲为副主编。具体分工为：王小青、饶金涛（第1章），王旭、郑桂玲（第2章），宋安玲（第3、4、5章），王旭、郑桂玲（第6、7章），郑桂玲（第8章），解茹玉（第9、10、11章），王小青、饶金涛（第12、13章）。全书内容及在线题库由主编与副主编共同审核、修改、总纂和最后定稿。

本书在编写过程中参阅和借鉴了大量的文献资料，在此对文献作者表示衷心的感谢。由于编者水平有限，编写时间仓促，书中不免存在疏漏和不足，敬请广大专家和读者不吝赐教。

编　者
2016年3月

目 录

前言
第1章 管理概述 ·········· 1
1.1 管理的基本概念 ·········· 3
1.1.1 管理的含义 ·········· 3
1.1.2 管理的性质 ·········· 4
1.1.3 管理的职能 ·········· 4
1.2 管理者 ·········· 6
1.2.1 管理者及其职责 ·········· 6
1.2.2 管理者的分类 ·········· 7
1.2.3 管理者的角色 ·········· 9
1.2.4 管理者的技能 ·········· 11
1.2.5 成功管理者与有效管理者 ·········· 12
1.3 组织及其社会责任 ·········· 13
1.3.1 组织 ·········· 13
1.3.2 组织的社会责任 ·········· 14
1.4 管理的原理和方法 ·········· 15
1.4.1 管理的原理 ·········· 15
1.4.2 管理方法 ·········· 18
第2章 管理理论的形成和发展 ·········· 22
2.1 管理活动与管理思想萌芽 ·········· 23
2.2 古典管理理论 ·········· 25
2.2.1 科学管理理论 ·········· 25
2.2.2 一般管理理论 ·········· 28
2.2.3 行政组织理论 ·········· 30
2.3 行为科学理论 ·········· 31
2.3.1 霍桑实验 ·········· 32
2.3.2 人际关系理论 ·········· 33
2.4 管理理论丛林 ·········· 33
2.4.1 管理过程学派 ·········· 34
2.4.2 决策理论学派 ·········· 35
2.4.3 管理科学学派 ·········· 35
2.4.4 权变理论学派 ·········· 36

第3章 战略管理 ·········· 41
3.1 战略管理概述 ·········· 42
3.1.1 战略管理的内涵 ·········· 42
3.1.2 战略管理的过程 ·········· 42
3.2 战略分析 ·········· 43
3.2.1 组织环境分析的意义 ·········· 43
3.2.2 外部环境分析 ·········· 44
3.2.3 内部环境分析 ·········· 49
3.3 战略制定 ·········· 53
3.3.1 战略的类型 ·········· 53
3.3.2 战略选择的工具 ·········· 55
3.4 战略实施 ·········· 59
3.4.1 战略实施的任务 ·········· 60
3.4.2 战略实施的过程 ·········· 60
第4章 决策 ·········· 65
4.1 决策概述 ·········· 67
4.1.1 决策的概念 ·········· 67
4.1.2 决策的类型 ·········· 68
4.1.3 决策的原则 ·········· 69
4.2 决策的程序 ·········· 70
4.2.1 诊断问题、识别机会 ·········· 70
4.2.2 明确决策目标 ·········· 70
4.2.3 拟订备选方案 ·········· 71
4.2.4 评估方案 ·········· 71
4.2.5 选择方案 ·········· 72
4.2.6 执行方案 ·········· 72
4.2.7 评价决策效果 ·········· 72
4.3 决策方法 ·········· 73
4.3.1 定性决策方法 ·········· 73
4.3.2 定量决策方法 ·········· 74
第5章 计划 ·········· 85
5.1 计划概述 ·········· 86

5.1.1　计划的概念与内容 ············ 86
　　5.1.2　计划工作的性质 ············ 88
　　5.1.3　计划的作用 ··············· 89
　　5.1.4　计划的类型 ··············· 90
　　5.1.5　计划工作的程序 ············ 91
　5.2　预测 ······················ 92
　　5.2.1　预测的含义 ··············· 92
　　5.2.2　预测的程序 ··············· 93
　　5.2.3　预测的方法 ··············· 93
　5.3　计划方法 ··················· 94
　　5.3.1　滚动计划法 ··············· 94
　　5.3.2　甘特图法 ················ 94
　　5.3.3　网络计划技术 ············· 95
　5.4　目标管理概述 ··············· 98
　　5.4.1　目标 ··················· 98
　　5.4.2　目标管理 ················ 100
第6章　组织概述 ·················· 106
　6.1　组织含义和分类 ············· 108
　　6.1.1　组织含义 ················ 108
　　6.1.2　组织分类 ················ 109
　6.2　管理幅度和管理层次 ········· 110
　　6.2.1　管理幅度和管理层次的含义 ··· 110
　　6.2.2　管理幅度和管理层次的关系 ··· 110
　　6.2.3　管理幅度的影响因素 ······· 110
　　6.2.4　两种基本的组织结构形态 ··· 111
　6.3　职权配置 ··················· 111
　　6.3.1　授权 ··················· 112
　　6.3.2　集权与分权 ··············· 113
　6.4　职权的分化 ················ 113
第7章　组织设计 ·················· 120
　7.1　职务分析与设计 ············· 122
　7.2　部门划分与层次设计 ········· 123
　7.3　典型的组织结构 ············· 125
　7.4　影响组织结构选择的因素 ····· 128
第8章　人力资源管理 ·············· 134
　8.1　人力资源管理概述 ··········· 135
　　8.1.1　人力资源管理过程 ········· 135

　　8.1.2　当前人力资源管理问题 ····· 136
　8.2　人员的选拔 ················ 137
　　8.2.1　选拔的过程与途径 ········· 137
　　8.2.2　选拔的方法 ··············· 138
　　8.2.3　对管理人员的选拔 ········· 139
　8.3　人员的培训 ················ 139
　　8.3.1　培训的基本过程 ··········· 140
　　8.3.2　培训的对象及形式 ········· 140
　8.4　人员的考评 ················ 141
　　8.4.1　考评的目的 ··············· 141
　　8.4.2　考评的内容与方式 ········· 141
　　8.4.3　考评的程序 ··············· 143
第9章　领导 ······················ 150
　9.1　领导与权力 ················ 151
　　9.1.1　领导的含义 ··············· 151
　　9.1.2　领导者的权力 ············· 151
　9.2　领导理论 ··················· 152
　　9.2.1　领导特质理论 ············· 152
　　9.2.2　领导行为理论 ············· 152
　　9.2.3　领导权变理论 ············· 157
　9.3　领导艺术 ··················· 160
第10章　沟通 ····················· 168
　10.1　沟通概述 ·················· 169
　　10.1.1　沟通的概念 ·············· 169
　　10.1.2　沟通的过程 ·············· 169
　10.2　组织中的沟通形式 ········· 171
　　10.2.1　人际沟通 ················ 171
　　10.2.2　网络与团队沟通 ·········· 171
　　10.2.3　组织沟通 ················ 172
　10.3　管理沟通策略 ············· 174
　　10.3.1　常见的沟通障碍 ·········· 174
　　10.3.2　有效沟通的实现 ·········· 176
第11章　激励 ····················· 182
　11.1　激励的本质 ················ 183
　11.2　激励理论 ·················· 184
　　11.2.1　内容型激励理论 ·········· 184
　　11.2.2　过程型激励理论 ·········· 189

11.2.3　行为修正型激励理论 ………… 191
第 12 章　控制 ……………………………… 197
　12.1　控制工作概述 ……………………… 198
　　12.1.1　控制的含义 …………………… 198
　　12.1.2　控制的类型 …………………… 199
　　12.1.3　控制的过程 …………………… 202
　12.2　控制的内容和方法 ………………… 204
　　12.2.1　控制的内容 …………………… 204
　　12.2.2　控制的方法 …………………… 204
　12.3　有效的控制 ………………………… 206
　　12.3.1　有效控制的原理 ……………… 206

　　12.3.2　控制过程中的行为反应 ……… 208
第 13 章　管理创新、变革与新理论 … 214
　13.1　管理创新 …………………………… 216
　　13.1.1　创新概述 ……………………… 216
　　13.1.2　管理创新和技术创新 ………… 218
　13.2　企业管理变革 ……………………… 221
　13.3　管理理论新进展 …………………… 223
　　13.3.1　新世纪的管理挑战 …………… 223
　　13.3.2　管理学新理论 ………………… 224
　　13.3.3　管理科学的趋势 ……………… 227
参考文献 …………………………………… 234

第 1 章　管 理 概 述

【学习目标】

1. 掌握管理的概念、性质与职能，了解管理的作用。
2. 掌握管理者角色与技能，了解管理者的分类与职责。
3. 了解管理原理和方法，理解管理学科体系。

【本章结构图】

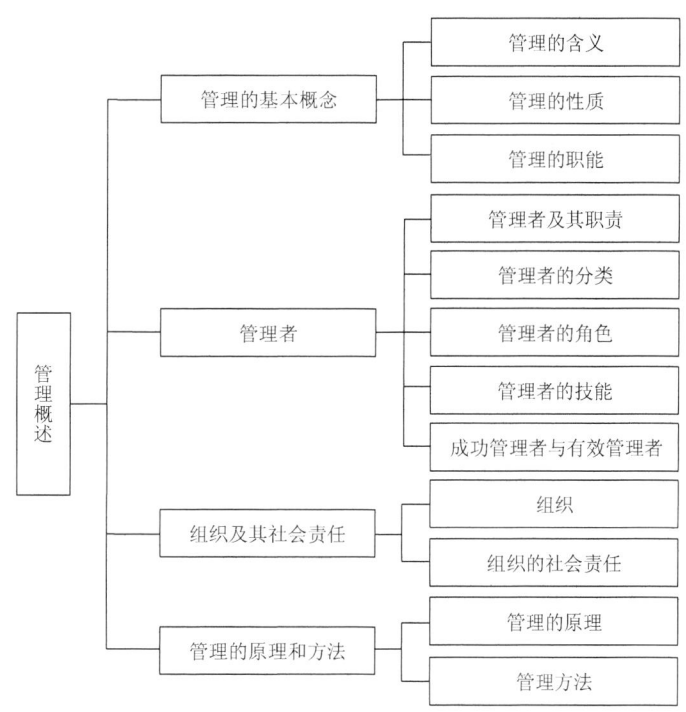

【引导案例】

通用汽车公司的破产与重组

通用汽车公司（GM）成立于 1908 年，自从威廉·杜兰特创建了美国通用汽车公司以来，先后联合或兼并了别克、凯迪拉克、雪佛兰、奥兹莫比尔、庞蒂亚克、克尔维特等公司，并拥有铃木（Suzuki）、五十铃（Isuzu）和斯巴鲁（Subaru）几家公司的股份。从 1927 年以来一直是全世界最大的汽车公司。公司下属的分部达 20 多个，拥有员工 20 多万名。通用汽车公司的全球总部位于美国密歇根州的汽车之城底特律，迄今在全球 35 个国家和地区建立了汽车制造业务。通用汽车公司的产品始终在用户心中享有盛誉。

2009年6月1日，通用汽车公司却申请破产保护。这家百年老企业在过去4年亏损超过800亿美元，并将全球最大汽车制造商宝座让给了日本丰田公司。通用汽车公司走到这一步，引起全球震惊与疑问。

有学者指出，通用汽车公司向美国政府申请破产保护，这是全球金融海啸危及实体经济的一个里程碑事件。通用是世界上最大的汽车企业，通用进入破产保护，有其自身运作中的失误，但也是全球汽车业一百多年来，产业中心向东方转移的一个必然。通用汽车公司之所以走到破产的地步，有以下几个方面原因：一是高出对手70%的劳务成本以及庞大的退休员工包袱使企业不堪重负；二是始料未及的金融海啸，让押宝华尔街，从资本市场获得投资以渡过难关的企望成为泡影；三是新能源、新技术的开发费用庞大，却没有形成产品竞争力；再加上大限已到，整改无望。

在过去的30年里，通用将上亿美元的资金投入革新，但是到20世纪90年代后期，这些投资大幅减少，因为其他地方更需要资金，也因为这些投入并没有带来预期的盈利。一些汽车分析人士认为，直到20世纪60年代，革新都是通用企业文化DNA的一部分，但随着时间的推移，"革新"一词在通用越来越多地意味着"追赶对手"。

当然，通用汽车申请的"破产保护"，并不是人们常规理解的"破产清算"，而是一种重整的过程。根据协议，新通用汽车将在未来60～90天内从现有的通用汽车中分离出去、独立运营。新的通用汽车将包括全球的核心品牌（包括别克、雪佛兰、凯迪拉克、GMC）、核心技术和优质资产。通用汽车的重整计划还包括裁员和关闭工厂，逐步降低汽车员工的福利水平。

通过破产重组，重生后的新通用在很多方面都同破产前的通用保持一致，保留旗下有较大利润空间的品牌，同时削减2万个工作岗位，关闭10多家工厂。进入破产保护程序后，通用在全美的经销商、供应商和其他关联企业将受到重大冲击。通用逐渐裁减6000万家经销商中的40%。由于医疗保险和养老金计划的更改，近50万名通用退休员工的15万名员工家属的生活也将改变。

通用汽车的重组很快取得成效，通用公司迅速完成了向新通用公司的资产出售，而新通用在出售程序完成之后立刻开始运营。通用公司原计划在60～90天后脱离破产保护程序，而实际上它在进入破产保护程序1个多月后就脱离了破产保护程序。新通用将会获得原公司最优良的业务资产及其在美国本土外的业务，包括亚太地区的其他业务。

2010年年初，通用汽车实现了盈利。4月，通用以183614辆的成绩问鼎美国市场月度销售冠军。11月18日，通用汽车重返阔别17个月的华尔街。2011年，通用汽车上半年全球销量增长8.9%，超过丰田重新成为全球汽车行业老大。

思考与讨论：
1. 在通用汽车的发展变化中管理起了何种作用？
2. 通用汽车破产重组的发展演变给你哪些启示？

自从人类有了共同劳动，就有了管理，管理是人类最基本的活动之一。它广泛地存在于现实的社会生活之中,管理是一切有组织的活动中必不可少的组成部分。尽管管理学理论和管理科学并不十分完整、准确,而且还比较粗糙,但是,不可否认:管理活动是人类最重要的一项活动,尤其是第二次世界大战以后,人们更加认识到,不依照管理规律办事就无法使企业兴旺发达。同时,管理也是促进现代社会文明发展的三大支柱之一,它与科学和技术三足鼎立。

1.1 管理的基本概念

1.1.1 管理的含义

在现代社会中,管理无时不在,无处不在。不管人们从事何种职业,人人都在参与管理:或管理国家、或管理业务、或管理家庭、或管理子女。国家的兴衰、企业的成败、家庭的贫富,无不与管理是否得当有关。因此,管理是一个广义的名词。它包括各种各样的管理,如政治管理、军事管理、城市管理、交通管理、教育管理、经济管理、企业管理等。

我们认为:管理是指一定组织中的管理者在特定的环境条件下,为了有效地达成既定的组织目标,通过实施计划、组织、领导和控制等职能来协调他人的活动,对组织所拥有的资源进行有效配置的过程。

这个概念包含以下几层含义。

(1)管理是为实现组织目标服务的,是有意识、有组织的群体活动过程。管理本身不是目的,为管理而管理是没有意义的。对于营利性的工商企业和非营利性的群体组织来说,虽然不同组织可能需要不同的管理技术和管理方法,但是管理的基本原理却是相同的。

(2)管理是一项工具,是由一系列相互关联的基本职能构成的,这些基本职能包括计划、组织、领导和控制。各级管理者都要通过计划工作、组织工作、领导工作和控制工作来确定组织目标,创造一种良好的环境,使组织成员高效率地实现既定目标。

(3)管理的对象是组织的各类资源,管理的有效性集中体现在组织资源的投入、产出的比较上。所以,管理者都必须把提高效益作为管理目标。营利性的组织固然要讲究效益,追求盈利;非营利性的组织,如事业单位、政府机关等,也必须力争完成预期目标,投入的资源(人、财、物)越少越好,或者以现有的资源完成更多的工作。

(4)管理活动是在一定的环境背景下进行的,管理者应善于发现环境为组织提供的机会和构成的威胁。管理者绝不是在一个孤立、封闭的组织内开展管理活动的,而是在一个开放的、与外界有千丝万缕联系的组织中进行管理活动的。管理者要适应外部环境的变化,并能充分利用外部环境提供的各种机会。

从本章引导案例来看,在通用汽车公司通过破产与重组之前,大量投入创新,但是到20世纪90年代后期,这些投资大幅减少,因为其他地方更需要资金,同时,这些投入并没有带来预期的盈利。这说明管理是为实现特定目标服务的。

通用汽车申请的破产保护是一种重整的过程。通过破产重组,通用再次超过丰田重新成为全球老大。管理的对象是组织的各类资源,管理的有效性集中体现在组织(通用汽车公司)资源的投入、产出的比较上。本章引导案例便能说明,在一定的环境背景下进行的管理活动中,管理者应善于发现环境为组织提供的机会和构成的威胁。同时,还要能够适应外部环境的变化,充分利用各种机会。通用汽车公司的破产重组是其环境适应性的表现。

1.1.2 管理的性质

1. 管理的自然属性和社会属性

管理的自然属性和社会属性也称为管理的二重性。通常,我们把管理中的指挥劳动称为管理的自然属性,而把监督劳动称为管理的社会属性。

就像一个乐队要有一个指挥一样,凡是有许多人进行协作的劳动,必然要通过某些人的"指挥劳动"来协调相关人员达成共同的目的。"指挥劳动"这种管理活动是同生产力直接相联系的,并随着生产力的发展、生产社会化程度的提高而增加。为了实现这种管理职能而形成的管理技术和方法是由生产力发展水平所决定的,它不会因生产关系或社会制度的改变而变化,它表现了管理的自然属性。

社会生产总是在一定的生产关系下进行的,"监督劳动"是体现生产资料所有者的意志,维护所有者的利益的重要手段。在不同的社会生产关系条件下,管理为巩固和发展一定的生产关系服务,表现出不同的个性,这就是管理的社会属性。

任何一种管理方法、管理技术和手段的出现都是与时代背景和特定的社会关系紧密结合的。我们在研究、掌握管理原理和规律时,要因时制宜,因地制宜。实践表明,不存在一个适用于古今中外的普遍模式。

2. 管理的科学性和艺术性

管理作为一个活动过程,其间存在着一系列基本客观规律。人们从实践中抽象总结出管理理论和一般方法,利用这些理论和方法来指导自己的管理实践,又以管理活动的结果来衡量管理过程中所使用的理论和方法是否正确,从而使管理的理论和方法在实践中得到不断的验证和丰富。因此,管理是一门科学,它以反映管理客观规律的管理理论和方法为指导,有一套分析问题、解决问题的科学的方法论。

同时,管理工作也像其他实践一样,仅凭书本上的理论来进行管理活动是不能保证其成功的。管理人员必须在管理实践中发挥积极性、主动性和创造性,因地制宜地将管理知识与具体管理活动相结合,才能进行有效的管理。所以,管理的艺术性就是强调管理活动除了要掌握一定的理论和方法,还要有灵活运用这些知识和技能的技巧和诀窍。

从管理的科学性与艺术性可知,有成效的管理艺术是以对它所依据的管理理论的理解为基础的。因此二者之间不是互相排斥,而是互相补充的。

因此,管理既是一门科学,又是一门艺术,是科学与艺术的有机结合体。管理的这一特性可以促使人们既注重管理基本理论的学习,又不忽视在实践中因地制宜地灵活运用，这一点可以说是管理成功的一项重要保证。

1.1.3 管理的职能

管理的职能就是管理者为了有效地管理必须具备的功能，或者说管理者在执行其职务时应该做些什么。管理具有哪些具体职能？这一问题经过了许多人近一百年的研究，至今还是众说纷纭。自法约尔提出五种管理职能以来，有提出六种、七种的，也有提出四种、三种甚至两种、一种的。随着社会发展的不断进步，人类对于管理的认识也在不断提升、发展，对管理职能的诠释也不断丰富和深化。我们认为，管理的职能应主要包括以下几个方面。

1. 计划职能

计划是管理的首要职能，是事先对未来行动所作的安排。它体现了管理活动的有意识性。计划是从现在所处的位置到达将来预期的目标之间架起的一座桥梁。有了计划就能将不能成为现实的事物变成现实。虽然计划不能准确地预测将来，而且难以预见的情况可能干扰编制出来的最好计划，但是，如果没有计划，工作往往陷于盲目或者碰运气。为完成任务创造环境时，最重要的和基本的因素莫过于使人了解他们面临的目标相应完成的任务，以及为完成目标和任务所应遵循的指导原则。如果想使集体的努力有成效，人们必须了解期待他们完成的工作任务是什么。

计划包括计划的编制、执行和检查。计划不仅是指引进新事物，而且也指合乎情理和行之有效的措施。它不仅从明确目标着手为实现组织目标提供了保障，同时还通过优化资源配置和通过规划、政策、程序等的制定保证组织目标的实现。

2. 组织职能

在管理学中，组织的含义可以从静态和动态两个方面来理解。从静态意义上讲，指组织结构，即组织是反映人、职务、任务以及它们之间的特定关系的网络。从动态意义上讲，指维持与变革组织结构以完成组织目标的过程。

组织是管理的一项重要职能，其主要内容是：根据组织目标，在任务分工的基础上设置组织部门；根据各部门的任务性质和管理要求，确定各部门的工作标准、职权、职责；制订各部门之间的关系及联系方式和规范等。

组织是管理的基础性工作。任何部门、任何层次的管理者都首先表现为组织中各部门的人员构成部分；管理者进行管理的信息指令都要借助于组织各部门按特定次序传递；管理的目标要通过合理的组织设计和有效的组织行为来实现。可见，组织不仅是管理的职能，而且是管理的基础。组织职能是管理活动的根本职能，是其他一切管理活动的保证和依托。

3. 领导职能

做好计划与组织工作，仍不一定能够保证组织目标的实现，因为组织目标的实现要依靠组织全体成员的努力。配备在组织机构中各个岗位上的人员，由于各自的个人目标、需求、喜好、性格、素质、价值观及工作职责和掌握信息量等方面存在很大差异，在相互合作中必然会产生各种矛盾和冲突。因此，就需要有权威的领导者进行领导，指导人们的行为、沟通人们之间的信息、增强相互之间的理解，统一人们的思想和行动，激励每个成员自觉地为实现组织目标共同努力。

管理的领导职能是一门非常奥妙的艺术，它贯彻在整个管理活动中。不仅组织的高层领导、中层领导要实施领导职能，基层领导如工厂的车间主任、医院的护士长也担负着领导职能，都要做人的工作，重视工作中人的因素的作用。领导工作指对工作人员施加影响，使他们对组织和集体的目标做出贡献。这主要涉及管理工作的群众关系方面。主管人员面临的最重要问题都来自群众，有效的主管人员也应该是有作为的领导人。由于领导意味着服从，而大家往往跟随那些能满足大家需要、愿望和要求的领导人，所以领导必然包含激励、领导作风和方法以及信息交流。

4. 控制职能

控制，是指组织在动态变化的环境中，为确保实现既定目标而进行的检查、监督、纠偏等一系列管理活动的统称。控制既是一轮管理循环过程的终点，同时又是新一轮管理循环活动的起点。

人们在执行计划过程中，由于受到各种因素的干扰，常常使实践活动背离原来的计划。为了保证目标及为此而制订的计划得以实现，就需要有控制职能。控制的实质就是使实践活动符合计划，计划就是控制的标准。管理者必须及时取得计划执行情况的信息，并将有关信息与计划进行比较分析，结合内外环境的状态变化情况发现实践活动中存在的问题，分析原因，及时采取有效的纠正措施。从纵向看，各个管理层次都要充分重视控制职能，越是基层的管理者，控制要求的时效性越长，综合性越强；从横向看，对各种管理活动、各个管理对象都要进行控制，没有控制就没有管理。实际生活中，无论什么人，如果你对他放纵不管，只是给他下达计划、给他布置任务、给他职权、给他奖励，而不对他工作的实际情况进行严格的检查、监督，发现问题不采取有效的纠正措施，听之任之，那么这个人迟早会成为工作的累赘，甚至会把他完全毁掉。所以控制与信任并不完全对立。管理中可能有不信任的控制，但不存在没有控制的信任。

从管理职能划分的演变看，计划、组织和控制是各管理学派公认的管理职能，而领导的作用在现代管理中日益突出，所以，本书按计划、组织、领导和控制等四个职能来组织管理学的内容。至于每一项职能的具体内容将在以后各章中分别详细论述。

1.2 管 理 者

1.2.1 管理者及其职责

1. 管理者

在明确谁是管理者之前，搞清楚组织的含义是非常重要的。因为管理者都是在组织中工作的。组织是指一种由人们组成的、具有明确目的和系统性结构的实体。各种组织，无论规模大小、性质如何，都具有以下三个共同特征：①每个组织都有一个明确的目标；②每个组织都是由人组成的；③每个组织都发育出一种系统性的结构，用以规范和限制成员的行为。

管理者在组织中工作，组织中的成员可以分为两种类型：操作者和管理者。操作者是指直接从事某项工作或任务的人，不具有监督他人工作的职责，如汽车装配线上的装配工人、麦当劳店里烹制汉堡包的厨师等；相反，管理者就是指挥别人活动的人，他们要为下级人员卓有成效的工作而创造良好环境，实现预期的目标。

2. 管理者的职责

凡是管理者都要执行管理职能，但由于管理者在组织中所处的层次不同，他们在执行这些职能时也就各有侧重。例如，最高管理层要考虑整个企业组织的设计，而基层管理者集中于工作小组的工作设计。

（1）管理者是目标的提出者。管理能否取得成效和取得成效的大小，关键在于是否能制订出反映本组织发展的目标，这个目标体现着管理者和大多数成员的意志，以及社会发展的要求。因此，管理者要能够为组织制订一个切实可行且足以激发组织成员奋发向上的发展目标。

（2）管理者是计划者。制订计划是管理者的首要任务，也是管理者指引组织发展，调动组织内成员积极性的重要手段。亨利·法约尔说过：缺乏计划或一个不好的计划是领导人员无能的标志。因此，管理者必须以严格的科学态度、实事求是的精神，制订组织的计划，并保证计划的可行性和操作性。

（3）管理者是组织者。组织是保证管理活动顺利进行必不可少的条件，因而是管理者的重要职责。管理者应把管理活动的各个要素、各个环节和各个方面，从劳动的分工、协作、时间、空间上做到很好的结合，使组织不断地适应客观条件的变化，发挥出最大的效能。

（4）管理者是指挥者。管理者要不断地在管理过程中发布命令、下达指示、制定措施，以此来统一组织及其成员的意志和行为，所以，管理者又是一个指挥者。指挥者的任务就是要在严密组织基础上，合理分配任务和布置工作，并督促和检查执行情况，及时处理管理中出现的问题。

（5）管理者是协调者。有效的管理，必须要保证生产过程中各要素、管理的各职能之间保持高度的协调，这种协调的实现，需要管理者在管理活动中不断地进行统筹和调节。所以，管理者又是一个协调者。作为一个协调者，必须要在保证组织目标实现的基础上，各环节相互配合，紧密衔接，互不冲突。

1.2.2 管理者的分类

1. 管理者的层次分类

按照管理人员所处的管理层次，可以区分为高层管理者、中层管理者和基层管理

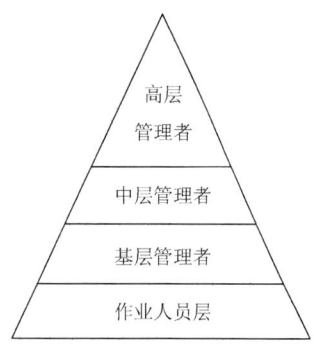

图 1-1 管理者的层次分类图

者,同时在管理者层次之下还包括一个作业人员层。如图 1-1 所示。

(1) 高层管理者。指负责制订组织的发展战略和行动计划,有权分配组织中拥有的一切资源的管理人员。在西方,企业中的高层管理者一般是指 CEO,即行政首长(又译首席执行官),COO 即业务首长(又译首席经营负责人)及 CFO 即财务首长(又译首席财务负责人)等。在我国工商企业中的经理、厂长,学校的校长,医院的院长等都属于高层管理者。组织的兴衰存亡取决于高层管理者对环境的分析判断,以及目标的选择和资源运用的决策。

(2) 中层管理者。指负责制订组织具体的计划及有关细节和程序,以贯彻执行高层管理者作出的决策和计划的人员。大公司的地区经理、分部(事业部)负责人、生产主管、车间主任等都属于中层管理人员。中层管理人员不直接指挥、协调一线人员的活动,他们主要是将高层管理者的决策和指示传达给基层管理者,同时将基层的意见和要求反映到高层管理部门,他们是连接高层管理者与基层管理者的桥梁和纽带。中层管理者还要负责协调和控制基层生产活动,保证完成各项任务,实现组织目标。

(3) 基层管理者。基层管理者又称一线管理人员。具体指工厂里的班组长、小组长等。他们的主要职责是传达上级计划、指示,直接分配每一个成员的生产任务或工作任务、随时协调下属的活动、控制工作进度、解答下属提出的问题、反映下属的要求。他们工作的好坏,直接关系到组织计划能否落实,目标能否实现,所以,基层管理者在组织中有着十分重要的作用。对基层管理者的技术操作能力要求较高,但并不要求其拥有统筹全局的能力。

不同层次的管理者尽管职责不同,但工作的性质和内容基本上相同,有一个共同特征就是能够协调指挥他人,有效实现组织目标,都包括要执行计划、组织、领导和控制等职能,但处于不同层次的管理者在这四项职能上耗费的时间是不一样的。例如,高层管理者要花更多的时间来考虑组织的发展战略和整个组织的设计,而基层管理者则要更多地考虑如何激励下属和小组或个人的工作设计。随着管理职位的晋升,管理者可能从事更多的计划工作和更少的直接领导工作,见表 1-1。

表 1-1 组织中不同层次的管理者每种职能的时间分布

管理职能 管理者	计划	组织	领导	控制
高层管理者	28	36	22	14
中层管理者	18	33	36	13
基层管理者	15	24	51	10

资料来源:改编自斯蒂芬·P·罗宾斯《管理学》,中国人民大学出版社,1997年

2. 管理者的领域分类

管理者还可以按照所从事管理工作的领域及专业性质的不同划分为综合管理者与专业管理者两大类，如图 1-2 所示。

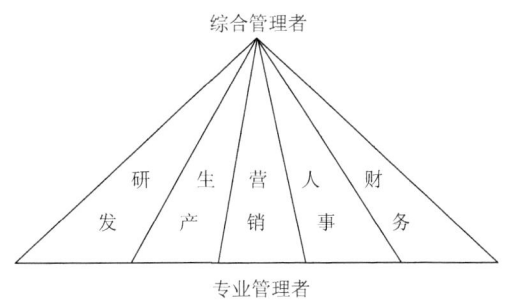

图 1-2　管理者领域分类

（1）综合管理者。综合管理者是指负责管理整个组织或组织中某个事业部全部活动的管理人员。对于一个小型组织来说，企业的总经理就是综合管理者，他要统管该组织生产、经营、人事、财务等主要业务活动。但对于大型组织而言，组织多是按事业部设立的，组织的权力层层下授，高层主管人员无法统管组织的各个层面和环节。此时，该组织的综合管理人员的范围就大大拓宽，也包括组织中各分公司经理或事业部经理等。

（2）专业管理者。专业管理者也称为职能管理者，指负责组织中某一专门管理职能的管理人员，如计划管理人员、市场营销管理人员、财务管理人员、生产（业务）管理人员、人事管理人员等。这类管理人员的职责是负责组织或组织内某一层次中的某一专门管理职能，以他们的专业知识对组织目标的实现做出贡献。

此外，组织中还有一些决策参谋人员。指为各级决策指挥人员提供决策建议的智囊人员。这类人员没有直接的决策指挥权，但他们以自己的知识影响组织决策，有时这种影响还比较大。所以通常将他们也称为管理人员。决策参谋人员的职责是收集、整理、提供与决策相关的各种信息，为决策者提供合理的建议、方案。

1.2.3　管理者的角色

美国著名管理学家彼得·F·德鲁克于 1955 年提出"管理者角色"的概念。德鲁克认为，管理是一种无形的力量，这种力量是通过各级管理者体现出来的。管理者扮演的角色或者说责任大体上分为三类：管理一个组织、管理管理者、管理工人和工作。

1. 管理者角色理论

亨利·明茨伯格研究认为，管理者扮演着十种角色，这十种角色又可进一步归纳为三大类：人际角色、信息角色和决策角色，见表 1-2。

表 1-2 明茨伯格的管理者角色理论角色

		描述	特征活动
人际角色	1. 挂名首脑	象征性的首脑,必须履行许多法律性的或社会性的例行义务	迎接来访者,签署法律文件
	2. 领导者	负责激励和动员下属,负责人员配备、培训和交往的职责	实际上从事所有的有下级参与的活动
	3. 联络者	维护自行发展起来的外部接触和联系网络,向人们提供恩惠和信息	发感谢信,从事外部活动和其他有外部人员参加的活动
信息角色	4. 监听者	寻求和获取各种特定的、即时的信息,以便透彻地了解组织与环境,作为组织内部和外部信息的神经中枢	阅读期刊和报告,保持私人接触
	5. 传播者	将从外部和下级得到的信息传递给组织的其他成员;有些是关于事实的信息,有些是解释和综合组织的影响的人物的各种价值观点	举行信息交流会,用打电话方式传达信息
	6. 发言人	向外界发布有关组织的计划、政策、行动、结果等信息,作为组织所在产业方面的专家	举行董事会议,向媒体发布信息
决策角色	7. 企业家	寻求组织和环境中的机会,制定改进方案以发起变革,监督某些方案的策划	制定战略,检查会议执行情况,开发新项目
	8. 混乱驾驭者	当组织面临重大的、意外的动乱时,负责采取补救行动	制定战略,检查陷入混乱和危机的时期
	9. 资源分配者	负责分配组织的各种资源,事实上是批准所有重要的组织决策	调度、询问、授权,从事涉及预算的各种活动和安排下级的工作
	10. 谈判者	在主要的谈判中作为组织的代表	参与工会进行合同谈判

资料来源:罗宾斯《管理学》,中国人民大学出版社,1997年

明茨伯格的管理者的角色与计划、组织、领导和控制管理职能理论是一致的。首先,管理职能提供一种清晰的、界限分明的方法,使我们能够对管理者从事的成千上万种活动和用以实现组织目标的各种技术进行明确的分类;其次,虽然明茨伯格的管理角色的分类更详细,但是这些角色实质上与四种职能是一致的。许多角色基本上可以归入一个或几个职能中。例如,资源分配角色是计划的一部分,企业家角色也属于计划职能。所有人际关系角色都是领导职能的组成部分。

2. 组织规模对管理角色的影响

组织规模是不同的,有的组织甚至大到有成千上万的成员,有的组织或许只有几个成员。尽管划分组织规模大小除了以拥有成员多少为标准,还可以用其他标准,例如,企业的年销售收入、净资产规模,或者医院的病床拥有量等。虽然不能说一个组织规模大这个组织就特别具有重要性,小组织就微不足道;但由于组织规模的不同,不同组织内的管理者角色的重要性却是不同的。

小组织管理者最重要的角色是发言人,这是因为小组织的管理者要花大量时间让他人认识本组织,要花大量时间筹措资源,寻找新的机会促进发展。而大组织的管理者则已无这些事务(因为已解决了)缠身,所以他可以主要处理内部资源的有效配置以获得最佳的资源配置效果。与大组织的管理者相比,小组织的管理者更可能是一个

多面手，他的工作内容可能上至最高领导的必要工作，下至基层管理者的必要工作。如图1-3所示。

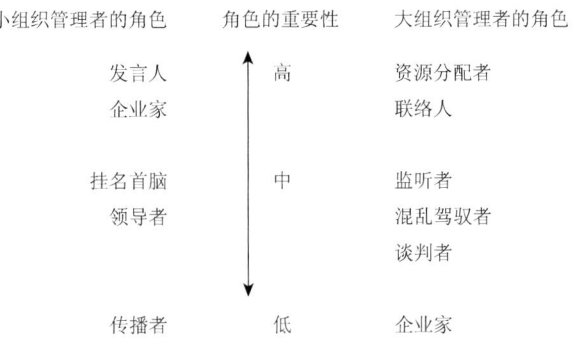

图1-3 不同规模组织管理者的角色

1.2.4 管理者的技能

管理人员由于处于不同的管理层次和不同的管理岗位，其发挥作用的大小也不相同，但是一个重要的、不可忽视的影响因素是管理者是否真正具备了相应的管理技能，即技术技能、人际技能和概念技能。

1. 技术技能

技术技能是指人熟悉和精通某种特定专业领域的技术与方法的能力，包括工作程序、技术和知识。例如，在企业中，工程师、会计师、广告设计师、计算机程序员等被认为是具有专业技能的人员。但在组织的管理中，是指管理者掌握或熟知某一专业领域的技能，并能运用其有效完成组织任务的能力。

2. 人际技能

人际技能是指管理者处理人与人之间、人与事之间关系的技能，即理解、激励并与他人共事与沟通的能力。人际技能包含内容比较多，例如，管理者的沟通能力、领导能力、协调能力等都会直接影响其人际技能的发挥。不论是哪一管理层次的管理者，掌握良好的人际技能都是十分重要的。因为各个层次的管理者都必须在与上下左右进行有效沟通基础上，相互合作，共同完成组织的目标。

3. 概念技能

概念技能是指管理者对复杂情况进行抽象和概念化的技能。特别是对组织发展的远大目标、战略方向的把握及判断力，具体地说是指洞察组织与环境相互影响因素的能力、确定和协调各方面关系的能力以及权衡不同方案优劣势和内在风险的能力。具有这方面的能力要求管理者能够站在一定的组织高度，从组织的整体角度理解和促进组织的运行，能够快速敏捷地从混乱而复杂的动态情况中辨别出各种因素的相互作用，准确地把握问题的实质以及可能出现的后果等。

研究表明，不论是基层、中层还是高层管理者对他们同等重要的就是人际技能，见图1-4。

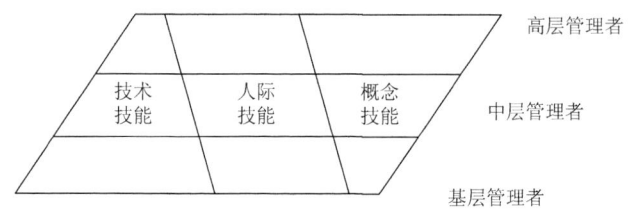

图1-4　不同层次管理者所需的技能

1.2.5　成功管理者与有效管理者

弗雷德·卢森斯（Fred Luthans）与其助手通过对管理者主要从事四种管理活动进行了分析研究，发现不同类型的管理者在企业活动中所从事的管理活动内容的侧重点不同，并影响管理者的工作绩效。卢森斯研究管理者的活动主要是以下四个方面。

（1）传统管理：决策、计划和控制。

（2）沟通：交流例行信息和处理文书工作。

（3）人力资源管理：激励、惩罚、调节冲突、人员配备和培训。

（4）网络联系：社交活动、政治活动和与外界交往。

研究发现，一般管理者、成功的管理者（以在组织中晋升的速度作为标志）、有效的管理者（用工作成绩的数量和质量以及下级对其满意和承诺的程度作为标志）分配在这四种不同管理活动的内容有很大的差异（图1-5）。一般管理者在传统管理方面最为关注，所用时间也最多；成功管理者将主要精力集中在网络联系上；而有效管理者将主要时间用于沟通方面。成功管理者与有效管理者的管理风格有显著区别：维护网络关系对管理者的成功贡献最大，从事人力资源管理活动相对贡献较小。而在有效的管理者中，沟通的相对贡献最大，维护网络关系的贡献最小。这说明社交和施展政治技巧对于管理者在组织中的晋升起着十分重要的作用。

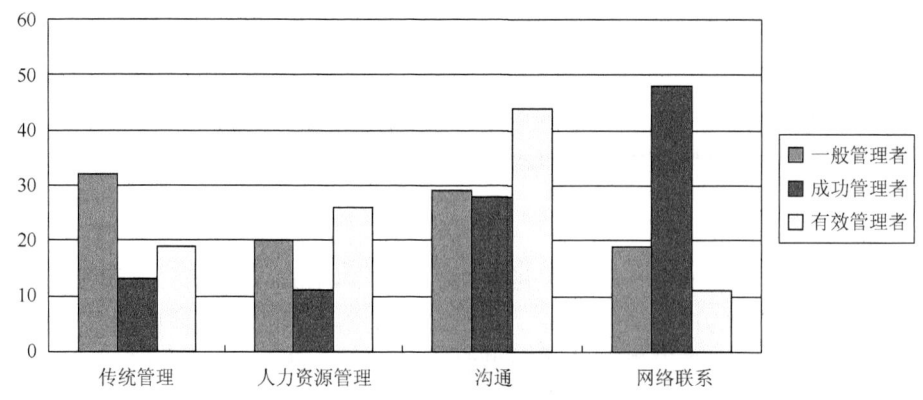

图1-5　管理者的时间分配

资料来源：斯蒂芬·P·罗宾斯《管理学》（第四版），中国人民大学出版社，1997年4月

1.3 组织及其社会责任

1.3.1 组织

"组织"可以从两个方面理解，一是名词化的"组织"，指的是组织体系或组织结构，例如，企业、学校、医院、政府机构、政治团体等都是组织；二是动词化的"组织"，指的是组织活动或组织工作，为了实现既定目标，组织需要对拥有的资源充分利用。作为一项管理职能，组织要根据计划要求和责权关系原则，将必需的活动进行整合，把人员放置在一个分工协作的系统内，以实现组织预定的目标。此处主要介绍名词化的"组织"，在本书第6、7章会详细介绍动词化的"组织"。

在社会经济领域，组织形式主要就是营利性组织与非营利性组织两种。营利性组织指经工商行政管理机构核准登记注册的、以营利为目的的、自主经营、独立核算、自负盈亏的具有独立法人资格的单位，例如，企业、公司及其他各种经营性事业单位。非营利性组织是指这类组织的运营目标不以获取利润为目的，而是追求拟定的社会目标，非营利性组织并不等于没有营利；非营利性组织是指那些具有以公众服务为宗旨，不以营利为目的，组织所得不为任何个人牟取私利，组织自身具有合法的免税资格并可为捐赠人减免税的组织。

这两种组织存在的根本性目的不一样，因此存在很大差别。第一，组织目标不同。众所周知，营利性组织最典型的就是企业，而企业是以获取利润为最终目的的，其出发点和归宿都是营利。非营利组织是不以获取利润为目的的，为社会公益服务的独立组织。非营利组织表现为各种社会团体、事业单位或者民办非企业单位等形式，在教育、文化、科学技术、医疗卫生、环境保护、权益保护、社区服务、扶贫发展及慈善救济等领域为社会公益提供服务。他们可能会收取一定费用，这些费用主要是用于维持自身的生存。政府必须有一套严格的规章，以对其行为给予监控。第二，组织的财务管理目标不同。与企业组织的营利目标相对应，企业财务管理的目标也就与获利紧密相连。有关企业财务管理目标人们通常有几种具体的表述，有利润最大化、每股盈余最大化、股东财富最大化、相关利益主体的利益最大化，尽管表述不一样，但其实质都是一样的，都以营利为其最终目的。第三，财务管理活动的内容不同。对于营利性组织而言，其财务管理活动的内容可以概括为四大部分：筹资、投资、营运和收益分配。第四，组织的权益不同。股东以其出资比例为限承担相应的义务并享有相应的权利。在企业破产清算时，对于企业的破产财产，股东拥有剩余财产的求偿权。

不同类型组织的管理侧重点不同。管理是建立在组织之上的。有组织的地方，必然有管理。没有管理的组织，称为一团散沙，不是组织。组织和管理都是为特定的目标服务的。组织是把未来实现这个目标所需要的要素加以集中，而管理的目的是使这些要素更加协调地组合在一起，使之更好地为达到目标服务。所以说组织是管理的前提，没有组织，就谈不上管理了。

从另一个方面说，组织即管理。没有管理的组织谈不上科学意义上的组织。而没有组织的管理，管理的要素都没有，更谈不上管理。因此，二者相互促进，相互协调，也是相互制约的，缺一不可。

1.3.2 组织的社会责任

组织的社会责任是指一个组织对社会应负的责任。一个组织应以一种有利于社会的方式进行经营和管理。社会责任通常是指组织承担的高于组织自己目标的社会义务。

此处，我们所强调组织的社会责任，既包括营利性组织的社会责任，也包括非营利性组织的社会责任。对于营利性组织的社会责任，例如，企业的社会行为所引发的环境污染、产品质量等问题，使企业社会责任广受关注。但我们也应当看到，非营利性组织也在社会问题上发挥越来越大的作用。我们也要关注非营利性组织的行为，特别是要引导他们在社会问题上发挥更大的作用。

社会责任的四阶段模型描述了组织在发展中承担社会责任的变化阶段。第一阶段，管理者只追求成本最小化和利润最大化从而提高股东利益，虽然遵守国家法律，但管理者并未感到有义务满足其他的社会需要；第二阶段，管理者努力改善与员工的关系，不断改善工作条件，扩大员工的权利范围，增加工作保障；第三阶段，管理者将社会责任扩展到具体环境中的其他相关方及顾客和供应商方面，强调公平的价格、高质量的产品和服务、安全的产品、良好的供应商关系以及类似的举措，他们认为只有通过满足具体环境中其他各方面的需要，才能实现对社会的责任；第四阶段，管理者感到他们对社会整体负有责任。他们积极促进社会公正、保护环境、支持公益活动。

组织承担社会责任，对组织本身来讲，也有很多的好处。

（1）树立良好的公众形象。承担社会责任的良好行为有助于组织在公众中形成良好的口碑，提高组织声誉和公信度。公众心目中的良好形象对组织的好处是多方面的。在企业中，例如，使销售额上升、雇用到更多更好的员工、更容易筹集到资金等。

（2）取得长期利润。良好的社会关系和负责行为能为组织赢来更稳固的长期利润。

（3）完善组织系统。社会责任的履行能为组织增添吸引力，从而留住优秀雇员，形成良好的组织氛围。

（4）规范组织行为。社会责任中的道德规则能有效地约束组织的日常行为，从而尽可能地避免对非法的和不道德手段的采用等。

（5）促进组织作出明智的决策，使决策建立在对社会期望、社会责任相关机遇（包括更好的法律风险管理）及对社会不负责任而引发风险的更深理解和把握的基础上；改善组织的风险管理实践。

（6）改善组织与利益相关方的关系，提升资源利用效率，特别是激发员工士气和吸引员工；改善员工的健康和安全状况；维护公平交易和消除腐败，增强交易的可靠性和公平性；预防或减少与消费者的冲突等。

此外，营利性组织与非营利性组织在承担社会责任方面也有不同。具体来说，营利性组织的社会责任表现在以下四个方面。

（1）对消费者的责任。保护消费者权利和利益是企业的主要社会责任。具体说，要求企业为广大消费者提供丰富的、优质的产品和服务，以满足其不同的需求。为此，要求企业要树立起以顾客为导向的经营哲学，并根据市场需求的变化，不断地调整经营策略，以适应消费者不断变化的需求。

（2）对环境及社会生态平衡的责任。保护社会自然环境免遭污染，实现社会生态平衡是企业重要的社会责任。随着商品经济的发展，企业在为社会创造巨大财富、给广大消费者提供物质福利的同时，却严重地破坏自然生态平衡、污染了环境，并造成恶劣的社会环境、严重地威胁着人类生存环境的良性循环。因此，保护自然环境、治理环境污染、改善恶劣的社会环境、实施社会可持续发展战略势在必行。

（3）对员工及投资者的责任。首先，要为员工创造安全生产条件，提高工资和福利待遇，依法保护其合法权益，构造各利益主体之间的和谐氛围。其次，要为投资者带来有吸引力的投资报酬。那种只想从投资者手中获取资金，却不愿或无力给投资者以合理报酬的企业是对投资者极不负责的企业，这种企业注定被投资者抛弃。此外，企业还要将其财务状况及时、准确地报告给投资者，不能欺骗投资者。

（4）对社会利益及社会发展的责任。首先，为社会创造日益丰富的物质财富，为国民经济的正常运行提供物质条件；其次，企业提供一定的税收，为国家增加积累资金，促进国家建设事业迅速发展。最后，企业还应当为所在社区提供就业机会，对社会公益事业进行支持和捐赠、帮助贫困地区的发展等。

而非营利性组织的社会责任表现在环境保护、扶贫发展、权益保护、社区服务、经济中介、慈善求助等方面，这就要求非营利性组织对上要对委托人（政府、捐赠人）承担责任；对下则要对服务对象承担责任；对外，要对外部专家和同行承担责任；对内，要对雇员和志愿者承担责任。

1.4 管理的原理和方法

1.4.1 管理的原理

管理的原理就是指在管理活动中所应当遵循的基本规律。而管理方法则是指在管理活动中，为确保管理目标的实现、管理工作的顺利进行所采用的工作方式。管理原理和管理方法是彼此相互联系和相辅相成的。管理原理只有通过必要的管理方法才能在管理的实践活动中发挥作用，而管理方法只有在正确的管理理论指导下，才不致产生盲目性，并能取得有效的成果。

1. 系统原理

世间的一切事物都具有系统的属性。所谓系统，是指由相互联系和相互作用的若干部分组成的，并具有特定功能的有机整体。加上它所处的环境，则是一个更大的系统。把系统原理应用到现代管理事业，主要体现在以下几方面。

（1）管理工作必须有统筹兼顾的全局性，把整体目标优化作为根本的出发点。把整体观念、全局利益始终放在首位,并精心运筹、全面安排,实现系统的整体优化。只有这样,才能避免轻重缓急倒置、大小不分、是非混淆等片面孤立地研究解决问题的不良倾向。

(2)必须力求各管理局部的良好分工与协作,使之充分发挥各自的职能和作用,以求管理全局的最佳效能;必须对人、财、物、事等各要素科学组织、调节和运用,以取得"人尽其才、物尽其用、财尽其利"的优良效果。

(3)搞好企业(部门或单位等)与环境的协调统一,使管理系统自身的调节与社会大系统的动态变化,保持顺应同步的态势,这是管理经营能够立足和发展的宏观必要条件。

(4)根据系统的动态性原理,强调管理工作的时限性。系统处在不断的变化之中,其中内因是变化的依据,外因是变化的条件。所以,管理工作不存在一成不变的模式,应当因地、因时、因人制宜不断调整。

2. 人本原理

人是管理系统中最积极、最活跃、最有主观能动作用的因素,从而也是首要的因素;管理应"以人为中心",充分发挥人的聪明才智,最大限度地调动人的积极性和创造性,这是做好管理工作的根本。主要表现在以下几方面。

(1)人本原理启示我们,人是企业管理的主体,管理者一定要正确地认识人、尊重人、依靠人,要坚决抛弃传统管理中把人视为机器附属物的错误观念。强调企业应适度分权,职工参与管理,发挥职代会以及股份制董事会职工代表及股东大会的作用。

(2)管理者应重视满足广大职工的合理需要。组织行为学认为,需要是人的行为动力的源泉,人的需要可分为物质需要和精神需要。管理者在可能的条件下,满足职工在衣食住行等基本物质条件上的需求以及在社会交往、荣誉等多方面的精神需求,将会极大地调动人的积极性。

(3)强调管理工作是为人服务的。正如邓小平同志说过的一句名言:"领导就是服务。"包括对职工、用户、顾客乃至全社会的服务,重视建立良好的人际关系与和谐的企业内外环境。

3. 责任原理

责任原理是指管理工作必须在合理分工的基础上,明确规定组织各级部门和个人必须完成的工作任务和相应的责任。管理的责任原理给我们的启迪如下。

(1)在管理工作中,要强调职责、权限、利益和能力的协调和统一。责任原理的核心是职责,必须在数量、质量、时间、效益上有明确的规定,并通过相应的条例、规程等形式表现出来。明确了每个人的职责,就要授予其相应的权力(包括人、财、物各个方面)并通过相应的利益来体现人们完成职责、创造业绩的补偿,即责、权、利的一致性。职责、权限、利益和能力之间存在着等边三角形的边与高的关系,如图 1-6 所示。

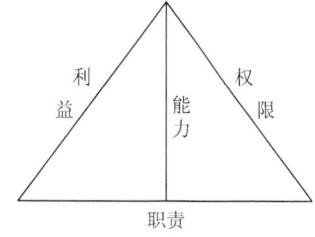

图 1-6 责、权、利和能力关系图

在图 1-6 中，职责、权限、利益为等边三角形的三个边，彼此是相等的，而能力是等边三角形的高，根据具体情况，可以小于职责。这是因为人的潜在能力是很强的，承担挑战性的工作，适当的工作压力有利于开发潜能，促使人们自觉地学习知识和提高技能，努力把自己的工作做得更好。

（2）在管理工作中，对人的奖惩要分明，注意公正和及时。对人的奖惩是对某工作职责及其业绩客观与公正的评价，有助于提高人的积极性和工作动机的激发。奖惩要以科学准确的考核为前提，使人产生公平感。奖惩工作要及时，立竿见影，对强化人的行为（不管是正强化还是负强化）有着十分重要的作用。

4. 权变原理

管理的权变原理，是指在组织活动环境和条件不断发展变化的前提下，管理应因人、事、时、地而权宜应变，采取与具体情况相适应的管理对策以达成组织目标的一项管理原理。

权变管理理论以系统观点为基础，将组织视为由若干子系统有机组成的开放系统，管理中要根据组织所处的内外环境随机应变，不存在一种一成不变、普遍适用、一劳永逸的最好的管理理论与方法，管理的成效取决于组织与其环境之间的适应性。该理论贴近于人们对具体问题进行分析、具体对待的科学认识过程，较之单纯追逐抽象的、普遍适用的管理理论与方法更能为人们所接受，也能更有效地解决具体的管理问题。

权变原理在管理的计划、组织、控制、领导等职能中运用得十分普遍，小到某一管理的权变方法，例如，PACD 计划循环法、滚动计划法，或在特定条件下某一领导方式的选择，某一激励措施的采取，大到组织结构权变设计原则的提出等。

5. 效益原理

效益和对效益不断的追求是管理活动永恒的主题。任何组织管理的最终目标都是追求和获取效益。所谓效益是指有效产出和其投入之间的一种比例关系。它包括经济效益和社会效益两个方面。效益原理要求管理工作充分注意到以下几点。

（1）正确处理组织管理工作中效率、效果和效益三者之间的关系。在管理工作中，效率是指单位时间内所取得成果的数量，它体现了输入与输出之间的关系。而效果是指经过投入转换所得到的有用成果，它体现了对组织目标与任务的完成情况。效益是指生产成品中，为社会所接受的成果。效率、效果和效益三者之间，既可以是一致的，也可以是不一致的。在管理活动中，有效率、有效果而无效益的情况大量存在，例如，在我国当前家用电器和房地产开发中曾经发生过的重复引进和盲目开发的情况，均属于忽视效益的体现。

（2）在管理活动中，必须建立正确的效益观。管理工作必须克服在传统体制下以生产为中心的管理思想，转变为以效益为中心。追求效益应当成为管理活动的出发点和归宿。管理者，特别是主要管理者要以经营战略的眼光去处理企业的效益，正确处理企业局部效益与全局效益的关系，特别是追求长期稳定的高效益，并遵循客观规律去取得效益。

1.4.2 管理方法

管理方法是指为保证管理活动顺利进行，达成管理目标，在管理过程中管理主体对管理客体进行有目的作用的方式、手段、办法、措施、途径的总和。管理方法存在于整个管理过程中，它的适用性会直接影响、制约管理过程的有效开展。

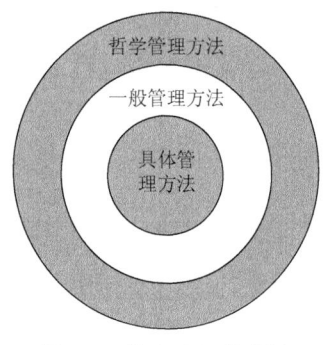

图 1-7 管理方法的层次

管理的任务、对象、内容、环境是复杂多变的，因此，社会实践中运用的管理方法也是多种多样的。管理方法按其普遍性程度不同，由低到高，大体上可分为三个层次。如图 1-7 所示。

第一层次是具体管理方法。它是对某种活动过程、某个资源要素实施管理所特有的专门方法，为解决具体管理问题服务的。企业中各种类型的职能管理，由于其目的、内容、对象、要求在相互间都有所区别，就要求有适合这些不同的特殊、专门方法。网络技术、量本利分析、全员设备管理等是以物质资源为主要管理对象的具体管理方法，预测技术、决策技术是以信息资源为主要管理对象的具体管理方法，而激励管理、政治思想工作则是以人力资源为主要管理对象的具体管理方法。

第二个层次是一般管理方法。它是从许多领域、类型管理活动总结概括出来的，往往具有一定范围的通用性。任何组织的运行都需要确定计划，按计划要求组织资源并加以控制，需要对相应的活动进行协调，对参与活动的人们加以激励。存在于各种组织中的这些管理活动共同性决定了某些管理方法的通用性。对于这一点的认识是一致的，但是，究竟哪些方法是管理的一般方法，人们的看法又不尽一致，甚至有很大的区别。在此，我们认为行政方法、经济方法、法律方法、教育方法是管理的几个较为重要的一般方法。

第三个层次是哲学管理方法。哲学思想影响着人们的思维方式并引导人们怎样去观察和认识世界。管理是一种基本的社会实践，从事管理活动的人们的动机和行为一样要受到一定哲学思想或观点的支配。哲学对管理的指导作用任何时候都存在着，这主要表现在为管理提供正确的价值观和方法论。管理中缺乏哲学观点和哲学方法的正确运用，就难以获得对所从事的管理活动本质性的认识。

管理方法的类别，还可以按照其他的角度进行划分。

（1）按管理职能类别划分，有预测方法、决策方法、计划方法、组织方法、指挥方法、控制方法、激励方法等。

（2）按所用方法的定量化程度划分，有定性管理方法和定量管理方法等。

（3）按管理对象的范围划分，有宏观管理方法和微观管理方法等。

（4）按管理活动的类型划分，可有生产管理方法、物资管理方法、信息管理方法、技术管理方法、人事管理方法等。

（5）按用于制定决策还是用于实施决策的不同功能划分，可分为管理认识方法（观察方法、调查方法、实验方法、逻辑方法等）和管理实践方法（强制性控制方法、动机激励方法、思想教育方法、社会推动方法等）。

（6）按管理者类型划分，有专制型管理方法、民主型管理方法和放任型管理方法。

（7）按管理组织形式类别划分，又可有一长制管理方法、委员制管理方法、集体领导分工负责制管理方法和参与式管理方法等。

（8）按管理方法产生的前后时序划分，有传统管理方法和现代管理方法。

【复习思考题】

1. 什么是管理？它有哪些特征？
2. 如何理解管理二重性？
3. 为什么说管理既是一门科学，又是一门艺术？
4. 管理的作用是什么？
5. 什么是组织？其社会责任表现在哪些方面？
6. 管理活动具有哪些基本职能？它们之间有什么关系？
7. 一个有效的管理者需要扮演哪些角色？这些角色与管理职能是矛盾的吗？
8. 管理者应具备哪些管理技能？
9. 如何综合运用各种管理方法，实现管理目的？
10. 你认为学习管理学对你未来的工作有什么意义？

【职场案例 1.1】

教授的"变"

某大学管理学教授在讲授古典管理理论时，竭力推崇科学管理的创始人泰勒的历史功勋，宣扬泰勒所主张的"有必要用严密的科学知识代替老的单凭经验或个人知识行事"的观点，并且宣传法约尔的 14 条管理原则。

后来，在介绍经验主义学派的理论时，这位教授又强调企业管理学要从实际经验出发，而不应该从一般原则出发来进行管理和研究。他还说，E·戴尔（Ernest Dale）在其著作中故意不用"原则"一词，断然反对有任何关于组织和管理的"普遍原则"。

在介绍权变理论学派的观点时，这位教授又宣扬在企业管理中要根据企业所处的内外条件随机应变，没有一成不变、普遍适用的"最好的"管理理论和方法。

不少学生却认为这位教授的讲课前后矛盾，胸无定见，要求教授予以解答。教授却笑而不答，反倒要求学生自己去思考，得出自己的结论。

思考与讨论：

1. 你是否认为教授的上述观点是前后矛盾的？为什么？
2. 在企业管理中，有无可能将管理原理、原则与实践正确结合起来？
3. 管理学究竟是一门科学，还是一门艺术？

【职场案例 1.2】

查克·斯通曼的一天

查克·斯通曼真的相信那句老话"早鸟得虫"。这一天是星期二，清晨，他比往常早一个小时就起来了。先是原地不动的骑车运动，接下来是洗澡、穿衣、吃早饭、快速地浏览晨报，当查克驱车上路时，他看了一眼手表，5:28。从家里开车到上班地点只需 15 分钟。查克是勒那食品公司奥马哈工厂的经理。勒那公司生产牛肉和猪肉产品，卖给六七十家大型超级市场连锁店。

查克 1979 年毕业于伊利诺伊大学，获商学学士学位。毕业后他进入勒那食品公司，一直干到今天。开始是芝加哥工厂的生产计划助理，在后来的 12 年中，他逐级晋升高级生产计划员、生产领班、轮班工长，以及塔萨斯城工厂的经理助理。1991 年，他被提升担任了现在的职务。

查克今天早晨心情特别好，昨天，查克在与上司的通话中得知，他的半年绩效奖金为 23000 美元，而过去，他最多只拿到过 8500 美元。

查克决定今天要把手头的许多工作清理一下，像往常一样，他总是尽量做到当日事当日毕。除了下午 3:30 有一个幕僚会议，今天的其他时间都是空闲的，因此，他可以解决许多重要的问题。他打算仔细审阅最近的审计报告并签署他的意见，并仔细检查一下工厂 TQM 计划的进展情况。他还打算开始计划下一年度的资本设备预算，离申报截止日期还有不到 2 个星期了，他一直抽不出时间来做这件事。查克还有许多重要的事项记在他的"待办"日程表上：他要与工厂厂长讨论几个雇员的投诉问题；写一份 10 分钟的演讲稿，准备应邀在星期五的商会会议上致辞；审查他的助手草拟的贯彻美国职业安全健康法（OSHA）的情况报告等。

查克到达工厂时是 5:45，他还没走到自己的办公室，就被会计总监贝斯拦住了，查克第一个反应是：她这么早在这里干什么？很快他就搞清楚了。贝斯告诉他工资协调员昨天没有交上来工资表，贝斯昨晚一直等到 10 点，今天早上 4:30 就来了，想在呈报的最后期限之前把工资表做出来。贝斯告诉查克，实在没办法按时向总部上报这个月的工资表了。查克做了个记录，打算与工厂的总会计师交换一下意见，并将情况报告他的上司——公司副总裁。查克总是随时向上司报告任何问题，他从不想让自己的上司对发生的事情感到突然。

最后，在他的办公室里，查克注意到他的计算机在闪烁，一定是有什么新到的信息。在检查了他的电子邮件后，查克发现只有一项需要立即处理。他的助手已经草拟出下一年度工厂全部管理者和专业人员的假期时间表，这必须经查克审阅和批准。处理这件事只需 10 分钟，但实际上占用了查克 20 分钟的时间。

现在首先要办的事是资本设备预算，查克在他计算机的工作表程序上，开始计算工厂需要什么设备以及每项的成本是多少。这项工作刚进行了 1/3，查克便接到工厂厂长打来的电话。电话中说在夜班期间，3 台主要的输送机有 1 台坏了，维修工修好它得花费 45000 美元，这些钱没有列入支出预算，而要更换这个系统大约要花费 120000

美元。查克知道,他已经用完了本年度的资本预算,于是他在10:00安排了一个会议,与工厂厂长和工厂会计师研究这个问题。

查克又回到他的工作表程序上,这时工厂运输主任突然闯入他的办公室,他在铁路货车调度计划方面遇到了困难,经过20分钟的讨论,两个人找到了解决办法。查克把这件事记下来,要找公司的运输部长谈一次,好好向他反映一下工厂的铁路货运问题,其他工厂是否也存在类似的问题?什么时候公司的铁路合同到期重新招标?

看来打断查克今天日程的事情还没有完,他又接到公司总部负责法律事务的职员打来的电话,他们需要数据为公司的一桩诉讼辩护,奥马哈工厂一位前雇员向法院起诉公司歧视他。查克把电话转接给他的人力资源部。查克的秘书又送来一大沓信件要他签署。突然,查克发现10:00到了,会计师和厂长已经在他办公室的外面等候。3个人一起审查了输送机的问题并草拟了几个选择方案,准备将它们提交到下午举行的幕僚会议上讨论。现在是11:05,查克刚回到他的资本预算编制程序上,就又接到公司人力资源部部长打来的电话,对方花了半个小时向查克说明公司对即将与工会举行的谈判的策略,并征求他对待与奥马哈工厂有关的问题的意见。挂上电话后,查克下楼去他的人力资源部长办公室,他们就这次谈判的策略交换了意见。

查克的秘书提醒他与地区红十字运动的领导约定共进午餐的时间已经过了,查克赶紧开车前往约定地点,好在不过迟到了10分钟。

下午1:45,查克返回他的办公室,工厂厂长已经在那里等他。两个人仔细检查了工厂布置的调整方案,以及通道面积是否符合专为残疾雇员制定的法律要求。会议的时间持续得较长,因为中间被3个电话打断。现在是3:35,查克和工厂厂长穿过大厅来到会议室,幕僚会议通常只需要1个小时,不过,讨论劳工谈判和输送系统问题的时间拖得很长。这次会议持续了2个多小时,当查克回到他的办公室时,他觉得该回家了。他和安妮今晚要在家中招待几位社区和企业的领导人。

开车回家的时间对查克来说仿佛用了1个小时而不是15分钟,他已经精疲力竭了。12个小时以前,他还焦急地盼望着一个富有成效的工作日,现在这一天过去了,查克不明白:"我完成了哪件事?"当然,他知道他干完了一些事,但是本来有更多的事他想要完成的。是不是今天有点特殊?查克承认不是,每天开始时他都有着良好的打算,而回家时都不免感到有些沮丧。他整日就像置身于琐事的洪流中,中间还被不断地打断。他是不是没有做好每天的计划?他说不准。他有意使每天的日程不要排得过紧,以使他能够与人们交流,使得人们需要他时他能抽得出时间来。但是,他不明白是不是所有管理者的工作都经常被打断和忙于救火,他能有时间用于计划和防止意外事件发生吗?

思考与讨论:
1. 用计划、组织、领导和控制四种职能理论评价查克的活动。
2. 查克在完成他的职责上是有效率的吗?是有效果的吗?请说明理由。
3. 查克要成为更好的管理者应当做些什么?

第 2 章　管理理论的形成和发展

【学习目标】

1. 了解早期管理思想，理解亚当·斯密的相关理论。
2. 了解古典管理理论的代表人物，理解一般管理理论和行政组织理论，掌握科学管理理论。
3. 理解霍桑实验，掌握人际关系理论。
4. 了解管理理论丛林的相关理论。

【本章结构图】

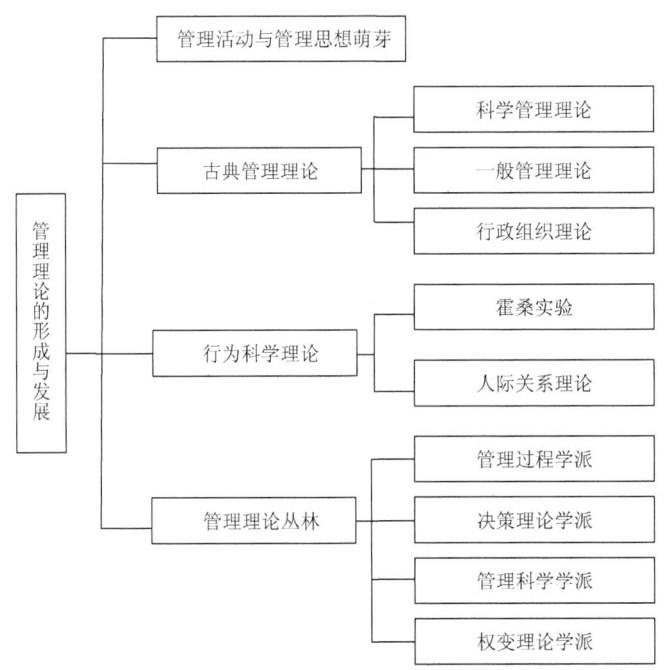

【引导案例】

联合邮包服务公司（UPS）的科学管理

美国联合邮包服务公司（UPS）雇用了 15 万名员工，平均每天将 900 万个包裹发送到美国各地和世界 180 多个国家和地区。他们的宗旨是：在邮运业中办理最快捷的运送。UPS 的管理者系统地培训他们的员工，使他们以尽可能高效率地从事工作。

让我们看一下他们的工作情况。UPS 的工业工程师对每一位司机的行驶路线进行了时间研究，对每种送货、取货和暂停活动设立了工作标准。这些工程师记录了红灯、通行、按门铃、穿过院子、上楼梯、中间休息喝咖啡的时间，甚至上厕所的时间，将这些数据输入计算机中,从而给出每一位司机每天工作中的详细时间标准。

为了完成每天取送 130 件包裹的目标,司机们必须严格遵守工程师设定的程序。当他们接近发送站时,他们松开安全带、按喇叭、关发动机、拉起紧急制动,把变速器推到一挡上,为送货完毕后的启动离开做好准备,这一系列动作极为严格。

然后司机从驾驶室滑到地面上,右臂夹着文件夹,左手拿着包裹,右手拿着车钥匙。他们看一眼包裹上的地址,把它记在脑子里,然后以每秒钟 3 英尺(1 英尺≈0.3048 米)的速度快步走到顾客的门前,先敲一下门以免浪费时间找门铃。送货完毕,他们在回到卡车上的路途中完成登录工作。

UPS 是世界上效率最高的公司之一。联邦捷运公司每人每天取运 80 件包裹,而 UPS 公司却是 130 件。高的效率为 UPS 公司带来了丰厚的利润。

思考与讨论:

1. 你如何认识 UPS 公司的工作程序?
2. 科学管理距今已百余年,你认为在今天的企业中仍然有效吗?
3. UPS 公司这种刻板的工作时间表为什么能带来效率呢?

自从有了人类历史就有了管理实践活动,人类经过长期的积累和总结,对管理实践有了初步的认识和见解,形成了早期较零散的一些管理思想。直到 19 世纪末管理才开始形成一门学科,这一时期随着生产力的高度发展和科学技术的飞跃进步,经过管理学者的不断研究、观察和实践,甚至亲自实践,使对管理的科学认识不断丰富和具体,从而对其进行概括和抽象,这才逐渐地形成管理理论,管理作为一门科学才真正蓬勃地兴起。

2.1 管理活动与管理思想萌芽

从公元前 6 世纪的奴隶制时代开始,罗马、巴比伦、埃及等文明古国便在政治、经济、军事等方面为人类作出了杰出的贡献。例如,古罗马帝国的兴盛并连续统治几个世纪,关键得益于其有效的组织和中央集权与地方分权管理相结合的分权制度;古巴比伦王国利用颁布的汉谟拉比法典,建立了强硬的中央集权统治国家,同时在该法典中还涉及了工资、会计、收据等经济管理思想;古埃及建立了具有象征意义的金字塔式的管理方式,有严格的等级层次和分工协作管理。而诸如罗马的水道、巴比伦的古城等伟大的建筑更是表现出了惊人的管理实践,这些巨大的工程背后一定存在着非常复杂的规划、组织、领导与控制活动,若没有一些进步的管理思想是无法解决的。

我国在公元前 200 多年,秦朝就形成了与现代中国国土相近的统一国家,在以后 2000 多年的漫长历史长河中,中国经历了数百次的改朝换代,历代统治者都对辽阔的国土和众多的人口进行了有效的控制与管理,许多思想已成为管理国家的准则。例如,"行仁德之政""令顺民心""从民所欲,去民所恶"等。中国在漫长的历史进程中,翻开浩瀚的史卷,《孙子兵法》《论语》《老子》《墨子》《韩非子》《周礼》《贞观政要》

《资治通鉴》《红楼梦》等名著中蕴涵着丰富的管理思想,无处不体现对管理的精彩论述,成为中外企业家的常备书。

但在早期,人们并没有很好地对管理实践进行系统的研究和规律性的总结。真正关注并较好地研究有关管理问题的活动,起源于18世纪英国的工业革命。当时的工业革命导致了机器取代人力,加速了资本的快速积累和企业规模的日益扩大。而企业组织的发展导致了对效率与效能的关注、技术与工具的需求等,这也促使了对管理的研究。其中,对后期管理理论的形成与研究有较大影响的代表性人物有亚当·斯密(Adam Smith)、罗伯特·欧文(Robert Owen)和查尔斯·巴贝奇(Charles Babbage)。

1. 亚当·斯密(Adam Smith,1723~1790)

亚当·斯密是英国政治经济学家,他在1776年发表的代表作《国民财富的性质和原因的研究》(简称《国富论》)中,不仅对经济和政治理论有系统的研究,也有不少关于管理思想的论述,其中最具深远影响的是他的劳动分工理论和"经济人"观点。亚当·斯密在他的《国富论》中以制针业为例说明了劳动分工给制造业带来的变化。他指出,如果不进行分工协作,一个工人每天最多只能生产20枚针。如果分工协作,把制针程序分为若干项目,一个人担任抽线工作,另一个人专门拉直,第三个人负责剪断,第四个人进行磨尖,第五个人在另一头上打孔并磨角。这样一来,平均一个人,每天可以生产48000枚针,生产效率提高的幅度是相当惊人的。亚当·斯密认为,劳动分工之所以能大大提高生产效率,可归结为下面三个原因:一是劳动分工增加了工人的技术熟练程度;二是节省了从一种工作状态转换为另一种工作状态所需要的时间;三是发明了既方便工作又节省劳动时间的机器。

2. 罗伯特·欧文(Robert Owen,1771~1858)

罗伯特·欧文是一位成功的英国企业家和空想社会主义者,他首先提出了在工厂中要重视人的因素,缩短工人工作的时间,提高工资,改善工人的居住条件等。他在人事管理方面做了许多试验,提出要对员工的工作情况进行监督。他的实践证明,重视人的作用和尊重人,同样也可以使工厂获得更多的利润。因此,罗伯特·欧文被认为是人事管理的创始人。

3. 查尔斯·巴贝奇(Charles Babbage,1792~1871)

在产业革命后期,对管理思想贡献最大的人物应算英国人查尔斯·巴贝奇。巴贝奇不仅是著名的数学家,而且对工厂的生产和管理也十分关心。他在进行管理研究时曾走遍英国和欧洲大陆,1832年出版了《机器与制造业经济学》,阐述了他的主要思想。巴贝奇在亚当·斯密的劳动分工理论基础上,对劳动分工和专业化进行了更为系统的研究,认为劳动分工使生产率提高的原因是:①节省了学习所需要的时间;②节省了学习期间所耗费的材料;③节省了从一道工序转移到下一道工序所需要的时间;④经常从事某一工作,肌肉能够得到锻炼,不易引起疲劳;⑤节省了改变工具,调整工具所需要的时间；⑥重复同一操作，技术熟练，工作速度较快；⑦注意力集中于单个作业，便于改进工具和机器。

巴贝奇还提出了一种工资加利润分享制度，来正确处理工厂雇主与工人间的利益分配问题，使工人除固定工资外，还可以得到企业利润奖金与合理化建议奖金，以此来调动劳动者工作的积极性。他认为，这种做法有以下几点好处：①每个工人的利益同工厂的发展及其所创利润的多少直接有关；②每个工人都会关心浪费和管理不善等问题；③能促使每个部门改进工作；④有助于激励工人提高技术及品德；⑤工人同雇主的利益一致，可以消除隔阂，共求企业的发展。

总体来讲，这一时期有关管理问题的论述和研究，还远未能形成系统的管理理论。但人们已经意识到管理在企业中的重要性，预见到管理的地位将不断提高，其管理思想为后来的管理学理论的形成奠定了坚实的基础。

2.2 古典管理理论

早期的管理思想是管理理论的萌芽。较系统的管理理论的建立始于19世纪末20世纪初，该阶段的管理理论称为古典管理理论。其主要理论成就有：①美国的泰勒等以研究工厂内部生产管理为重点，以提高生产效率为中心，提出了生产组织方法科学化和生产程序标准化方面的科学管理理论；②法国的法约尔等以企业整体为对象，以组织管理为核心，提出了关于管理职能和管理原则的一般管理理论；③德国的韦伯等以组织结构为对象提出了行政组织理论。

2.2.1 科学管理理论

20世纪初，企业快速扩张和资本快速累积，而劳工的供应速度却比不上前二者的增长速度，造成了劳动力的严重短缺，因此，如何能提高劳工生产力和劳动效率，成为当时环境下企业关注的焦点。在此时代背景下，出现了专注于改善生产作业效率的科学管理理论（scientific management）。科学管理强调加强对工作方法进行科学研究，用科学方法管理生产过程以提高工人生产率。科学管理理论的代表人物当首推科学管理之父——泰勒。

1. 泰勒与《科学管理原理》

弗雷德里克·泰勒（Frederick Taylor，1846～1914）出生于美国费城一个律师家庭，泰勒接受的早期教育广泛且自由，他对学习有很大的热情，曾经以全班第一名的成绩中学毕业并且通过了哈佛大学的入学考试，但在他18岁时放弃了学业，成为了费城一家工厂的学徒工——费城上层社会培养精英机械工程师的惯常方式。1878年，泰勒进入费城米德维尔钢铁公司，花了6年时间从一名普通的工人晋升为书记员、机工、班组长、工长、总机械师，最后成为总工程师。在工作中，他为优秀工人的精湛技艺所折服，但同时也发现了他们身上所具有的"恶劣工作状况"，例如，工人常常按照自己的意愿放慢工作速度导致产量变低，即所谓的"磨洋工"现象，而管理层并未意识到当前管理水平低下,与此同时,工人与管理者之间的关系越发紧张等。针对这些问题,泰勒进行了长达 20 年的系统分析和研究,逐步形成了一套系统化的管理理论,这便是众所周知的"科学管理"。当他 1890 年离开这家公司时积累了丰富的管理经验并获得机械工程学位。随后,他成为一名管理咨询工程师。1898 年进入伯利恒钢铁公司从事管理方面的研究,邀请泰勒加入该公司的人正是该公司的股东之一约瑟夫·沃顿——美国第一所商学院沃顿商学院的创建者。1901 年,由于举家搬迁,泰勒开始了自己职业生涯的另一个阶段,他用大部分时间从事写作、讲演,宣传他的一套企业管理理论,即"科学管理——泰勒制",其经典著作《科学管理原理》于 1911 年出版。

2. 科学管理原理

泰勒在米德维尔工厂遇到的问题,使泰勒认识到必须寻求科学的管理才能解决。他认为通过确定如何以最有效率的方式完成每一项工作,并且以此制定业绩标准,可以解决工人磨洋工的问题。所以,运用科学的实况调查来确定每一位工人完成工作任务的最有效率的方法就成了"科学管理"的开端。工时研究成为泰勒制的基础,所谓工时研究,是细致地研究一定时间内应该完成的工作。泰勒的工时研究分为两个阶段:在分析阶段,每项工作都被拆分成最基本的动作,无关紧要的动作被抛弃,然后对获得的基本动作进行明确的描述、记录,再加上不可避免的延迟、细小时间以及休息所需花费的时间;在综合阶段,按照正确的顺序将这些最基本的动作组合起来,以确定完成一项工作所需的时间以及确切的方法。在这个阶段还将促使人们不断改进工具、机器、材料和方法,以及使与工作相关的所有因素最终实现标准化。

泰勒认为管理的目标是每一位工人:①获得与其能力和体力相互匹配的最高等级的工作;②被鼓励向其所在等级中的一等工人看齐,努力产出最大的工作量;③当其工作速度达到一等工人时,应根据其工作性质,给予超出其所在等级平均工资 30%～100%不等的奖励。所以,管理者的任务是:为工人找到最适合的工作,帮助他们成为一等工人,激励他们做到最好。而这一切是通过设置合适的绩效标准和计件工资率激励机制以及建立和谐的劳资关系来实现的。

工时研究所确定的完成每项工作所需的时间、工作方法、工具和材料的标准化以及差别工资制,共同构成了泰勒的"任务管理系统",为保证此系统更好地指导工作,他还发明了一种叫做"职能工长制"的独特监督方式。泰勒认为这种"职能工长制"有三个优点:①对管理者的培训所花费的时间较少;②管理者的职责明确,因而可以提高效率;③由于作业计划已由计划部门拟定,工具与操作方法也已标准化,车间现场的职能工长只需进行指挥监督,因此非熟练技术的工人也可以从事较复杂的工作,从而降低整个企业的生产费用。后来的事实表明,一个工人同时接受几个职能工长的多头领导,容易引起混乱。所以,"职能工长制"没有得到推广。但泰勒的这种职能管理思想,是把总经理的权力交给低一级的专业管理人员承担的一种分权的尝试,为以后职能部门的建立和管理的专业化提供了参考。

1899 年,泰勒等在伯利恒公司对生铁装载进行了一次工时研究,充分体现了科学管理的力量。他们挑选了 10 名"最优秀的工人",要求他们以"最快速度"干活。在第一天的 10 小时工作中,每个工人都装载了 74 吨,装满了一个火车皮。考虑到以前每个工人每天的速度(12.4 吨)以及不可避免的耽搁和休息时间,他们将新的产出标准设置为每个工人每天装载 44 吨,并将计件工资率设置为每吨 0.0374 美元,这意味着达到新标准的工人每天可以获得 1.69 美元。由于当时伯利恒公司普通劳工的平均日工资率是每天工作 10 小时获得 1.14 美元,因此,泰勒设置的新计件工资率意味着工资增长 60%以上。

科学管理原理的主张并不是一开始就被人们接受的,其存在着各种非议,工会团体将之视为对工人利益的威胁。美国国会于 1912 年举行了对泰勒制和其他工厂管理制的听证会,泰勒在这次听证会上做了精彩的证词,向公众阐释了科学管理的理念和主张,引起很大的反响。

泰勒 1914 年在克利夫兰广告俱乐部的一次演讲中,提到了众所周知的"科学管理的四条原则"。

(1)发展真正的科学,而不是单凭经验的方法。

(2)科学地选拔工人。

(3)工人的科学教育和发展。

(4)管理者与工人之间亲密、友好地合作。

3. 科学管理理论的其他代表人物

泰勒的这些措施在当时是企业管理的一项重大变革。实践证明,这种旨在提高劳动效率的改革在当时收到了很好的效果,生产效率得到了普遍提高,出现了高效率、低成本、高工资、高利润的新局面。

除了泰勒,科学管理观点的主要贡献者还有不少,其中以卡尔·巴思(Carl Barth)、亨利·甘特(Henry Gantt)、吉尔布雷思夫妇(Frank Gilbreth 和 Lillian Gilbreth)最为著名。

卡尔·巴思(1860~1939)是科学管理运动中最正统的门徒,出生于挪威,1881 年移居美国。在纽约的一所走读学校教授数学期间,一位朋友把他推荐给泰勒,并在伯利恒公司加入泰勒的研究中,专门为其解决复杂的数学问题和生产工艺问题,还帮助泰勒进行科学管理体制的最初的应用。但巴思对管理思想的贡献仅限于他忠实执行泰勒的方法。

亨利·甘特(1861~1919)于 1887 年加入米德维尔公司,担任工程部门的经理。在这里,26 岁的甘特遇见了对他未来事业产生巨大影响的泰勒,并开始与其共事。他们具有对科学的共同兴趣并将科学作为一种改进管理方法的手段,对彼此的工作都深感佩服。甘特抓住了泰勒思想的本质,尽管他们有时会发生冲突,但他成为了泰勒最优秀的门徒之一。甘特并不完全相信泰勒赞成的差别计件工资率激励计划能够确保工人的合作态度,因而设计了"工作任务与奖金"系统,他认为这个系统将使得一线工长从驱赶者转变为车间领袖。甘特相信,强迫并不能成为实施领导的基础。更高的生产力只有通过知识才能实现。因此，他主张密集的雇员培训将成为一项重要的管理职责，并提出一线主管做的不只是提高工人的技能和知识，还应培训工人的工作习惯，即勤劳和合作。甘特对管理艺术最显著的贡献就是提出了甘特图，用条形图来计划和协调工作，其核心是表明工作是如何被规划和安排的，直到最后能够顺利完成。甘特从来没有为他的条形图概念申请专利，也从未以此牟利，但他却因为"对美国政府的卓越贡献"而被授予"杰出社会服务奖章"。

吉尔布雷思夫妇即建筑承包商弗兰克·吉尔布雷思（1868～1923）和妻子工业心理学家莉莲·吉尔布雷思（1878～1972）。他们将科学管理应用到建筑领域，最有名的研究是"动作研究"。首先进行的研究是砌砖动作研究，他们将砌砖的18个动作减少到6个，从而使工人的劳动效率提高了2倍多。同时他们还把动作研究推广到其他行业，并通过对动作的拍摄进行分析，保留应该的动作，剔除多余的动作，并重新制订出一系列动作的先后次序和速度大小，最后制定出标准的操作程序。应该说他们的动作研究和泰勒的工作本质上是相似的。

2.2.2 一般管理理论

朱尔斯·亨利·法约尔（Jules Henri Fayol，1841～1924），法国人，1860年毕业于矿业大学后被法国中部的科芒特里煤矿公司雇用。1860～1866年，法约尔一直担任该公司的工程师，在防治地下煤矿火灾方面取得了显著技术进展。1888年出任公司的总经理（首席执行官），并成功地将处于困境中的公司改善和发展。在担任总经理期间，法约尔形成了他自己对管理的看法。虽然法约尔接受的是工程学教育，但他认为，管理是不同于工程学的、更加广阔的技能。他主张所有涉及管理活动的雇员，都应获得某种程度的管理训练。

法约尔的代表作《工业管理和一般管理》于1916年首先发表在法国一本技术期刊上，是他一生管理思想的总结。他认为每个组织都需要管理："无论是在商业、工业、政治、宗教、战争还是慈善事业中，在每一件事情上都会有一种管理职能被执行"，他提出一个知识体系，其中包括为思想和实践提供指导的原则，以及描述管理者职能的管理要素。

法约尔的一般管理理论概括起来大致包括以下主要内容。

1. 企业的基本活动

法约尔认为，一个企业无论大小，其全部活动可以概括为以下六个方面。

（1）技术活动：包括生产、制造和加工等。

（2）营业活动：包括购买、销售和交换。

（3）财务活动：包括筹措和使用资金。

（4）安全活动：包括维护设备和保护工作的安全。

（5）会计活动：包括编制财产目录和资产负债表、计算成本、进行统计等。

（6）管理活动：包括计划、组织、指挥、协调和控制五项职能。

通过对这六种基本活动的分析，法约尔还进一步得出了普遍意义上的管理定义，即"管理是普遍的一种单独活动，有自己的一套知识体系，由各种职能构成，管理者通过完成各种职能来实现目标的一个过程。"

法约尔认为，这六种活动需要六种不同的能力，而这六种能力在企业各个阶层中都应具备，只是侧重点会有所不同。对基层工人来讲主要要求具有技术能力，随着职位的提高，管理能力的要求也逐步提高，且随着企业规模的扩大，管理能力越显重要。

2. 管理要素

法约尔被誉为第一个确定和描述管理要素或管理职能的人。他把管理要素划分为计划、组织、命令、协调与控制，这五项管理要素共同代表了人们通常所称的"管理过程"。法约尔认为，"计划就是探索未来和制订行动方案；组织就是建立企业的物质和社会的双重结构；命令就是使其人员发挥作用；协调就是连接、联合、调和所有的活动和力量；控制就是注意一切是否按已制订的规章和下达的命令进行。"

3. 管理原则

法约尔根据自己的工作经验，归纳出简明的14条管理原则，其中有许多原则至今仍是管理者奉行不渝的管理原则。

（1）工作分工。指的是将各种不同的任务分配给拥有不同专业技能的个体，法约尔认为，工作分工会提高专业技能，可以使工人更迅速地工作，不需要从一种工作转到另一种工作中去，从而提高生产率。

（2）权力。权力就是"下达命令的权力和强迫别人服从的力量"，他对正式权力和个人权力进行了区分，他认为管理者应该通过自己的个人权力来补充正式权力。他特别强调权力和责任的统一，认为二者应该同时存在。

（3）纪律。纪律实际上是公司与其员工之间的相互尊重和服从。纪律是领导人创造的，遵守纪律必须从领导做起，各级领导要称职，协议要明确且公平，处罚要合理且公正。

（4）统一指挥。即一个下级只应接受一个上级的命令，否则会使下级无所适从，不知服从谁的命令好，这样会违背纪律原则。

（5）统一领导。一个项目应只有一个领导，按照一个计划总负责，这样才能保证行动的统一。

（6）个人利益服从整体利益。一个组织的利益大于个人利益，组织目标高于个人目标，因此，当个人利益与集体利益有冲突时，个人利益应服从整体利益。

（7）报酬。员工报酬包含日工资、计件工资率、奖金以及利润分享，妥当的报酬取决于很多因素，但公司支付的报酬应该是公平的，且应该通过奖励良好的绩效来发挥激励作用。

（8）集权。集权本身并不是一个好的或者坏的管理制度，它是一个平衡问题，企业应根据自己的情况考虑是集权还是分权。

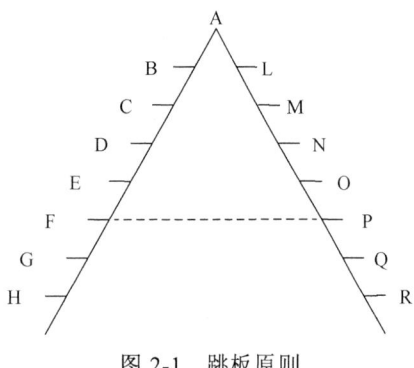

图 2-1 跳板原则

(9) 等级链。等级链是企业自上而下的等级系列，显示了执行权力的路线和信息传递的渠道，为克服统一指挥原则可能会引起的信息延误，他提出了非常著名的跳板原则——允许信息越级汇报，即如果 F 想与 P 沟通，他可以直接与 P 联系，而不需先向上级汇报，通过跳板，可以通过最短路径进行横向沟通。如图 2-1 所示。

(10) 秩序。所谓秩序是指人和物必须各有其位。管理人员要了解每个岗位的职责，并安排合适的人到合适的岗位，使人尽其能，对物资和设备也应做到有序布置。

(11) 公平。法约尔认为，每一个人都有平等的愿望，而平等是公平与友好的结果，公平就是在执行各项规章制度时要一视同仁，友好是指领导应该善意地对待自己的下属。

(12) 稳定的员工任期。一个人要有效地从事某项工作需要相当长的一段时间，而培训新人又需要花费较长的时间和较高的费用，尤其是培养管理人员。一个成功的管理人员必须是稳定的，不必要的人员流动对企业是一种损失和浪费。因此，任何组织都应鼓励职工尤其是管理人员长期为企业服务。

(13) 主动性。给员工以发挥主动性的机会，将促使员工提高自己的思考能力和创新精神，这对组织来讲将是一种巨大的发展动力。

(14) 团结精神。一个企业内集体精神的强弱取决于企业内员工之间的和谐与团结程度，全体成员的和谐与团结是企业发展的力量，法约尔告诫管理者不要导致下属各执己见。

2.2.3 行政组织理论

马克斯·韦伯（Max Weber，1864～1920），出生于德国一个拥有广泛社会和政治关系的富裕家庭，对社会学、宗教、经济学和政治学有广泛的兴趣，与泰勒、法约尔并称为西方古典管理理论的三位先驱，并被尊为"组织理论之父"。韦伯在管理理论上的研究主要集中在组织理论方面，主要贡献是提出了理想的行政组织体系（即官僚组织模式，bureaucratic model）的理论，这集中反映在他的代表作《社会和经济组织理论》一书中。

韦伯提出的"理想的行政组织"主要涉及权力的划分、理想的行政体系等方面的内容。

1. 权力的划分

韦伯认为，任何组织都必须以某种形式的权力作为基础，没有某种形式的权力，任何组织都不能达到自己的目标。人类社会存在三种为社会接受的权力：一是传统权力，这是由历史沿袭下来的惯例、习俗而规定的权力，它是以对古老传统的不可侵犯性按传统执行权力的人的地位的正统性和对过去传统的尊崇为基础的；二是超凡权力，它是对某人的特殊和超凡的神圣、英雄主义模范品质的崇拜，以及对先知启示和超人智慧的迷信为基础的；三是法定权力，它是以对法律确立的职位或地位权力的服从为基础的。

韦伯认为，在这三种权力中，传统权力的效率最差，超凡权力则过于带感情色彩且是非理性的，凭前两种权力建立的组织不是科学的理想组织，只有在第三种权力基础上建立的组织，才在绝对纪律性和可靠性等方面比其他任何组织都要优越。

2. 理想的行政组织体系

韦伯的所谓的"理想的行政组织"，不是指这种组织体系最合乎需要，而是指现代社会最有效和合理的组织形式。其主要特征有以下几个方面。

（1）劳动分工。对组织的全部活动进行专业化的劳动分工，并依据这种劳动分工确定管理职位，详细规定各个职位的权力和责任范围。

（2）自上而下的等级系统。组织内的各个职位，按照等级原则进行法定安排，并共同服从于一个指挥决策中心，从而形成一个严密的自下而上的行政管理的等级系统。

（3）正式的规章制度。在组织中建立有关职权和职责的法规和制度，将组织中的各项业务的运行都纳入这些相关的法规和制度中，要求组织内的每个成员在从事职务活动时，都必须遵守这些法规和制度。

（4）正式选拔。在选拔和提升人员时，必须通过公开考试，以是否具有必要的技术能力作为选拔和提升的客观标准，从而保证组织的各项业务活动都能准确、高效地运行。

（5）职业管理人员。一切职业管理人员都是根据一定的标准聘用的，其升迁和报酬都有明文规定，以工作业绩和工作年限为标准。

（6）非个人化。组织中每个成员都必须恪守职责，他们必须排除个人感情的干扰，以冷静的态度处事，从而保证组织内成员之间都是业务关系，而不是个人之间的私人关系。

韦伯认为，这种高度结构的、正规的、非人格化的理想行政组织体系是人们进行强制控制的合理手段，是达到目标、提高效率的最有效形式。这种组织形式在精确性、稳定性、纪律性和可靠性方面都优于其他组织形式，能适用于所有的各种管理工作及当时日益增多的各种大型组织。

韦伯的行政组织理论，是为适应传统封建社会向现代工业社会转变的需要而提出的，它具有里程碑的意义，影响十分深远。韦伯对理想行政组织体系的描绘，为企业提供了一条制度化的组织准则，韦伯这种强调规则、强调能力、强调知识的行政组织理论为社会发展提供了一种高效率、合乎理性的管理体制。这是他在管理思想上的最大贡献，因此，韦伯被称为"组织理论之父"。

2.3 行为科学理论

古典管理理论的杰出代表泰勒、法约尔、韦伯等对管理思想和管理理论的发展做出了重要贡献，并对管理实践产生了深刻影响。但是，他们共同的特点是着重强调管理的科学性、合理性、纪律性，而对于管理中人的因素和作用没有给予足够重视。他们的理论基于"经济人"假设，同时认为管理部门面对的是单一的职工个体或个体的简单总和。于是，工人被安排去从事固定的、枯燥的和过分简单的工作，工人成了"活机器"。

从 20 世纪 20 年代美国推行科学管理的实践来看，泰勒制在使生产率大幅度提高的同时，也使工人的劳动变得异常紧张、单调和劳累，因而引起了工人的强烈不满，并导致工人的怠工、罢工以及劳资关系日益紧张。一方面是劳资关系的紧张加剧和工人的日益觉醒，另一方面是面对周期性的经济危机加剧，这使得西方资产阶级感到再依靠传统的管理理论和方法已不可能有效地控制工人来达到提高生产率和利润的目的。于是，一些学者开始从生理学、心理学、社会学等方面出发研究企业中有关人的问题，例如，人的工作动机、情绪、行为与工作之间的关系等，以及研究如何按照人的心理发展规律去激发其工作的积极性和创造性。行为科学应运而生。

2.3.1 霍桑实验

芝加哥郊外的西方电气公司所属的霍桑工厂里，具有较完善的娱乐设施、医疗制度和养老金制度，但是工人仍然有很强的不满情绪，生产效率很低。为了探究原因，1924～1932 年，美国国家研究委员会和西方电气公司（美国电话电报公司的设备供应商）合作，组织了一个包括多方面专家的研究小组，测定各种有关因素对生产效率的影响程度。

第一阶段：照明实验（1924～1927），目的是研究照明情况对生产效率的影响，专家选择了两个工作小组，一个为变量组，一个为控制组，研究者系统地改变变量组的照明度，满心期待员工的产出会直接随着照明度的变化而改变，然而结果却表明，并不存在这样的影响，照明实验被放弃。

第二阶段：继电器装配室实验（1927～1932），其目标是判断工作条件对员工生产率的影响，例如，休息时间、工作日的时间长度、公司提供的上午餐，以及支付报酬的方法等。结果发现无论工作条件如何变化，员工的生产率都在不断提高。

第三阶段：访谈计划（1928～1931），在照明实验期间，研究组就开始对员工进行访谈，以获得对员工—监督者关系的看法。通过这些研究发现，影响生产力最重要的因素是工作中发展起来的人群关系，而不是待遇及工作环境。

第四阶段：绕线观察室实验（1931～1932），研究小组决定选择绕线观察室作为研究对象。研究小组持续观察他们的生产效率和行为达 6 个月之久，结果发现：①大部分成员都故意自行限制产量。②工人对待他们不同层次的上级持不同态度。一个人在组织中职位越高，所受到的尊敬就越大，大家对他的顾忌心理也越强。③成员中存在着一些小派系，每一派系都有自己的一套行为规范。谁要加入这个派系，就必须遵守这些规范。派系内成员如果违反这些规范，就要受到惩罚。这种派系是非正式组织，这种组织并不是由于工作不同所形成的，而是和工作位置有些关系。

研究小组在霍桑工厂进行的这四个阶段的试验，虽然经历了 8 年时间，但是获得了大量的第一手资料，为人际关系理论的形成以及后来行为科学的发展打下了基础。

2.3.2 人际关系理论

根据霍桑试验，梅奥在 1933 年出版的著作《工业文明中人的问题》一书中，提出人际关系理论。乔治·埃尔顿·梅奥（George Elton Mayo，1880～1949）是人际关系学说的代表人物，原籍澳大利亚，后移居美国，从 1926 年起，他应聘于哈佛大学，任工业研究副教授。

其观点主要归纳为以下几个方面。

（1）工人是"社会人"而不是"经济人"。影响人们生产积极性的因素，除了物质方面，还有社会和心理方面，例如，他们追求人与人之间的友情、安全感、归属感、受人尊敬等，而后者更为重要。因此，不能单纯从技术和物质条件着眼，而应从社会心理方面考虑合理的组织与管理。

（2）企业中存在着非正式组织。任何一个企业，存在正式组织的同时，还存在非正式组织。非正式组织和正式组织是相对应的概念。正式组织是为了实现企业目标而明确规定各成员相互关系和职责范围的一种结构。古典管理理论仅注意正式组织的问题，如组织结构、职权划分、规章制度等。梅奥认为，人是社会动物，在企业的共同工作当中，人们必然相互发生关系，由此就形成了一种非正式团体。在该团体中，人们形成共同的感情，进而构成一个体系，这就是非正式组织。非正式组织形成的原因很多，有地理位置关系、兴趣爱好关系、亲戚朋友关系、工作关系等。总之，这种非正式组织确实存在，它在某种程度上左右着其成员的行为。

（3）企业领导者要善于正确处理人际关系。企业的领导者要善于听取职工的意见，能够通过提高职工的满意感来提高士气，使企业中的每个成员能与其真诚持久地合作，从而提高企业的生产率。

梅奥的人际关系学说克服了古典管理理论的不足，奠定了行为科学的基础，为管理思想的发展开辟了新的领域，使西方的管理思想进入行为科学管理理论阶段。梅奥人际关系学说的局限性主要有：①过分强调非正式组织的作用。人际关系学说认为，组织内人际行为强烈地受到非正式组织的影响。实践证明，非正式组织并非经常地对每个人的行为有决定性的影响，经常起作用的仍然是正式组织。②过多地强调感情的作用，似乎职工的行动主要受感情和关系的支配。事实上，关系好不一定士气高，更不一定生产效率高。③过分否定经济报酬、工作条件、外部监督、作业标准的影响。事实上，这些因素在人们行为中仍然起着重要的作用。

2.4 管理理论丛林

第二次世界大战以后，随着现代科学技术的发展和世界政治形势趋于稳定，西方发达国家的经济规模不断扩大，生产和组织规模急剧增大，生产社会化程度日益提高，经济组织间的竞争越来越激烈,管理活动也面临着全新的环境,迫切需要新兴的管理理论来指导管理活动。管理的重要性被越来越多的人认识到,也引起了人们对管理理论研究的普遍重视。

除了行为科学取得长足发展,学者从不同角度发表对管理的看法。除了实际管理工作者和管理学者,一些心理学家、社会学家、人类学家、经济学家、生物学家、哲学家、数学家等也都从各自不同的背景、不同的角度,对现代管理问题展开研究,于是带来了管理理论的空前繁荣,出现了许多新的管理学派。这些学派在历史渊源上和内容上又相互影响,盘根错节,呈现出管理学派林立的局面。1961年12月,美国著名管理学家哈罗德·孔茨(Harold Koontz)在美国《管理学会杂志》上发表了"管理理论的丛林"的文章,把当时的各种管理理论划分为6个主要学派。1980年孔茨又发表了"再论管理理论的丛林"一文,指出管理理论已经发展为11个学派,以下介绍几个著名的学派。

2.4.1 管理过程学派

管理过程学派又称管理程序学派或管理职能学派,这一学派是继古典管理学派和行为科学学派之后最有影响的一个管理学派,是在法约尔管理思想的基础上发展起来的。该学派的代表人物有美国的哈罗德·孔茨和西里尔·奥唐奈(Cyril O'Donnell),其代表作是他们两人合著的《管理学》。管理过程学派的研究对象是管理过程和职能。这个学派试图通过对管理过程和管理职能进行分析,加以理性概括,把应用于管理实践的概念、原则、理论和方法结合到一起,以形成一个管理学科。他们认为,各个企业和组织以及组织中各个层次的管理环境都是不同的,但管理却是一种普遍而实际的过程,同组织的类型或组织中的层次无关。把这些经验加以概括,就成为管理的基本理论。有了管理理论,就可以通过对理论的研究、实验和传授,改进管理实践。

管理过程学派的主要理论观点有:①管理是一个过程。可以通过分析管理人员的职能从理论上很好地对管理加以分析。②根据在企业长期从事管理的经验,可以总结出一些基本管理原理,这些基本管理原理对认识和改进管理工作能起到一种说明和启示的作用。③可以围绕这些基本原理展开有益的研究,以确定其实际效用,增大其在实践中的作用和适用范围。④这些基本管理原理只要还没有被实践证明不正确或被修正,就可以为形成一种有用的管理理论提供若干要素。⑤管理是一种可以依靠原理的启发而加以改进的技能,就像医学和工程学一样。⑥管理中的一些基本原理是可靠的,就像生物学和物理学中的原理一样。⑦管理人员的环境和任务受到文化、物理、生理等方面的影响,但也吸收同管理有关的其他学科的知识。

管理过程学派一方面为人们普遍接受,另一方面也常常受到批评。主要批评意见有下述三点:①将管理看作一些静态的不含人性的程序,忽略了管理中人的因素。②所归纳出的管理原则适用性有限。对静态的、稳定的生产环境较为合适,而对于动态多变的生产环境难以应用。③管理程序的通用性值得怀疑,管理职能并不是普遍一致的。不仅因职位的高低和下属的情况而异,而且也因组织的性质和结构的不同而发生变化。

2.4.2 决策理论学派

决策理论学派是从社会系统学派发展而来的。它的代表人物是美国的卡内基—梅隆大学教授赫伯特·西蒙（H.A.Simon），其代表作为《管理决策的新科学》。西蒙因为在决策理论方面的贡献，曾荣获1978年的诺贝尔经济学奖。

决策理论学派是在社会系统学派的基础上发展起来的，是当代西方影响较大的管理学派之一。该学派认为管理的关键在于决策，因此，管理必须采用一套制定决策的科学方法，要研究科学的决策方法以及合理的决策程序。决策理论学派的理论要点主要有以下几点。

（1）管理就是决策。管理活动的全部都是决策的过程，决策贯穿于整个管理过程，管理就是决策。

（2）决策是一个复杂的过程。人们常常认为，决策只是在一瞬间即能完成的一种活动，是在关键时刻做出的决定。而决策理论学派认为，决策是一个复杂的过程。作为决策的过程在大的方面至少应该分成四个阶段，即提出制定决策的理由；尽可能找出所有可能的行动方案；在诸多行动方案中进行抉择，选出最满意的方案；然后对该方案进行评价。这四个阶段中都含有丰富的内容，并且各个阶段有可能相互交错，因此，决策是一个反复的过程。

（3）决策分为程序化决策与非程序化决策。西蒙认为，根据决策的性质可以把它们分为程序化决策和非程序化决策。程序化决策是指反复出现和例行的决策。这种决策的问题由于已出现多次，人们自然就会制定出一套程序来专门解决。非程序化决策是指那种从未出现过的，或者其确切的性质和结构还不很清楚或相当复杂的决策。程序化决策与非程序化决策的划分并不是严格的，因为随着人们认识的深化，许多非程序化决策将转变为程序化决策。此外，解决这两类决策的方法一般也不相同。

（4）决策应该采用满意的行为准则。西蒙认为，由于组织处于不断变动的外界环境影响之下，搜集到决策所需要的全部资料是困难的，而要列举出所有可能的行动方案就更加困难。况且人的知识和能力也是有限的，所以在制定决策时，很难求得最佳方案。在实践当中，即使能求出最佳方案，出于经济方面的考虑，人们也往往不去追求它，而是根据令人满意的准则进行决策。具体地说，就是制定出一套令人满意的标准，只要达到或超过了这个标准，就是可行方案。这种看法，揭示了决策作为环境与人的认识能力交互作用的复杂性。

他还研究了决策过程中冲突的关系以及创新的程序、时机、来源和群体处理方式等一系列有关决策程序的问题。

西蒙的决策理论是以社会系统理论为基础的，以后又吸收了行为科学、系统理论、运筹学和计算机科学等学科的内容，既重视了先进的理论方法和手段的应用，又重视了人的积极作用。

2.4.3 管理科学学派

管理科学学派又叫做数量学派，是泰勒"科学管理"理论的继续和发展。管理科学学派正式作为一个管理学派,是在第二次世界大战以后形成的,这一学派的特点是利用有关的数学工具,为企业寻得一个有效的数量解,着重于定量研究。其代表人物为美国的伯法(E.S.Buffa)等。伯法的代表作为《现代生产管理》。

管理科学学派认为,管理就是制定和运用数学模型与程序的系统,就是用数学符号和公式来表示计划、组织、控制、决策等合乎逻辑的程序,求出最优的解答,以达到企业的目标。管理科学学派有如下特点。

(1)他们力求减少决策的个人艺术成分。依靠建立一套决策程序和数学模型来增加决策的科学性。他们将众多方案中的各种变数或因素加以数量化,利用数学工具建立数学模型研究各变数和因素之间的相互关系,寻求一个用数量表示的最优化答案。决策的过程就是建立和运用数学模型的过程。

(2)各种可行的方案均是以经济效果作为评价的依据。例如,成本、总收入和投资利润率等。

(3)广泛地使用电子计算机。现代企业管理中影响某一事物的因素错综复杂,建立模型后,计算任务极为繁重,依靠传统的计算方法获得结果往往需要若干年时间,致使计算结果无法用于企业管理。电子计算机的出现大大提高了运算的速度,使数学模型应用于企业和组织成为可能。

管理科学学派似乎是有关管理的科学,其实它主要不是探索有关管理问题,而是设法将科学的管理原理、方法和工具应用于管理。管理科学学派强调数量分析,主张用先进的技术成果和科学研究成果对管理学进行研究,其意义也是十分明显的。但管理活动纷繁复杂,并非所有的管理问题都能定量化,能用模型来分析,因此,过分依赖于模型,也会降低决策的可信度,所以,在管理活动中,应该用一分为二的态度来对待数学模型。

2.4.4 权变理论学派

权变管理理论的代表人物是英国的伍德沃德(Joan Woodward)等。伍德沃德的代表作为《工业组织:理论和实践》。

权变管理理论(contingency theory of management)是在 20 世纪 70 年代开始形成的一种管理理论,而在此之前的管理研究倾向于寻求普遍适用的管理方法。所谓权变,就是具体情况具体分析,根据不同的内外环境情况权衡变通。权变理论认为,组织和组织成员的行为是复杂的、不断变化的,这是一种固有的性质。而环境的复杂性又给有效的管理带来困难,因此,以前各种管理理论所适用的范围就十分有限,例外的情况越来越多。所以,在管理中要根据企业所处的内外条件随机应变,没有什么一成不变、普遍适用的"最好的"管理理论与方法。即应根据不同的情况采取不同的最合适的管理模式、方案或方法。1976 年美国的卢桑斯(F. Luthans)通过环境变量与管理变量之间的函数关系系统概括了权变管理理论。他认为,不同的管理环境决定了不同的管理行为、管理过程和管理效果。迄今为止研究者至少识别出 100 多种不同的权变变量,其中最普遍应用的权变变量为组织规模、任务技术的例行程度、环境的不确定性以及个体差异。

权变理论又被称为管理的相对论,它强调不存在简单的和普遍适用的管理原则,要求具体情况具体分析。权变理论的基本观点主要有以下几个方面。

(1) 权变管理思想结构观点。权变管理的思想结构就是认为管理同环境之间存在着一定的函数关系,但不一定是因果关系。所谓函数关系,就是作为因变数的管理思想、管理方法和技术随环境自变数的变化而变化。这种函数关系可以解释为"如果——就要"的关系即"如果"某种环境情况存在或发生,"就要"采用某种管理思想。

(2) 权变理论的组织结构观点。它是以权变思想为基础,把组织看作一个既受外界环境影响,又对外界环境施加影响的"开放式系统"。组织内部机构的设计,必须与其组织任务的要求、外在环境要求以及组织成员的需要等互相一致,组织才能有效。

(3) 权变的人事管理观点。在人事管理方面的权变观点也是以权变管理思想为基础的,认为在不同的情况下要采取不同的管理方式,不能千篇一律。

(4) 权变理论的领导方式观点。权变理论学派认为并不存在一种普遍适用的"最好的"或"不好的"领导方式,一切以组织的任务、个人或小组的行为特点以及领导者和职工的关系而定。

权变理论在提出以后的几十年内,其理论价值和应用价值日益为管理实践所证实,因此,得到了越来越多的人的支持,成为具有重大影响的管理学派之一。

20 世纪 90 年代,在现代管理理论丛林的基础上又产生了许多新的管理理论,形成了现代管理理论的新丛林。主要的新兴管理理论有学习型组织理论、企业再造理论、核心能力理论、智力资本理论、无形资产管理理论、知识管理理论、企业联盟理论、虚拟组织理论、竞争合作管理理论、供应链理论、企业生命周期理论、企业成长理论、机遇管理理论、风险管理理论、危机管理理论、反向管理理论、文化管理理论、管理创新理论、生态管理理论、企业群落理论等。

【复习思考题】

1. 管理思想的发展可分成几个阶段?
2. 泰勒实验的主要内容和方法是什么?
3. 科学管理理论的主要内容有哪些?
4. 法约尔的一般管理理论主要包括哪些内容?
5. 解释跳板原则。
6. 何谓霍桑试验?
7. 梅奥人际关系理论产生的条件是什么?
8. 为什么梅奥认为生产效率主要取决于职工态度以及他和周围人的关系?
9. 梅奥的人际关系理论的主要内容有哪些?
10. 现代西方管理理论丛林的学派主要有哪些?它们的主要观点是什么?

【职场案例 2.1】

管理科学的理论模式面临着新的革命

1. 泰勒属于 20 世纪

彼得·德鲁克认为,20 世纪管理做出的最重要的贡献就在于它让制造业的体力劳动者的生产率提高了 40 倍,而这得益于泰勒的"科学管理"方法。随着生产甚至是管理日益自动化,仅依靠全面质量管理、六西格玛和精益生产等流程管理已经越来越难维持一家公司的长期竞争优势。在新时期,管理将面临的问题是如何突出个人而不是组织。

菲利普辞去了在上海麦肯锡公司一份收入颇丰的工作,飞到美国波士顿,他计划在麻省理工学院完成一门供应链管理的硕士课程。他作出这一决定很大程度上是因为不愿意"在凌晨 4 点走在从公司回家的路上"。虽然麦肯锡公司依然是众多职场新人追捧的对象,但他更向往的是 Patagonia 这一类的公司。后者是一家位于加利福尼亚州文图拉市的私营制衣公司。它的创始人伊恩·施维纳是位登山爱好者。2004 年他出了一本自传《让我的人去冲浪》(Let My People Go Surfing),他认为,员工可以在"适宜冲浪,或者刚刚下过大雪、适合立即滑雪的时候请假"。因为,"工作可以等等再做,但天气是不会等人的"。施维纳相信,头脑灵活、有能力的员工完全知道该如何完成自己的工作,而用不着时刻监督,他们懂得调整一天的工作节奏。

当管理的对象从体力劳动者变成知识劳动者以后,管理科学的理论模式也面临着新的革命。

2. 泰勒退场

戈尔公司(W.L.Gore)创建于 1948 年 1 月 1 日,是一家总部位于美国特拉华州和马里兰州的传统化纤行业中的私人企业。公司最核心的业务就是将 PTTE(俗称特富龙)应用到不同的产品市场中。2006 年在《财富》杂志的"100 家最值得为之工作的公司"榜单上,戈尔公司继续位居最佳收入排行榜的第 5 位。这一排名它已经保持了 9 年的纪录。

戈尔公司独特的组织设计和人员管理方法是人们关注的焦点,戈尔公司将这样的管理哲学称为"扁平格子"。"你不妨想象一下这样一个大组织,在那里你被赋予极大的自由来决定自己做什么以及什么时候工作;在那里,组织领导者是由选举诞生的,你将参与投票通过公司的重大决策。"麻省理工学院斯隆管理学院教授托马斯·马龙认为戈尔公司就是一个"微型的民主国度"。对于戈尔公司员工,"老板""总裁""CEO"和"经理"等字眼听起来有些怪异,他们已经习惯于"合作者"(associate)和"导师"(mentor)这样的用语。戈尔公司推崇"自然领导力",每位领头人是在组织、酝酿、执行创新产品过程中自然产生的,领头人必须能够用自己的专长、经验、工作声望去吸引追随者。所以,每位同事之间的相互熟悉、密切沟通是很重要的。为了达到这个目的，戈尔公司一度刻意控制每个工作地点的人数。

"或许这将是历史上第一次，我们既可以保持大公司的规模经济与效益，又可以保证个体的福祉——自由、充满激情、弹性地工作。"托马斯说道，"公司员工将不再是泰勒时代的理性、冰冷的工具。"

3. 泰勒归来？

作为皇明太阳能集团的董事长，黄鸣显然也得考虑如何提高公司员工的工作效率。皇明是一家位于山东的新能源企业。最近，黄鸣在他的个人博客上发表了一系列"与新进大学生对话"的文章，这位高级工程师出身的企业创立者，提出了从"畜生"到人的社会洗礼进化论，即刚毕业的大学生不过还是"畜生"，必须要经过劳动的改造，才能实现从"畜生"到人的转变。黄鸣认为他的本意在于"让大家明白最质朴的成长道理"。

（资料来源：王林雪，管理学，西安电子科技大学出版社，2007）

思考与讨论：

1. 结合本章的管理理论知识，简述Patagonia公司和戈尔公司的管理思想。
2. 案例最后一段提到要对知识劳动者进行劳动的改造，是否意味着泰勒归来？若是，该如何理解他的归来？若否，请说明理由。

【职场案例2.2】

TPS丰田精益生产

丰田汽车集团缔造的丰田生产方式（Toyota Production System，TPS）可以说是世界制造史上的一大奇迹。以丰田生产方式和经营管理方法为标志的日本制造业在生产方式、组织能力、管理方法上的领先，改变了21世纪全球制造业的存在形式和秩序。

第二次世界大战后，丰田汽车公司的丰田和大野考察了福特汽车公司轿车厂。当时，这个厂日产7000辆轿车，比丰田公司1年的产量还多，但丰田却没有简单照搬福特的生产模式，他认为"那里的生产体制还有些改进的可能"。回到日本后，丰田和大野进行了一系列的探索和实验，根据日本国情（社会和文化背景、严格的上下级关系、团队工作精神），建立一整套新的生产管理体制，采用精益生产方式组织生产和管理，使得丰田汽车的质量、产量和效益都跃上了一个新的台阶，变成世界汽车之王。

与技艺性生产和大批量生产不同，精益生产组合了前两者的优点，避免了技艺性生产的高费用和大批量生产的高刚性，采用由多能工人组成的工作小组和柔性很高的自动化设备。大批量生产强调"足够"好的质量，因此，总是存在缺陷，而精益生产则追求完美（不断降低价格、零缺陷、零库存和无限多的品种）。

1. 精益生产的特点

（1）拉动式准时化生产。以最终用户的需求为生产起点。强调物流平衡，追求零库存，要求上一道工序加工完的零件立即可以进入下一道工序。组织生产线依靠一种称为看板（kanban）的形式。即由看板传递下道向上推需求的信息（看板的形式不限，关键在于能够传递信息）。生产中的节拍可由人工干预、控制，但重在保证生产中的韧流平衡（对于每一道工序来说，即为保证对后推工序供应的准时化）。由于采用拉动式生产，生产中的计划与调度实质上是由各个生产单元自己完成，在形式上不采用集中计划，但操作过程中生产单元之间的协调则极为必要。

（2）全面质量管理。强调质量是生产出来而非检验出来的，由生产中的质量管理来保证最终质量。重在培养每位员工的质量意识，在每一道工序进行时注意质量的检测与控制，保证及时发现质量问题。如果在生产过程中发现质量问题，根据情况，可以立即停止生产、直至解决问题，从而保证不出现对不合格品的无效加工。对于出现的质量问题，一般是组织相关的技术与生产人员作为一个小组，一起协作，尽快解决。

（3）团队工作法。每位员工在工作中不仅是执行上级的命令，更重要的是积极地参与，起到决策与辅助决策的作用。组织团队的原则并不完全按行政组织来划分，而主要根据业务的关系来划分。团队成员强调一专多能，要求能够比较熟悉团队内其他工作人员的工作，保证工作协调的顺利进行。团队人员工作业绩的评定受团队内部的评价的影响（这与日本独特的人事制度关系较大）。团队工作的基本氛围是信任，以一种长期的监督控制为主，而避免对每一步工作的稽核，提高工作效率。团队的组织是变动的，针对不同的事物，建立不同的团队，同一个人可能属于不同的团队。

（4）并行工程。在产品的设计开发期间，将概念设计、结构设计、工艺设计、最终需求等结合起来，保证以最快的速度按要求的质量完成。各项工作由与此相关的项目小组完成。进程中小组成员各自安排自身的工作，但可以定期或随时反馈信息并对出现的问题协调解决。依据适当的信息系统工具，反馈与协调整个项目的进行情况。利用现代CIM技术，在产品的研制与开发期间，辅助项目进程的并行化。

2. 精益生产五大原则

（1）价值观：精益生产认为产品的价值需由最终的用户来确定，价值只有满足特定的用户需求才有存在的意义。

（2）价值流：是指从原材料到成品赋予价值的全部活动。识别价值流是精益生产的起点，并按照最终用户立场寻求全过程的整体最佳状态。

（3）流动：精益生产强调要求各个创造价值的活动需要流动起来，强调的是动。

（4）拉动：拉动生产，即按用户需求拉动生产，而不是把产品强行推给用户。

（5）尽善尽美：用尽善尽美的价值创造过程为用户提供尽善尽美的价值。

（本案例根据网络资料改编）

思考与讨论：

1. 丰田的精益生产为何能够取得成功？
2. 请观察你周围生产型企业，尝试思考如何运用精益生产的思想来管理生产？

第3章 战 略 管 理

【学习目标】

1. 掌握战略及战略管理的概念，掌握战略管理的过程。
2. 理解环境分析的意义，熟悉环境分析的内容，掌握内外环境分析的方法。
3. 掌握战略的类型，SWOT法、波士顿矩阵，理解GE矩阵法，了解战略实施的任务和过程。
4. 学会分析和设计具体企业战略。

【本章结构图】

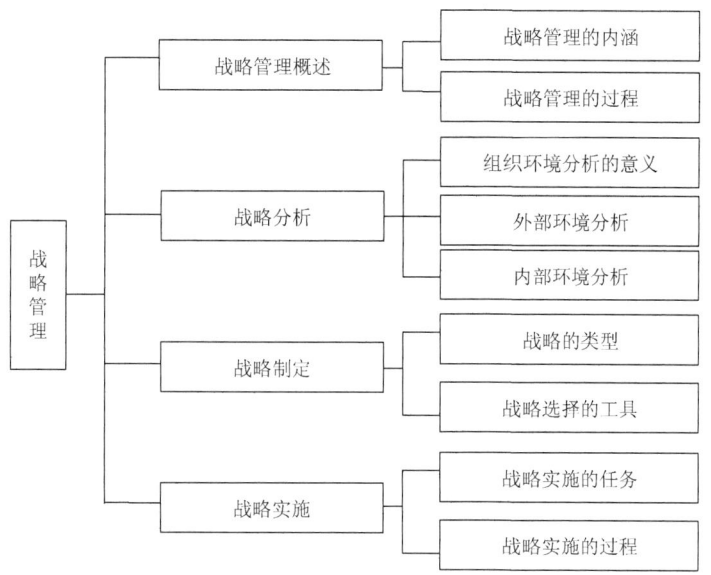

【引导案例】

国内快递行业的发展

国家邮政局向京东商城以及UPS和FedEx这两大外资快递巨头颁发了国内快递资质许可，使得国内本来就热闹非凡的快递业更加复杂。

原本随着国家对快递业颁布新政，以及电商史上"最猛价格战"高潮迭起，自感资质欠缺的国内快递企业已经开始上演前所未有的改革。主流快递企业如"四通一达"，均在谋求从加盟模式转向更加具有发展前景的直营模式。即便是排位相对靠后的海航、天天等企业，也试图借助强援提升服务能力。

快递企业的这些举措可以说审时度势，符合自身的发展节奏。但就目前的形势看，如果依旧按部就班地进行模式升级，显然已经不行。尤其是在京东商城董事长刘强东宣布开放物流平台之后。这意味着,京东快递马上就会像一家快递企业一样,帮助各大电商平台派发快件。

从这个角度看,留给快递企业快马加鞭的时间很短。因为,与京东商城的快递速度和服务质量相比,多数快递企业都会甘拜下风。而且,以京东商城不惜成本换市场的运营风格判断,传统快递企业最大的价格优势,在京东商城面前可能也不是优势。

对于消费者而言,同样的价格,谁不想享受更好、更快的快递服务。这意味着,如果不能尽快缩短差距、迎头赶上,传统快递企业将陷入比现在价格战更可怕的发展困局。

事实上,传统快递的竞争对手不仅是京东商城等电商企业。以前做国内快递业务受到限制的 UPS 等外资巨头,在经营许可"入手"后,势必会逐渐向国内快递业务渗透。这些企业到来后,涉猎的领域将不是低价区,而是相对的高端市场。到那时,目前品牌领先的顺丰都会有危机感。

(案例来源:李铎,《快递也已不是原来的江湖》,《北京商报》,2012.)

思考与讨论:
1. 目前快递行业正处在什么样的外部环境?
2. 各大网购网站对于快递行业的影响如何?
3. 政治因素在外部环境中的地位和影响如何?

3.1 战略管理概述

3.1.1 战略管理的内涵

(1)战略。战略是最重要的计划形式之一。战略是组织的一种总体行动方案,是为实现总目标而进行的重点部署和资源安排。它是一个总方向,是对组织向何处发展以及如何发展的一个规划。战略还具有对抗的含义,它总是针对竞争对手而制定的,反映了外界环境中所存在的机会和威胁同组织自身能力的一种现实的结合。

(2)战略管理。战略管理是对组织的战略进行系统的分析、制定、实施和调整的过程。其核心问题是使企业自身条件与环境相适应,以求得企业的长期生存与发展。战略管理是决定企业长期问题的一系列重大管理决策和行动。

3.1.2 战略管理的过程

在确定战略时,不同的组织有不同的做法,但总的来说,大多数组织都遵循一个基本相似的过程:战略分析、战略制定、战略实施,如图 3-1 所示。

(1)战略分析。战略分析指根据企业的使命、愿景和目标,对外部环境的机会和威胁以及内部环境的优势与劣势进行分析,以此来决定企业的战略方向。因此,战略分析主要包括外部分析和内部分析两部分。

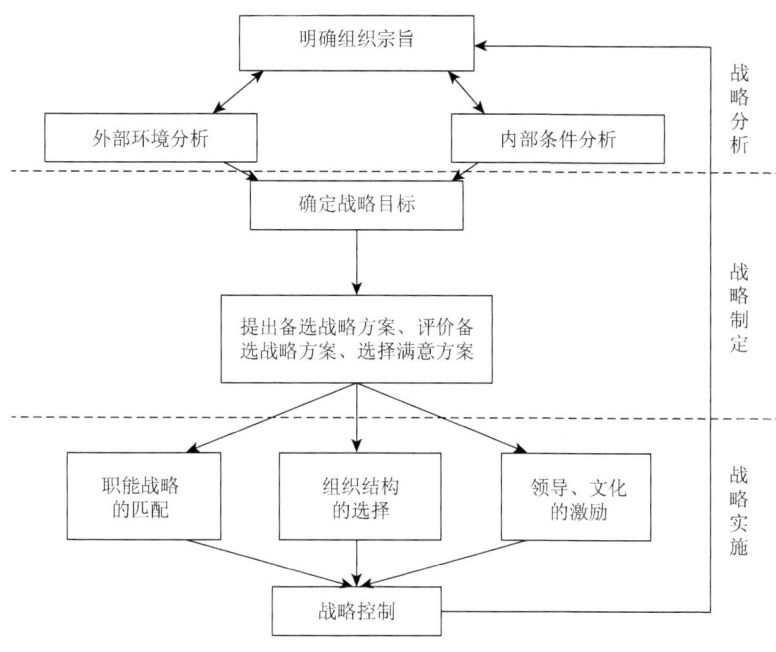

图 3-1　战略管理过程

（2）战略制定。战略制定指战略主体在了解、分析内外环境，确定本身的优势和劣势，以及面临的机会和威胁后，应拟定并设计企业经营战略方案，对经营战略方案进行评价，做出最终决策。同时，围绕经营战略的政策，为经营战略实施提供条件，根据战略的不同层次，公司需要在组织层面、职业层面和职能层面分别建立相适应的战略。

（3）战略实施。战略是实施战略管理的行动阶段，是使既定战略转化为实际行动并取得成果的过程。它是指通过一系列行政的、经济的、法律的手段，为达到战略目标所采用的一切行动。战略制定的关键在于其正确性，而战略实施的关键在于其有效性，战略实施的成败取决于是否能把实施战略所必需的组织、人力、资金、技术等资源及各项管理功能有效地调动起来，加以合理配置。

3.2　战　略　分　析

战略分析即组织环境分析。组织环境是指可能影响组织绩效的各种内外因素及力量的总和。

组织面对的环境由众多因素交错而成，非常复杂而且难以理解和预测，因此，把环境区分成不同的部分，将有利于组织识别和预测环境的影响。所以，管理学界有许多环境分类结果。其中常见的分类方法是将环境分成组织外部环境和组织内部环境，其中组织外部环境又细分为宏观环境和微观环境。

3.2.1　组织环境分析的意义

任何组织都不是孤立存在的，环境是组织生存与发展的土壤。组织和外部环境每时每刻都在交流信息,组织是在不断与外界交流信息的过程中,得到发展和壮大的。要进行组织的战略管理,必须了解和把握环境对组织的影响、环境要素的种类及特点等,就需要对组织的环境进行研究。

(1) 环境分析可以帮助组织自我定位与确定发展目标。通过环境分析,组织可以了解其所处的宏观环境和产业环境对自己有利还是不利、处于优势还是劣势、有哪些发展契机和面对哪些威胁、竞争对手的情况等,从而找准自己的位置、选择自己可以进入的领域、确定发展目标、做到与环境适应,或者掌握发展的主动权和掌握控制环境的主动权。

(2) 环境分析有助于提高决策的预见性。环境分析可以为组织提供大量的能够客观反映环境特点及其变化趋势的信息。通过对环境的分析与预测,可以最大限度地减少环境的不确定性对组织活动的影响,更为理想的是能够抢先进入某个领域或市场。例如,1973 年爆发了第一次石油危机,为日本汽车打入美国提供了契机,日本汽车企业通过对世界能源状况的预测,预见到 20 世纪 70 年代末还会发生能源危机,于是制定出开发轻型节能轿车的战略计划,终于在 1979 年第二次石油危机再次爆发之际,将节能型轿车大量打入美国市场,确立了日本汽车在美国的地位。

(3) 环境分析帮助组织及时、准确地进行决策。环境在变化中提供的发展机会,只有及时加以利用,才能实现组织发展;同样,对于环境在变化中造成的威胁,组织更应及时应对,否则便难以存续。要及时利用机会、避开威胁,必须在机会刚刚出现或威胁尚未到来之时就已能及时发现,这样才能使组织及时制定决策、采取措施。例如,2008 年的三鹿婴幼儿奶粉事件,其实当时环境的反馈信息已经向三鹿集团发出了预警信号,要求企业及时做出正确的决策,但是他们没有重视环境要素的力量及对企业的影响,抱有侥幸心理,没有做出有效的补救措施,在错误之上继续做出错误的决策。

3.2.2 外部环境分析

组织外部环境指的是组织外部所有影响组织发展的因素,这些因素能够影响企业经营的成败,但又在企业外部而非企业主观意识所能完全控制。企业外部环境为企业提供了生存和发展的机会,同时也限制和制约了企业的生存和发展,分析外部环境的目的就是要找出外部环境为企业提供的可以加以利用的市场机会,以及外部环境对企业发展所构成的多重威胁。

外部环境对组织来讲是不可控的因素,包括宏观环境和行业环境分析。如图 3-2 所示。

1. 宏观环境分析

宏观环境指的是对所有组织或企业的生产经营活动都会产生影响,企业又难以控制的国际国内宏观环境中的全部因素。主要包括政治法律、经济、技术、自然和社会人文等环境。进行宏观环境分析就是要确认和评价以上诸多宏观因素会在多大程度上影响企业的管理活动。进行宏观环境分析一般采用的方法是 PEST 模型,如图 3-3 所示。

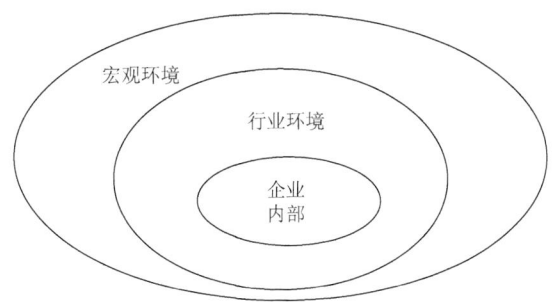

图 3-2　企业外部环境分类

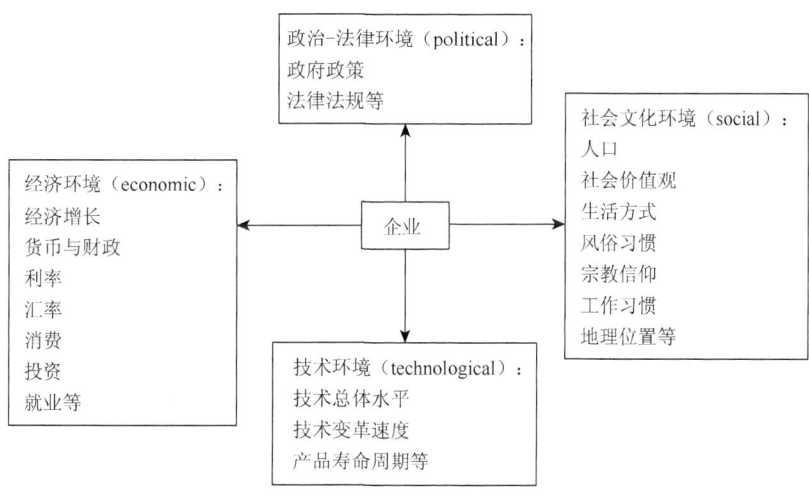

图 3-3　PEST 分析模型

1）政治-法律环境

政治-法律环境是指对企业经营活动具有现存的和潜在作用与影响的政治力量，同时也包括对企业经营活动加以限制和要求的法律、法规和制度等。政治-法律环境包括组织所在国家或地区的政治制度和体制、政局的稳定情况、执政党的路线、方针、政策和有关法律法规等。有些政策法规可能会给企业提供一些新的经营机会；有些则会限制企业的战略选择，甚至导致企业效率下降，影响企业未来的生存发展。像目前的物流行业、新能源行业发展潜力巨大。

企业所在国家和地区的政局稳定状况是企业顺利开展生产经营活动的基础条件之一，内战、罢工及武装冲突都会影响企业的正常经营。政治对企业来说是不可控的，企业很难预测国家政治环境的变化趋势，这就要求企业领导者具备较高的政治素质，保持高度的政治敏锐性，随时关注并认真理解、执行各项方针政策，从而为企业的发展制定出正确的经营战略。

法律是政府用来管理企业的一种手段，带有明显的强制性。为了促进企业的发展，我国颁布了一系列的法律法规，如《经济合同法》《企业破产法》《商标法》《产品质量法》《专利法》等。例如，2008 年 8 月 1 日，我国《反垄断法》正式实施，这对汇源公司的战略决策起到了重要的影响,可口可乐公司最终未能成功收购汇源公司。法律法规一方面对企业行为有着种种的限制;另一方面也保护着企业的合理竞争与正当权利。

政治-法律环境对组织的影响是极为深刻的。政治—法律环境越是稳定宽松,一些制度、政策、法律对组织的发展是支持性的,对组织的发展越是有利,反之,则会限制或制约组织的发展。

2) 经济环境

经济环境是指构成企业生存和发展的社会经济状况和国家经济政策。构成经济环境的因素很多,主要包括经济发展水平、经济体制、社会经济结构、经济政策等。

在分析经济因素时,首先要考虑宏观经济运行的状况以及其发展规律。国民经济运行状况及其趋势是宏观经济环境的基础。一般来说,国民生产总值增长速度加快,居民用于个人消费的支出就会相应增加,从而为企业开辟新市场或开办新企业提供机遇,反之,则不利于企业的发展。同时,利率、通货膨胀率、汇率也会影响企业的战略选择。利率较低有利于企业实施合并或兼并战略,利率较高则不利于企业采用积极进取的增长战略;通货膨胀率高会导致企业经营的各种成本(如购买原料费用、劳务费用、工资等)相应增加,抑制企业的发展;汇率是一国货币购买力的表现形式,如果本国货币购买力较高,企业倾向于购买外国的产品与原材料,或到国外投资,开办独资企业或合营企业,反之,则会降低海外投资贸易的热情。

除了分析国家的宏观经济总体状况,企业还需分析以下因素:社会购买力、消费者收入水平和支出模式、失业率、消费者储蓄和信贷等。对于跨国企业来讲,还必须考虑关税种类及水平、国际贸易支付方式、税收制度等因素。例如,随着消费者人均收入的增长,消费者用于购买食品方面的支出比例会有所下降,而用于耐用消费品、服装、交通、教育、旅游、娱乐、卫生保健等方面的支出比例会有所上升,这会对企业的经营决策产生影响。

总之,企业的经济环境分析就是要对以上的各个要素进行分析,运用各种指标准确判断经济环境对企业的影响,从而制定出适合企业发展的经营战略。

3) 技术环境

技术环境是企业所处宏观环境中的全部科学与技术因素及其相互作用所形成的科技环境系统。主要包括社会科技水平、科技力量、国家科技制度以及科技政策与立法。技术因素不仅仅指那些引起时代革命性变革的发明创造,还包括与企业相关的新技术、新工艺、新材料的出现及其发展趋势和应用前景。现代企业的发展在很大程度上受到科学技术水平的影响,科学技术的出现为市场提供了许多新型产品,如远程教育、遗传工程、转基因食品等,这有利于企业拓展更为广阔的市场空间。同时企业采用新的生产方法和工艺也能降低企业成本,例如,计算机集成制造技术(CIMS)的出现,大大提高了机械加工效率,降低了产品生产成本;再如,冶金行业中连铸技术的出现,简化了钢铁加工工艺过程,使产品质量和性能有了质的飞跃,也大大节约了资源。

另一方面,新技术的出现也使一些传统的企业和产品面临挑战。例如,随着数码技术的出现,胶卷行业受到巨大的冲击。再如,海信集团通过市场考察,认为定速空调存在许多技术上的劣势，而技术含量高的变频空调是未来发展的方向，于是海信进行技术的改进，从而占据了我国空调市场很大的市场份额。因此，企业必须认真分析科技给企业带来的影响，认清本企业的优势和劣势，扬长避短，提高自己的竞争地位。企业如果能关注到技术环境的变化，就可以寻找到无限商机。

4) 社会文化环境

社会文化环境包括社会的基本价值观、社会习俗、偏好、宗教信仰、社会阶层的形成、人口统计特征，以及人们生活方式和工作方式的改变等，核心是消费者需求偏好的变化分析。

社会文化因素是指一个国家或地区人们的价值观、文化传统、风俗习惯、宗教信仰、人口状况等各个方面，这些因素是人类在长期的生活和成长过程中逐渐形成的，人们总是自觉或不自觉地把这些准则作为行动的指南。社会文化因素的变化会对企业的产品或服务的需求状况产生影响，从而影响企业的发展方向与决策。企业只有更好地把握消费者所在国家和地区的社会文化习俗和道德观念等文化因素，并把这些因素融入企业自身的经营战略思想中，才能获得消费者的认可。肯德基在中国市场的成功就是一个很好的例子。几年来，肯德基在中国市场成功地推出了传统蛋花汤、榨菜肉丝汤、豆浆、安心油条等，肯德基推行的"本土化"策略深受中国消费者的欢迎。

近20年来，社会文化环境方面的变化日益加快，例如，人们开始重新审视自己的信仰、追求、消费倾向和生活方式，对产品和服务的需求不断变化，产品更新换代的速度也日益加快；同时，随着收入水平的提高，人们正在产生更加强烈的社交、自尊、求知、审美、成就等高层次的需求，变化中的社会文化影响着社会对组织产品或服务的需要，组织的管理者必须使其行为适应所在社会的变化预期。

2. 行业环境分析

行业环境分析又叫微观环境分析或竞争环境分析，是指与实现组织目标直接相关的环境，它具体地与某一组织发生作用，直接影响组织的结构特点、活动方式和组织绩效。行业环境分析的内容主要是分析本行业中的企业竞争格局以及本行业和其他行业的互动关系。对大多数企业组织而言，企业组织具体环境中主要力量来源于供应商、政府、公众压力集团。这些力量会直接影响管理者获取资源、提供产出的能力，从而对企业短期决策产生重大的影响。其采用的主要工具是波特的五力分析模型，波特认为一个行业中的竞争，远不止在原有竞争对手中展开，而是存在着五种基本的竞争力量，即潜在竞争对手、现有企业之间的竞争、替代品的威胁、供应商的讨价还价能力和购买者的讨价还价能力，如图3-4所示。

1) 现有企业的竞争能力

现有企业间的竞争是指产业内现有各个企业之间的竞争关系和程度。大部分行业中，企业之间的利益是紧密联系在一起的，企业在实现自身利益的同时必然会与行业中其他企业产生冲突与对抗，这些冲突与对抗就构成现有企业之间的竞争。不同产业的竞争激烈程度不同。研究现有企业的竞争状况主要从行业内企业的数量和力量对比、

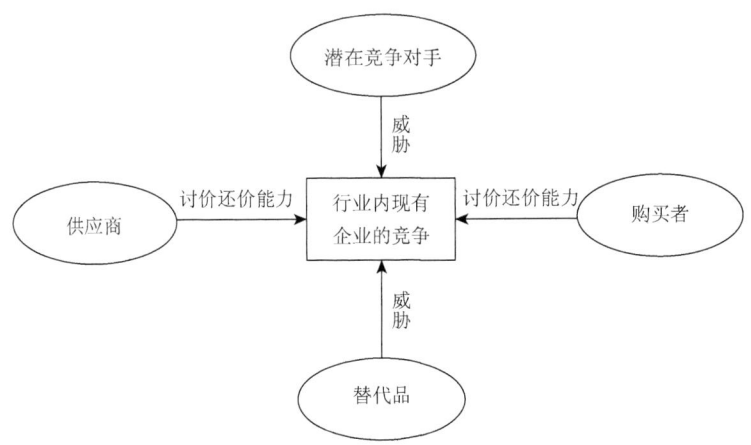

图 3-4 波特五力分析模型

行业垄断状态、行业市场的增长程度、行业产品差异化程度、固定成本和库存成本、行业总体生产规模与能力、转换成本、退出壁垒几个方面进行。其中退出壁垒指的是企业退出某个行业要付出的所有代价或遇到的所有障碍，包括资产专用性、各种费用支出、政策法规限制、心理因素等。

2）潜在进入者进入的能力

所谓潜在进入者是指产业外随时可能进入某行业而成为竞争者的企业。一种产品的开发成功，会引来许多企业的加入。这些新进入者既可能给行业注入新的活力、促进市场竞争，也会给原有厂家造成压力、威胁它们的市场地位。威胁的大小主要取决于行业吸引力、进入与退出壁垒的高低以及现有企业的反击程度。如果进入障碍高，原有企业激烈反击，则潜在进入者这就很难进入，加入的威胁较小。

进入壁垒的高低主要取决于规模经济、产品差异化优势、资金需求、转换成本、销售渠道以及独立于规模经济之外的成本优势。其中，转换成本是指购买者从一个供应商的产品转换到另一个供应商的产品所需要支付的一次性成本，而退出壁垒是指现有企业在市场前景不好、企业经营业绩不佳时意欲退出该产业（市场）而受到的各种因素的阻挠。形成退出壁垒的主要因素有资产的专用性程度、政策法律的限制、违约成本和信誉损失等。

3）替代品的威胁

替代品是指那些与本企业产品具有相同功能或类似功能的产品。生产替代品的企业本身就会给现有企业甚至行业带来威胁，替代品竞争的压力越大，对企业的威胁越大。

影响替代品威胁大小的因素主要包括替代品的盈利能力、替代品生产企业的经营策略以及购买者转换成本。

4）供应商讨价还价能力

供应商是指为企业从事生产经营活动提供所需要的各种资源、配件等的单位。它们往往通过提高供应价格或降低产品服务质量的手段，向产业链的下游企业施加压力，从而给现有的企业造成压力。

影响供应商讨价还价能力的因素有很多，主要有供应商的集中程度、替代品投入状况、企业转换成本的大小、供应商前向一体化的可能性以及企业后向一体化的可能性。

5）顾客讨价还价能力

作为买方（顾客、用户）当然希望其所购买的产品物美价廉、服务周到，因此，他们总是压低价格，要求提高产品质量和服务水平，并同该产业内的企业讨价还价，使得现有企业相互竞争，导致产业利润下降。

影响顾客讨价还价能力的因素主要有顾客的集中程度、顾客的购买数量、顾客的转换成本、顾客的盈利能力以及顾客后向一体化的能力。

外部环境分析的工具，除了上述 PEST 模型和五力分析模型，也有学者提出了 PESTEL 模型、行业生命周期分析、竞争者分析、竞争态势矩阵等方法。

3.2.3 内部环境分析

管理要通过组织内部的各种资源和条件来实现，因此，组织在分析外部环境的同时，必须分析其内部环境，即分析组织自身的能力和限制，找出组织的优势和存在的劣势。组织内部环境是组织可控性因素，主要包括企业的经营资源、能力与企业文化。

1. 企业的资源分析

资源一般被认为是企业在生产经营过程中所投入的各种要素，更具资源的特征，一般分为有形资源和无形资源两大类，如表 3-1 所示。

表 3-1 企业的资源分类

资源		主要评估内容
有形资源	财务性资源	资金负债率、资金周转率、可支配现金总量、信用等级等
	物质性资源	固定资产现值、设备寿命、先进程度、企业规模、固定资产的其他用途等
	人力资源	员工知识结构、受教育水平、平均技术等级、专业资格、培训情况、工资水平、学习力、创造力等
无形资源	组织资源	企业的组织结构、正式的计划、控制、协调机制、销售网络等
	技术资源	专利数量和重要性、研发人员的比例、创新能力等
	商誉资源	品牌知名度、美誉度、品牌重构率、企业形象等
	企业文化	宗旨、理念、哲学、愿景、使命、核心价值观、各种规制度等

有形资源是指能看得见、摸得着的、可数量化的资源，它们通常可以在账面上反映出来，如厂房、设备、原材料、资金等。无形资源是企业不可以从市场上直接获得，不能用货币直接度量，也不能直接转化为货币的那一类资产，它们是企业在长期经营实践中逐步积累起来的，同样能够给企业带来效益，包括企业的知识产权、技术诀窍、创新能力、企业形象、专利权、商标信誉、企业文化等。无形资源往往具有隐蔽性和不可见性。

相对有形资源而言，无形资源更难以模仿，是企业的核心竞争能力。随着经济的发展，无形资源对经济增长的贡献在逐渐增加。经济学家约翰·肯德瑞克的研究表明，在美国，无形商业资本与有形商业资本的投入比例是 3：7，而到 1990 年，该比例变为 63：37，因此，无形资源正在扮演着更为重要的战略角色。

在进行企业资源分析的时候，需要特别强调企业的无形资源，如技术、商誉等。另外，在进行企业资源分析的时候，除了要对各资源要素进行分析，还应考察其配置、组合是否合理，以真实地确定差距和利用潜力。

2. 企业能力分析

企业能力是指公司协调整合资源以完成预期的任务和目标的技能，这些技能存在于组织的日常活动中。同一行业中相同或类似的企业在盈利能力方面会有很大的区别，因此，必须对企业的能力进行评估。企业的能力分析主要包括以下四个方面的内容：生产能力分析、财务能力分析、科研队伍分析、营销能力分析。

（1）生产能力分析。生产是企业的基本职能，是企业进行资源转换的中心环节，是企业为客户提供价值的基础。生产能力分析一般从五个方面展开：加工工艺和流程、生产能力、库存、劳动力和质量。不同的行业有不同的特点，但在大多数行业，企业的大部分成本发生在生产过程中，因此，生产能力的高低决定了公司经营的成败。

（2）财务能力分析。要分析一个企业的经营能力，必须分析企业的财务状况。分析企业的财务状况主要使用的是财务比率分析，财务比率分析通常从两个方面进行：一是计算本企业有关财务比率，并与同行业的竞争对手进行比较或与同行业的平均财务率进行比较，借以了解本企业的财务状况；二是将计算得到的财务比率同本企业过去的财务比率和预测的未来的财务比率进行比较，借以测定企业财务状况的变动趋势。财务比率分析体系由五大类指标构成：收益性、安全性、流动性、成长性和生产性指标。分别计算出五类指标并进行比较就能清楚直观地揭示出企业的财务状况，这对于进行正确投资和管理决策具有重要的意义。

（3）科研与开发能力分析。科研与开发能力是企业的一项十分重要的能力，企业的科研与开发能力主要包括以下四个方面。第一，企业科研成果与开发成果分析。企业已有的科研与开发成果是其能力的具体体现，例如，技术改造、新技术、新产品、专利及商品化的程度，给企业带来的经济效益等。第二，科研与开发组合分析。企业的科研与开发在科学技术水平方面有科学发现、新产品开发、老产品改进和设备工艺的技术改造四个层次。一个好的科研或开发部门，应该能够根据企业目标和自身实力选择一个或几个层次的有效组合。第三，科研队伍分析。科研队伍的现状和变化趋势决定着企业的科研与开发能力水平。第四，科研经费分析。企业的科研经费应根据企业的财务实力做出预算，常见的决定科研经费的方法有按照总销售收入的百分比、根据竞争对手的状况及根据实际需要来确定三种。

（4）营销能力分析。企业营销能力主要包括三个方面的内容。市场定位能力、市场营销组合能力、营销管理能力。市场定位能力主要表现在企业生产定位的准确性，包括市场调查和研究能力、评价和确定目标市场能力、把握市场细分标准能力以及占据和保持市场位置的能力；市场营销组合能力包括进行产品开发、定价、渠道开展以及促销等一系列活动的整合能力；营销管理能力主要体现在企业对营销各项工作管理的能力，具体包括营销队伍的建设与培训、营销人员的考核与激励、应收账款管理等工作。

企业能力从某种意义来讲也是企业的无形资源，它不存在于公司中单个人员身上，而更多体现在公司范围内个人之间的相互作用、相互配合和做出决策的方式上。在知识经济时代，除了上述企业四大能力，学习能力、创新能力、组织整合力也开始越来越被关注，并发挥极大的效用。

3. 组织文化分析

组织文化是从企业文化衍生而来的，是组织成员所共同分享和代代相传的各种信念、期望、价值观念的集合。组织文化为职工提供了一种认同感，激励职工为集体利益工作，增强了企业作为一个社会系统的稳定性，可以作为职工理解企业活动的框架和行为的指导原则。企业文化规定了企业成员的行为规范，对于组织各项活动的开展和实施具有十分重要的影响。

组织文化在结构上分为四个层次，如图 3-5 所示。

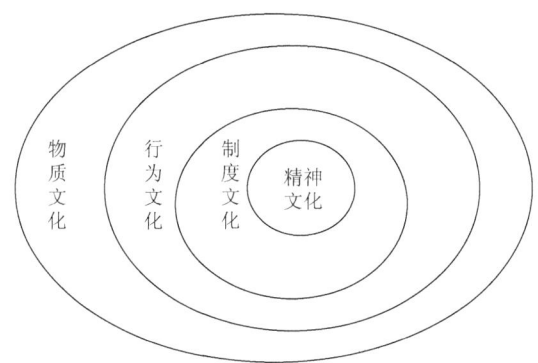

图 3-5　组织文化系统图

（1）组织的物质文化。这是组织文化的表层部分，是形成制度层与精神层的条件。物质文化是通过重视产品的开发、服务的质量、产品的信誉和组织生产环境、生活环境、文化设施等物质现象来体现的。往往能反映出组织的经营思想、工作作风和审美意识。

（2）组织的行为文化。包括企业的经营行为和非经营行为，体现企业的意志、文化品位和价值取向。

（3）组织的制度文化。制度层规定了组织成员在共同的生产经营活动中应当遵守的行为准则，主要包括组织领导体制、组织机构和组织管理制度三个方面，例如，组织的规章制度、工作程序、员工的行为规范和行为守则、员工行为道德规范、考核奖励制度及组织结构等。制度文化在组织文化的形成过程中，通过规章制度与行为规范的制定，规范成员的行为，对于形成良好环境具有十分重要的作用。

（4）组织的精神文化。包括组织的价值观念、价值标准、组织信念、职业道德、经营管理哲学，以及组织的精神风貌等。

4. 价值链分析

价值链分析是波特于1985年提出的，是进行企业内部环境分析的一个重要工具。

波特在对企业各项生产经营活动进行审查、分析和归类后提出：企业的经营活动可以分为两大类，即基础活动和辅助活动，如图3-6所示。

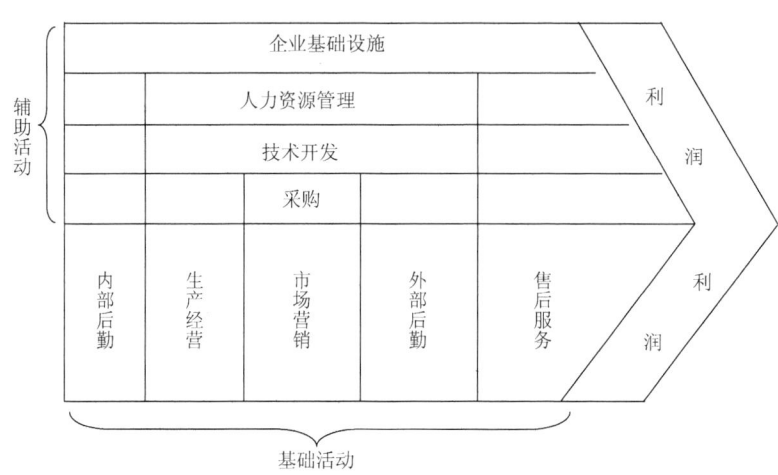

图3-6 价值链模型

上述这样一个由内部后勤、生产、营销、外部后勤、服务等基础活动以及对产品起辅助作用的各种价值活动的集合就叫做价值链。

1）基础活动

基础活动是指生产经营的实质性活动，一般可以分为内部后勤、生产经营、外部后勤、市场营销和售后服务五种活动。这些活动与商品实体的加工流转直接相关，是企业的基本增值活动。

（1）内部后勤：包括资源接收、储存和分配活动，如原材料搬运、仓储、库存控制、车辆调度、退货等。

（2）生产经营：将各种投入转化为最终产品，如加工制造、检测、包装、设备维护等。

（3）外部后勤：将最终产品发送给买方的各种活动，包括订单处理、最终产品发送、储存、运输等。

（4）市场营销：促进和引导顾客购买产品的各种活动，如广告促销、销售队伍、定价、销售渠道等。

（5）售后服务：商务支持和客户服务，包括安装、维修、培训和提供备件等。

2) 辅助活动

辅助活动是指用以支持主体活动而且内部之间又相互支持的活动,包括企业基础设施、人力资源管理、技术开发和采购等,主要体现为一种内部过程。

(1) 采购:是指企业整个价值链各项活动中的投入,而不仅是内部后勤的采购活动,包括各项活动所需原材料、易耗品、机器设备、办公设备及建筑物等。

(2) 技术开发:不仅是指研究与开发中的技术与开发,还指可以改进企业产品和工序的一系列技术活动。它发生在企业很多部门,一个企业的技术水平直接关系到企业产品的功能、质量、资源利用效率及企业运行效率。

(3) 人力资源管理:是指企业职工的招聘、雇用、培训、提拔和退休等各项管理活动。每个行业的企业都是由这些活动组成的,价值链中的每一种活动都是价值创造的一个环节,支持着企业中的各项活动和整个价值链,对企业生产经营起着重要的作用。

(4) 企业的基础设施:包括一般管理、计划、财务、会计等。并不与特定的基本活动相联系,但支持整个价值链。

任何一个企业都可以通过价值链模型构造自身企业的价值链,价值链上的每个环节都可以给企业创造价值,但是不同行业、企业,创造价值最大的环节不同,通过价值链分析,可以帮企业认清在整条价值链上的优劣环节,通过抓住价值链中的关键环节,对企业整个价值链体系进行优化,补强薄弱环节,保持原有强项,最终实现企业创造的价值最大化。例如,快递行业,基本活动包括接单—分拣—发货—运输—派送—售后服务。消费者包裹迟到 20 天,导致消费者投诉。是发货延迟?运输延迟?还是派送出了问题?是客观原因,还是公司不规范管理?通过价值链分析,对每个环节进行梳理分析,找到影响问题症结,对原有价值链进行改造和完善。

3.3 战略制定

3.3.1 战略的类型

根据组织战略活动重点的不同,通常可以将组织中的战略分为三个层次,如图 3-7 所示。

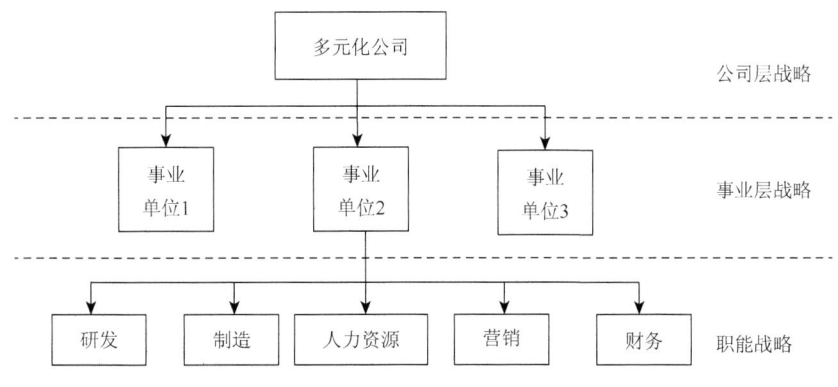

图 3-7 组织战略的层次

1. 公司层战略

公司层战略也称组织总体战略,是对组织整体行动线路和发展方向的规划。这个层次的战略主要回答组织是继续扩张、维持现状,还是收缩,是集中于单一市场还是进行多元化经营之类的重大的全局性问题。它主要明确的是企业的经营方向和业务领域。公司层战略一般有三种基本类型选择,即增长型战略、稳定型战略和收缩型战略。

1)增长型战略

增长型战略又称扩张型战略、进攻型战略、发展型战略,是一种使企业在现有的战略基础水平上向更高一级的目标发展的战略。

增长型战略的实现途径有内部途径和外部途径两种。内部途径包括引进新产品、开辟新渠道、增加市场相对份额等方式;外部途径有收购其他企业、与他人合并、创办合资企业等方式。一般在同一个事业领域或相关事业中的增长称为关联多元化,例如,企业间的并购、企业前向一体化或后向一体化进入上下游领域等;而与现有业务无关的领域中的增长则称为非关联多元化,例如,京东商城自己创办快递公司,进入物流行业。

2)稳定型战略

稳定型战略是指企业遵循与过去相同的战略目标,保持一贯的成长速度,同时不改变基本的产品或经营范围,是一种维持现状、以守为攻、不冒较大风险的战略。

采用这种战略的组织,可能是由于缺乏支持增长的资源,也可能是没有增长机会,或者之前的战略是成功的,因此,追求原有的经营目标,降低风险。

3)收缩型战略

收缩型战略是指企业从目前的战略经营领域收缩或撤退,是偏离原战略起点较大的一种经营战略。与稳定型战略和增长型战略相比,收缩型战略是一种消极的发展战略。一般来说,企业实施收缩型战略只是短期的,是一种以退为进的战略,采用收缩型战略,可能是因为亏损、经营不当,也可能是为了产品结构调整、专业化。

事实上,许多有一定规模的企业实行的并不是一种战略,而是多种战略的组合。同时,随着外部环境和内部条件的变化,企业的战略也在不断地进行调整。

2. 事业层战略

事业层战略着重回答在一个特定的事业领域或市场里,例如,和竞争对手竞争的问题,因此也称为竞争战略,围绕产品制定经营战略,提高竞争力。波特提出了三种典型的竞争战略:总成本领先战略、差异化战略和集中化战略。

1)总成本领先战略

总成本领先战略也称低成本战略,是指企业在其价值链的各个环节上(各项业务)都努力降低成本,成为所在行业内的成本最低者,进而取得成本优势。例如,沃尔玛超市的"天天平价"、戴尔电脑的"去除零售商的利润剥削"、福特汽车的"成为让人人买得起的大众汽车"。

按照这一方针，企业全力以赴降低成本，尽量压缩各项管理费用，使得企业单位产品成本低于竞争对手，从而在产品定价和促销时具有更大的优势。

2）差异化战略

差异化战略又称别具一格战略、差别化战略，它是指为使企业产品或服务与竞争对手有明显的区别，形成与众不同的特点而采取的一种战略。

差异化战略类型包括产品差异化战略、服务差异化战略、人事差异化战略、形象差异化战略等。实现差异化战略可以有许多方式：品牌形象、技术特点、设计外观、客户服务、经销网络及其他方面的独特性。例如，苹果手机，从树立品牌形象、设计产品技术特点和性能特点方面形成差异化。

3）集中化战略

集中化战略又称聚焦战略，它是指企业选定特定细分市场或某一特殊产品，集中力量进入并逐渐形成稳定持久的竞争优势，获得高于同行业水平收益的一种战略。

集中化战略可以分为产品线集中化、顾客集中化和地区集中化，追求转移和高效。例如，格兰仕公司实施产品线集中化，集中力量生产微波炉，花了3年时间成为中国第一，用5年时间成为世界第一；全球最大的连锁便利超市7-Eleven通过定位便利店目标客户的人群，集中精力在产品开发、物流配送，避开与传统超市和大卖场的直接竞争，从而获得巨大成功。

3. 职能层战略

职能层战略是按照总体战略或竞争战略对企业内各方面职能活动进行的谋划和部署，是总体战略或竞争战略在各专业方面的具体化。如生产战略、研发战略、人力资源管理战略、财务战略等。

3.3.2 战略选择的工具

战略选择的工具很多，如SWOT法、波士顿矩阵法、GE法、战略聚类模型、战略地位和行动评估矩阵、生命周期理论以及QSPM矩阵等。这里主要介绍前面三种常用方法。

1. SWOT分析法

SWOT分析法是对企业内外部环境条件各方面内容进行综合和概括，进而分析组织优势（strength）、劣势（weakness）、机会（opportunity）、威胁（threat）的一种方法。通过SWOT分析，可以帮助企业进行战略选择，将资源和行动聚焦于自己的强项和机会最多的地方。

SWOT可以分为两个部分。

第一部分为优势劣势分析（SW），主要用来分析内部条件。企业可以通过与竞争对手的详细对比获得自身的竞争优势。

第二部分为机会威胁分析（OT），主要用来分析外部条件。企业可以利用这种方法找出环境中对自己有利、值得发扬的因素，以及对自己不利的、要避开的因素，发现存在的问题，找出解决办法，并明确以后的发展方向。

SWOT 分析的基本步骤如下。

首先，进行企业外部环境分析，列出企业的发展机会（O）和面临的威胁（T）。

其次，进行企业内部条件分析，列出企业目前所具有的优势（S）和劣势（W）。

再次，绘制 SWOT 矩阵，如表 3-2 所示。企业有四种可选择的战略类型：SO 战略、WO 战略、ST 战略和 WT 战略。

表 3-2 SWOT 分析矩阵

	内部优势（S）	内部劣势（W）
外部机会（O）	SO 战略 依靠内部优势 利用外部机会	WO 战略 利用外部机会 克服内部劣势
外部威胁（T）	ST 战略 依靠内部优势 回避外部威胁	WT 战略 克服内部劣势 回避外部威胁

最后，进行组合分析。运用系统分析的综合分析方法，将排列与考虑的各种环境因素相互匹配起来加以组合，得出一系列公司未来发展的可选择对策。

2. 波士顿矩阵

波士顿矩阵（BCG 矩阵）又称市场增长率—相对市场占有率矩阵、波士顿咨询集团法、四象限分析法等。当企业的业务部门在不同的产业中进行竞争时，每个业务部门都会有自己的战略，波士顿矩阵有助于多部门的企业进行战略选择。

1）基本原理

波士顿矩阵的基本原理是通过定位企业各业务单位的位置，从而指导企业合理地在各项业务之间进行资源分配。它将企业所有产品从市场增长率和相对市场占有率两个角度来进行划分，在坐标图上，以纵轴表示市场增长率，横轴表示相对市场占有率，将坐标图划分为四个象限。纵轴通常以 10% 作为市场增长率高低的分界点，横轴通常以 50% 来划分，表示公司该产品的市场占有率为最大竞争对手产品市场占有率的一半。当然，在实际研究中，划分标准可根据具体情况作相应的修改。

波士顿矩阵将公司的业务分为四种类型："问题""明星""金牛""瘦狗"，如图 3-8 所示。企业可将产品按各自的市场增长率和相对市场占有率归入不同象限，使企业现有产品组合一目了然，便于对处于不同象限的产品做出不同的战略选择。

2）四个象限的业务单位及其战略选择

问题产品，是位于第 Ⅰ 象限的业务部门。它是指处于高增长率、低市场占有率象限内的产品群。前者说明市场机会大、前景好，而后者则说明在市场营销上存在问题。例如，在产品生命周期中处于引进期、种种原因未能打开市场局面的新产品即属此类。对问题产品应采取选择性投资战略，即首先对该象限中那些经过改进有可能成功的产

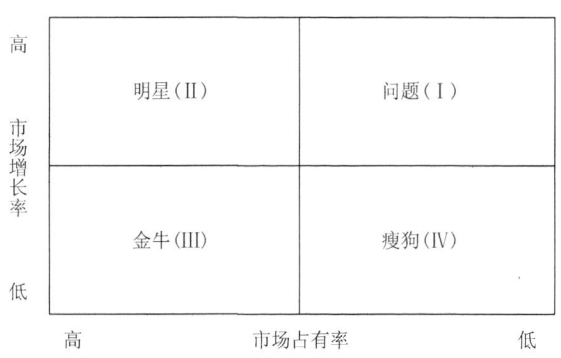

图 3-8 波士顿矩阵

品进行重点投资,提高市场占有率,使之转变成"明星产品";对那些将来有可能成为明星的产品则采取扶持的对策。

明星产品,是位于第Ⅱ象限的业务部门。它是指处于高增长率、高市场占有率象限内的产品群。这类产品通常代表最优的利润增长率和最佳的投资机会,有希望成为企业的金牛产品,因此,需要加大投资以支持其迅速发展。采用的最佳战略是前向一体化、后向一体化、市场渗透、市场开发等,应积极扩大经济规模和市场机会,以长远利益为目标,提高市场占有率,维护或改进其有利的市场竞争地位。

金牛产品又称厚利产品,是位于第Ⅲ象限的业务部门。它是指处于低增长率、高市场占有率象限内的产品群,已进入成熟期。较高的市场占有率表明企业销售量大,产品利润率高,可以为企业带来高额利润和现金,而且由于增长率低,也无需增大投资。因而能为企业回收大量资金,用来支持其他产品(如明星产品)的发展。对这一象限内的大多数产品,市场占有率的下跌已成不可阻挡之势,因此,可采用收获战略,把设备投资和其他投资尽量压缩,或采用榨油式方法,争取在短时间内获取更多利润,为其他产品提供资金。

瘦狗产品也称衰退类产品,是位于第Ⅳ象限的业务部门。它是处在低增长率、低市场占有率象限内的产品群。这类产品利润率低、处于保本或亏损状态,负债比率高,无法为企业带来收益。对这类产品应采用撤退战略:首先应减少批量,逐渐撤退,对那些销售增长率和市场占有率均极低的产品应立即淘汰;其次是将剩余资源向其他产品转移;最后是整顿产品系列,最好将瘦狗产品与其他事业部合并,统一管理。

3)基本步骤

建立波士顿矩阵通常包括以下几个步骤。

(1)将公司划分为不同的业务部门,并用圆圈在矩阵中表示出来,圆圈的位置表示这个业务部门的市场增长率和相对市场占有率的高低,圆圈的面积代表业务部门规模的大小。

(2)核算企业各种产品的市场增长率和相对市场占有率,市场增长率可以用本企业的产品销售额或销售量增长率来表示,相对市场占有率的计算公式如下:本企业某种产品相对市场占有率=该产品本企业市场占有率/该产品市场占有份额最大者(或特定的竞争对手）的市场占有率。

（3）绘制四象限图。以10%的市场增长率和50%的相对市场占有率为高低标准分界线，将坐标图划分为四个象限。然后把企业全部产品按其市场增长率和相对市场占有率的大小，在坐标图上标出其相应位置（圆心），并依据每个业务部门在整个业务组合中的位置选择不同的战略。

3. GE 矩阵

波士顿矩阵在20世纪70年代非常流行，但是相对过于简单，而且波士顿矩阵仅用增长率来衡量一个行业的吸引力，仅用市场份额来判断竞争地位，这种做法还存在疑问。为了弥补这些缺点，通用电器公司在波士顿矩阵基础上进行了改良，提出了GE矩阵。如图3-9所示。

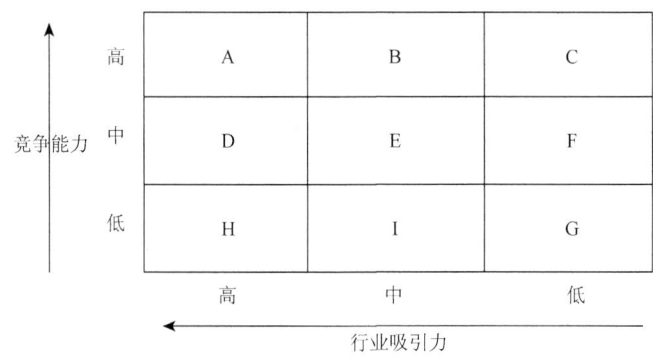

图 3-9 GE 矩阵

1）基本原理

GE矩阵横坐标为产业吸引力，纵坐标为竞争力，两个维度来评估企业现有产品或事业单位，每个维度分别区分高、中、低三个档次，形成九种组合。

评价经营单位所处行业吸引力强度的因素一般有行业规模、市场增长速度、产品价格的稳定性、市场的分散程度、行业内的竞争结构、行业利润、行业技术因素、社会因素、环境因素、法律因素以及人文因素。行业吸引力的评分分为五个档次（1=毫无吸引力，2=没有吸引力，3=中性影响，4=有吸引力，5=极有吸引力）。按高、中、低水平进行区域划分，1～2为低等水平；2～4为中等水平；4～5为高等水平。

评价经营单位竞争能力的因素一般有生产规模、增长状况、市场占有率、盈利性、技术地位、产品线宽度、产品质量及可靠性、单位形象、造成污染的情况以及人员状况。同理，竞争能力的评分也按高、中、低水平进行区域划分，1.0～2.0为低等水平；2.0～4.0为中等水平；4.0～5.0为高等水平。

2）分析步骤

第一步：拟定标准。主要是确定评价企业产品或经营业务的具体项目及其加权值，然后根据具体情况确定公司实力强、中、弱的等次，确定市场引力高、中、低的等次。

第二步：评分。对企业所有的产品或经营业务按照公司实力和市场引力两大类具体指标的各项评分标准，分别计算出"公司实力"和"市场引力"的最后得分。如表3-3为某企业"公司实力"的测定。

表 3-3　公司实力的测定

因素	权重	等级评定	加权分值
市场占有率	0.20	3	0.60
技术力量	0.18	4	0.72
生产能力	0.09	2	0.18
销售能力	0.20	4	0.80
产品质量	0.16	2	0.32
管理水平	0.17	1	0.17
总计	1.0		2.79

第三步：定位。在图 3-9 的 GE 矩阵图内，按照"公司实力"和"市场引力"的最后得分，将本公司所有的产品或经营业务在九个象限内分别找到其相应的位置。

第四步：决策。根据九个象限内不同产品或经营业务的特点，分别确定不同的战略选择方案。各个象限的战略思路如表 3-4 所示。

表 3-4　GE 矩阵组合的战略选择

行业吸引力	竞争能力	可采取的战略
高	高	增长型战略，尽量扩大投资以谋求主导地位
中	高	找出适宜增长的细分市场进行大力投资
低	高	维持总体地位
高	中	通过市场细分找出主导地位的潜力，找出弱点巩固强项
中	中	找出适应增长的细分市场，进行专门化投资
低	中	削减产品系列，减少投资，必要时放弃
高	低	专门化、考虑收购
中	低	专门化、考虑退出
低	低	及时退出、撤退

3.4　战略实施

战略确定后，重点就是如何转化为行动。其中有三个主要步骤：一是确定战略执行的组织及配置资源；二是不断消除战略执行中的冲突与对抗；三是定期对战略执行情况进行检查和调整。制定战略和实施战略的显著不同在于，前者强调的是分析和决策能力，解决应该做什么的问题；后者强调执行能力，解决怎么做的问题，其中包括更广泛的人员参与、管理和协调战略实施的各个单元、纠正战略计划与执行的偏差、解决战略执行中的混乱问题、克服战略推进中的抗拒力量等。

3.4.1 战略实施的任务

虽然不同企业的战略实施过程千差万别,但都离不开以下基本任务。

(1)战略实施的主要任务包括建立一个富有竞争力、创造力的高效运行的组织。

(2)建立预算,将足够的资源投入对战略成功至关重要的级。

(3)建立支持战略的政策与程序。

(4)对价值链活动进行最佳运作,并不断提高其运作水平。

(5)建立信息、交流和运营系统,使公司员工在日常工作中能成功承担起战略角色。

(6)建立合理的激励机制,将战略实施绩效体现在薪酬体系中。

(7)建立一种支持战略的工作环境和企业文化。

(8)发挥实施战略所需的内部领导作用,不断提高战略实施水平。

3.4.2 战略实施的过程

战略实施的过程可以分为四个相互联系的阶段,即战略发动阶段、战略计划阶段、战略运作阶段和战略控制阶段。

战略发动阶段是在实施意义、执行步骤、实施方法和执行部门各方面进一步具体化,并将这些内容传授给各层管理人员和一线人员,对企业管理人员和员工进行培训。

战略计划阶段是对战略目标进行分解,对应到不同的业务单元和职能部门,根据战略需要调整组织结构,确定资源配置的方案。

战略运作阶段是根据既定战略计划执行战略,包括根据战略执行效果考核与奖励员工、对战略执行进行领导、建立与战略相适应的企业文化、建立信息支持系统等。

战略控制阶段是建立战略执行效果的监测指标,监测战略执行的实际业绩,采取调整措施纠正战略与目标的偏差。

对每个战略实施阶段而言,都需要有明确的阶段目标、实施计划、部门分工及统筹协调等,以保证战略执行的长期性和整体性,战略制定与执行中都应该定期检查、评估,并做出适当的调整,避免因某一部分执行过度或者执行不足而影响到整个战略的全局。

【复习思考题】

1. 战略管理的过程有哪些?
2. 组织环境分析的内容和工具有哪些?
3. 战略的层次和类型有哪些?
4. 简述波特的五力分析模型,五种竞争力量的关键影响因素有哪些?
5. 什么叫价值链,价值链模型主要内容是什么?
6. 什么叫 SWOT 分析法?
7. 阐述波士顿矩阵的内容。

【技能训练】

1. 调查你所在的学校所处的内外部环境，运用 PEST 和五力分析模型分析学校所处的竞争地位，目前面临的机会和威胁，在分析过程中请注意对各要素的把握。

2. 通过互联网搜一家公司和到该企业进行调查获得足够资料，描述该公司的发展历程、企业资源、能力以及组织文化，了解企业采取的是何种战略，并对企业选择该种战略的依据进行分析，发表你对该企业选择的战略的评价，并形成评价报告。

【职场案例 3.1】

人生地产代理有限公司的环境分析

人生地产代理有限公司（以下简称"人生公司"）是全国最大的连锁经营地产代理中介机构。人生公司在每个省分别设立分公司，统管该省各分公司的业务。各省分公司经营管理相对独立，管理层拥有较大的决策自主权。各省分公司每年将全部利润的 30%上交人生公司总部，以换取在省内独家使用人生品牌的权利，以及人生公司总部提供的各种行政、推广、培训等支援服务，余下的 70%利润归各省分公司。

人生公司地产代理中介佣金的年收入为全国第一，代理人数量及营业点数量也是全国第一。除个人消费者的地产买卖交易，人生公司拥有较为庞大的商业地产投资机构客户群。与个人消费者相比，投资机构客户愿意支付更高百分比佣金，同时对人生公司提供的全国性中介服务以及代理人员的个人素质均有严格要求，这是普通地产代理公司很难满足的。人生公司对投资机构客户的佣金收入毛利率较高，尽管对投资机构客户的收费总额约占人生公司佣金年收入的 30%，但其产生的利润占人生公司的利润却高达 60%以上。通常，人生公司各省分公司均会相互推介投资机构客户。

随着国家西部开发战略的实施，西部 A 省甲市在旅游、金融及高科技等方面发展迅速，使甲市成为新兴发展的龙头城市。由于全国房地产业务正处于行业周期高峰，加上甲市的特殊因素，甲市房地产市场高速发展。全国各省的地产投资机构也纷纷涌入甲市收购该市的房地产。

人生公司 A 省分公司为 10 年前由现在的管理人员共同设立，该公司管理层的多数人员将在未来 3~5 年陆续退休。10 年来 A 省分公司的业务量稳定增长，利润率始终维持在较高水平，管理层亦获得较为满意的个人收入。但是，人生公司的主要业务和收入集中于北京、上海、浙江、广东等经济发达省市，在 A 省的分公司，特别是甲市的支公司在人数和营业点数量上均落后于甲市的几家本地代理中介公司，其业务量及收入总额尚不及本地代理公司。本地代理公司为当地人创设，熟悉甲市情况，具有丰富的甲市人脉关系，而且收费较低，但是服务质量远低于人生公司。

人生公司的企业目标是保持市场领先地位。为了达到目标，人生公司管理层预计公司收入的年增长率必须维持在 20%以上。由于各主要省市的业务增长率已处于较低水平，人生公司管理层认为 A 省特别是甲市将是能否达标的一个重要决定因素。

另外，人生公司管理层注意到，近几个月来各省分公司均陆续收到主要投资机构客户对人生公司 A 省分公司的服务投诉，而且投诉还在上升。其他各省分公司亦表示担心各自机构客户的地产业务正在加快向 A 省倾斜，影响其他各省分公司的收入和利润。

（资料来源：李春波. 企业战略管理. 清华大学出版社. 2011）

案例思考：请分析人生公司的内外部环境。

【职场案例 3.2】

苹果成功的十大关键因素

2010 年 5 月 26 日下午 2 点 30 分，苹果公司成为技术领域的最大公司，并且仅次于埃克森美孚公司，成为全美第二大公司。在过去的数月间，苹果公司的市值一直咬紧微软公司。

过去数年间，苹果公司的发展历程恰似航天火箭的发射过程——一系列快速紧密有序的腾飞而后直冲苍穹。苹果公司本身，它的领导者及它的产品已经变成了一种文化上的通用语。戴尔公司想成为商业领域的苹果，Zipcar 亦想在汽车共享领域成为苹果，苹果公司成为卓越成就的代名词。一个公司或个人怎样才能成为"某某领域的苹果"？一些长期关注苹果的专业人士进行探讨交流后，清晰地得出了答案，他们围绕以下十大关键因素展开。

1. 不落俗套，求新求精

在 20 世纪 80 年代领导苹果设计团队时，在"笔记本看起来应该像什么"这个问题上，斯蒂芬·乔布斯经常亲自指导工程师，他曾要求把笔记本设计成保时捷和精美的厨具，而苹果公司的追随者恰是高端人群——那些已买或者是将买保时捷的人。很明显，苹果的魔力，恰恰在于自己不落俗套地钻研，从而以创造性的产品吸引其目标客户。

2. 逾越常规，自定规则

技术专家普遍认为，源代码开放是大势所趋。但斯蒂芬·乔布斯不这样认为，他还禁止在 iPhone 和 iPad 上使用 Flash 技术。在这一背景下，苹果公司被视为略显封闭。但在苹果公司的哲学里，封闭与自由并不冲突。如果苹果公司能放宽透明度，就能避免上述大部分争议，但苹果没有随波逐流。虽然批判仍在持续，但是苹果商店已经取得了巨大的成功，就连其反对者也不得不向它致敬。

3. 推崇简单，拒绝复杂

"拒绝"可能是乔布斯在苹果公司所扮演的首要角色。"他简直是个过滤器"苹果电脑工程师赫兹菲尔德说。每一天都会有设计者向乔布斯展示在现有产品上加入新的创意，而他的回答几乎都是拒绝。乔布斯说，"只要一个窗口，将音像资料推入窗口，然后点击一个叫播放的按钮，这是我们要的。"乔布斯拒绝的原因，不仅出于对复杂设计的一贯反感，还有成本考虑。复杂的设计只会使成本更高，减少一些新特征还能为新产品的出现制造一种期待。

4. 服务客户，扩展销售

近年来，在笔记本和手机领域，苹果的竞争对手大多采取回避客户而非服务客户的策略。而20年前，苹果公司就明确了一个压倒一切的优先目标，即创立一种让客户完全联想不到计算机工业的零售商店以更好地服务于客户。工作人员会为你诊断每一款苹果产品，而不管你从哪里买的，公司对上述服务不收取任何费用。苹果公司为何如此慷慨呢？曾在苹果公司工作过的德尔说："有时候客户进来时是为寻求帮助，但在离开时却购买了新产品。"

5. 以我为主，忽略异议

苹果公司相信人们预想不到他们真正需要的东西。客户会告诉你一大堆他们所需要的东西，但是当你按照他们的意图制造出来时，这又不是他们想要的。不过乔布斯也不是将客户的反馈视为无物。他将其看作鼓舞，而非方向；是方式，而非结果。所以，苹果公司总是能推出既能满足客户需求同时又超越客户想象的新产品。

6. 着眼细节，处处营销

粉丝对苹果的忠诚度堪比基督徒对耶稣的忠诚度。苹果的品牌是如此的强大和有吸引力，以至于对有些人而言，苹果已经成了一种信仰。苹果公司通过一系列精细入微的营销方式，来培养粉丝对苹果品牌的宗教般的狂热，强化苹果产品的象征意义，包括渲染产品的神秘，发布新产品时高度调动大众的胃口等。苹果通过这些策略使其品牌形象深入人心。

7. 否定陈规，推陈出新

没人能怀疑苹果公司的创新能力。事实上，没有任何一家公司像苹果那样频繁地对所在领域的基础环节进行反思和重构，对其电脑的设计和生产进行大幅度革新，除苹果公司外，没有任何其他公司做到这些。苹果公司总是不停地否定过去设计中的不合理及不足之处，不断地推陈出新，使其产品总能以独特的风格傲立于时代前沿。

8. 主权集中，适当独裁

"所有人都呆若木鸡"设计主管伊万杰李斯特说，"乔布斯否决了我们工作结果的绝大多数，只肯定了其中的一丁点。"这种风格与他以前所就职的公司迥异。技术领域追求具有包容性的、彻底的、集合大众智慧的创新。而苹果公司的工程师则要花费100%的时间去设计由一小部分资深经理或是乔布斯一个人计划的产品。有权做出决策的人是如此之少，以至于苹果一年仅能够推出一项或两项创新产品。但它们是iPhone或iPad——最成功产品的代表。

9. 吸收成果，重新发明

"革命性"是乔布斯最喜欢的词之一。事实上苹果最善于搜集汇总技术领域的最新创意，并通过转化将其变为己有。苹果擅长发现别的同类产品上存在的问题和不足，并在将问题和不足予以解决后推出新产品。iPad 就是一个典型例子。早在 2001 年微软公司就在设计，但因解决不了缺陷而放弃。乔布斯以自己的方法解决了该缺陷，于是 iPad 横空出世。在刚推出的两个月里，iPad 就卖出了 200 万台。

10. 恪守计划，有条不紊

在 iPad 上市几周后，惠普、微软及其他一些公司相继推迟了同类产品的上市，又回到了设计室，试图制作出比 iPad 更加精密、功能更加齐全的产品。与此同时，苹果的其他竞争者如谷歌、英特尔等快马加鞭地在该领域排兵布阵。

苹果公司并没有为这种竞争态势所牵制，它严格地按照自己的时间表行事。苹果的时间表是严格按照其自身的经营策略和长期愿景目标来制定的，以自己的步调决定市场态势，这样苹果公司总能掌握主动权，适时地推出一些新产品，占尽市场先机。

（案例来源：FarhadManjoo，http://tech.qq.com/a/20100628/000147.htm（苹果公司））

思考与讨论：苹果公司采取的是何种战略，试分析其战略制定过程。

第4章 决　　策

【学习目标】

1．了解决策的内涵，掌握决策的程序，掌握德尔菲法、头脑风暴法、盈亏平衡法、决策书法、乐观法、悲观法和后悔值法。

2．能够运用决策的相关方法进行决策。

【本章结构图】

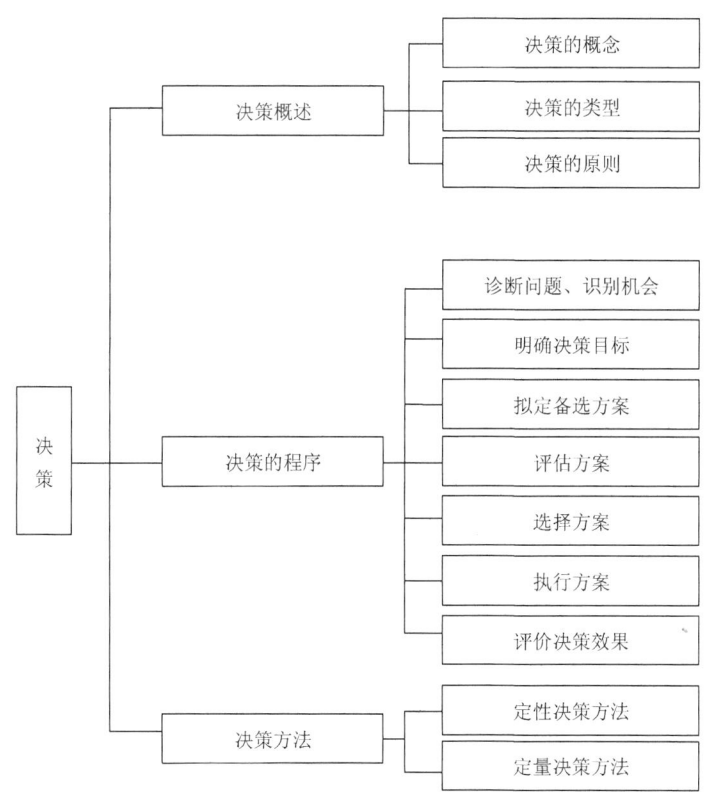

【引导案例】

美国西南航空：做正确的事

美国西南航空公司的总部设在德克萨斯州达拉斯。西南航空公司以廉价航空公司而闻名，其经营理念和公司战略被定位为低成本、低票价、高回报。1971年西南航空公司艰难起步时，只有三架飞机，在德克萨斯州内运营，后来逐步成长为美国最大的国内航空公司，其市值超过了世界上任何一家航空公司。事实上，"9·11"之后很长一段时间内,西南航空的市值比美国国内所有其他家竞争对手的总和还要大。竞争者、学者和分析家发现了西南航空公司成功的一些秘诀。

1. 只有一种飞机——波音737

西南航空使用波音737执飞其所有航班。随着波音公司不断升级飞机,西南航空有波音737的不同机型,但这些机型可以使用相同的飞行员、乘务员、机械师、调度员,甚至整个团队中的其他服务人员。

2. 飞机过站速度很快

由于过站速度快,西南航空公司可以利用三架飞机完成其他竞争对手用四架飞机才能完成的高密度飞行方案。西南航空的平均过站时间要比竞争对手节省至少15~20分钟。

3. 采用点对点的路线系统

主流航空公司都采用中央枢纽型的录像系统。西南航空深知低成本的重要性,因此,自然而然使用了点对点的路线系统,这样一来不需要拥挤的中转中心机场,精简了无利可图的返航航班,同时允许公司只用一种机型运营。西南航空公司也知道,乘客更喜欢直飞的航班。

4. 保持简单性

西南航空没有头等舱和商务舱,这使得公司可以对机舱座位进行改造,每架飞机多卖出12张机票,不分配座位,采用可以重复使用的塑料登机牌(只有A、B、C的批次),允许乘客先到先挑选座位,这样乘客登机非常快,减少了等待的时间。这样公司付给机场的着陆费也减少了。通常波音737的乘务员室有4~5人,而西南航空因不提供餐饮服务只需要2个人,还省去了昂贵的加热设施,在此又增加了6个座位。飞机到达后的打扫卫生工作也变得简单,节省了过站时间。西南航空不托运宠物,不和其他的运营航联营。

5. 数据良好的资产负债表

西南航空的债务成本很低,公司不断发展壮大,但从不试图过度扩张。在杠杆效应通常很大的航空业中,西南航空公司完全拥有80%的飞机,同时因为其优秀的信用等级,可以通过支付很优惠的租金来租用其他飞机。

6. 运营卓越

很多竞争者认为,价格是唯一的决定性因素。航空座位本质上跟棉花或玉米一样,客户往往会挑选更便宜的。而在西南航空内部,人们更愿意说自己从事的不是航空业而是客户服务业,只是凑巧使用飞机罢了。

(案例来源:焦叔斌. 管理学(第四版). 中国人民大学出版社. 2014)

思考与讨论:如何理解美国西南航空公司做正确的事,什么是正确的事?

4.1 决策概述

4.1.1 决策的概念

决策就是企业为了实现既定目标,在两个或两个以上备选方案中选择一个最佳方案并组织实施的过程。

决策的概念主要包括以下几层含义。

(1) 决策要有明确的目标。决策是围绕一定的目标进行的,决策就是为了实现这样的目标而进行的抉择,没有目标就没有决策。任何决策都要以实现组织总目标并使目标优化为出发点。

(2) 决策要有若干个备选方案。为了提高决策的质量,决策者需要综合各方面的情况将各种可能性尽可能全面地考虑进来,在此基础上可以设计多个备选方案,不同方案具有不同的优势,决策行为需要决策者在多种可能性之间进行抉择。

(3) 决策是一个完整的过程。首先,决策一般包括提出问题、搜集资料、预测未来、拟订方案、优选以及决策实施中的追踪反馈等在内的完整过程,其间如果缺失任何一个方面,都可能使得最终的决策失去科学性,进而导致企业的未来收益受到损失;其次,决策不仅是选择方案,即做出决定、选择的那一时刻的瞬间行为,而是为了实现组织的目标,由组织整体或组织的某个部分作出的对组织未来一定时期内有关活动的方向、内容及方式的选择过程。并且执行之后又会进入下一轮的决策。因此,决策也是一个循环过程,贯穿于整个管理活动的始终。

实际上,管理者所做的每一件事中,决策都扮演了重要的角色。计划、组织、领导及控制是基本的管理职能。然而,如表4-1所述,实施什么计划,选择什么目标,以及雇用什么员工,在每一项管理职能中都需要决策。

表 4-1 管理过程中的典型决策

管理职能	典型决策
计划	组织的长期目标是什么 采用什么策略能最好地实现这些目标 组织的短期目标应该是什么 应为每个人设定什么样的个人目标
组织	直接向我汇报的下属应该是多少人 组织的集中程度应多大 如何设计每个职位 何时对组织结构进行变革
领导	我应该如何对待缺乏积极性的员工 在特定的环境中,哪一种领导方式最有效 一个具体的变化将如何影响工人的生产效率 何时是激发冲突的最恰当时机
控制	组织中的哪些活动需要控制 如何控制这些活动 偏差达到什么程度才算严重 组织应当建立哪种管理信息系统

资料来源:Stephen P. Robbins and Mary Coulter. Management, 5th ed.(Upper Saddle River, NJ: Prentice Hall, 1996),1993

4.1.2 决策的类型

决策可以分为不同的类型。按不同的决策类型来采取相应的决策方法才能做出正确的决策。

1. 按决策层次分类

（1）战略决策（高层决策）：是事关组织未来发展的全局性、长期性的重大决策。战略决策一般由组织的最高管理层制定，故又称为高层决策。战略决策解决的是"做什么"的问题，具有全局性，主要包括企业经营目标和方针决策、新产品开发决策、投资决策、市场开发决策等。战略决策要求抓住问题的关键，而不是注重细枝末节和面面俱到的问题。

（2）战术决策（中层决策）：又叫管理决策，指组织为实施战略决策，在人、财、物等方面作出的具体决策，一般由组织的中间管理层作出，故又称中层决策。战术决策解决的是"如何做"的问题，是执行性决策，带有局部性，例如，营销计划与营销策略组合、生产计划决策、职工招收与工资水平、机器设备的更新等。战术决策的特点表现在涉及时间比较短、范围也比较窄、内容却比较具体、主要是考虑近期的外部环境和解决内部组合的协调问题。

（3）业务决策（基层决策）：又叫日常管理决策，指在组织的日常工作和活动当中，为提高工作效率和合理开展活动而进行的决策。这种决策一般由组织的基层管理层作出，故又称基层决策。业务决策主要针对短期目标，考虑当前条件而作出决定。例如，生产作业方法的决策、库存物资发放方式的决策等。

2. 按决策的重复程度分类

（1）程序化决策：是指对在日常管理工作中以相同或基本相同的形式重复多次出现的问题（例行问题）决策。由于这类决策问题产生的背景、特点及其规律较为相似，且易被决策者所掌握，所以，这类决策可以规定出一定的程序、建立决策模式、决策者可根据以往的经验或惯例来作出决策。例如，员工请假、日常任务安排、企业售后服务、企业中财物和统计报表的定期编制与分析等，都属于程序化决策。

（2）非程序化决策：是指对非例行的、很少重复出现的问题（例外问题）进行的决策。这种决策往往缺乏可借鉴的资料和较准确的统计数据，没有固定的模式和现成的规律可循。如组织变革、重大投资等。

3. 按决策的确定性程度分类

（1）确定型决策：是指决策者对每个备选方案未来可能发生的各种情况（自然状态）及其后果十分清楚，决策者确切知道哪种自然状态发生，每一种方案只有一个确定的结果（方案与结果对应）。此时只需要对各备选方案的结果进行比较，就可从中选择一个最有利的方案。例如，要加工某个部件，可以安排在甲、乙、丙三个车间进行，但三个车间的生产效率不同,就可以选择生产效率最高的车间来生产。

(2) 风险型决策:是指决策者对未来的情况无法作出肯定的判断,自然状态不止一种,无论选择哪个方案都有一定风险的决策。但能知道有多少种自然状态以及每种自然状态发生的概率。例如,某企业关于新产品的决策有三种方案,三个方案产品的销路不能完全确定,有畅销、一般和滞销三种情况,新产品三种方案在三种情况下的收益均不同,但是三种情况出现的概率根据经验或统计大致确定。这种情况下就可以对比三种方案的期望值来进行决策。

(3) 不确定型决策:是指决策者可能不知道有多少种自然状态,即使知道,也不可能知道每种自然状态发生的概率,即只有凭借决策者的经验、偏好和直觉作出决策。例如,在市场变化不能肯定时,投产方案的决策等。

4. 其他分类方法

对于决策的类型,还可以从其他角度加以划分。例如,按照决策主体划分可以分为个人决策和集体决策;按照决策时间跨度可以分为长期决策、中期决策和短期决策;按照决策所在的专业领域可以分为生产决策、营销决策、财务决策和人力资源决策等;按照决策的起点可以分为初始决策、追踪决策等。

4.1.3 决策的原则

决策要科学必须遵循如下原则。

1. 满意原则

选择活动方案的原则是满意原则,而非最优原则。我们所讲的"满意"决策,就是能够满足合理目标要求的决策。具体来讲,它包括以下内容:①决策目标追求的不是使企业及其期望值达到理想的完善,而是使它们能够得到切实的改善,实力得到增强。②决策备选方案不是越多越好、越复杂越好,而是要达到能够满足分析对比和实现决策目标的要求,能够较充分利用外部环境提供的机会,并能较好地利用内部资源。③决策方案选择不是避免一切风险,而是对可实现决策目标的方案进行权衡,做到"两利相权取其大""两弊相权取其小"。

导入案例中西南航空公司,取消了很多如头等舱、空中餐饮等一系列客户服务内容,它追求的目标并不是高的客户体验,而是为顾客节省更多金钱。

2. 集体决策与个人决策相结合的原则

决策作为决策者一致的反映,由少数人进行决策最易统一;而广泛征询不同意见、看法和建议能够集各家之长,提高决策的质量。因此,既不能事事集体决策、大家参与;又不能事事个人决策、一人拍板,要坚持集体决策与个人决策相结合的原则,根据决策事物的轻重缓急,对那些带有战略性的、非程序化的、非确定型的、事关组织全局的决策等,应实行集体决策,对其他的应酌情选择个人决策或集体决策。

3. 定性决策与定量决策相结合的原则

将定性决策与定量决策相结合是进行科学决策的基本原则和基本思路。科学的决策要求把以经验判断为主的定性分析和以现代科学方法为主的定量论证结合起来。

4.2 决策的程序

决策是一个动态的过程。虽然不同行业、不同决策者、不同事务的决策稍微有差异，决策的环节也会有所不同，但就一般意义上讲，决策过程都遵循以下一些基本步骤。如图4-1所示。

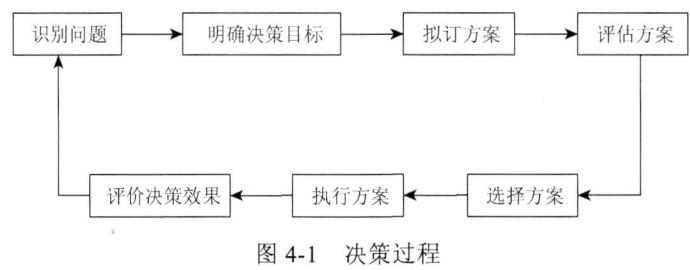

图 4-1 决策过程

4.2.1 诊断问题、识别机会

一切决策过程都是从问题开始的。所以，决策必须是在发现问题并对问题有准确认识的基础上进行的。如果问题识别不当，做出的决策将无助于问题的解决。因此，决策者要有深入实际观察问题的意识和能力，从而及时准确发现存在的问题。在管理领域，当组织的实际运行状况与原有目标之间出现了差异，例如，产品的不合格率突然上升、员工的情绪发生变化、消极怠工等，这就意味着某个地方出现了问题。必须对异常现象进行深入研究和分析，找出症结所在，并以此作为决策的出发点。

常用发现问题的方法是将事情的现状和某些标准进行比较，即比较现实与期望状态之间的差距。在差距被发现之后，决策者就可以开始对问题进行系统的分析，确认问题的内涵和界限，界定问题的性质和特征、深度和广度、严重程度和其他问题的关联程度，抓住问题的要害，以便寻求解决问题的办法。

4.2.2 明确决策目标

决策目标也就是决策者在未来一段时间内希望达到的某种效果。一项决策往往存在多个目标，各个目标间也可能会存在冲突，因此，确定正确的目标十分必要，正确的目标意味着成功。正确的决策目标设计一般要遵循明确性、可检测性、系统性、可实现性和一定的挑战性。此外，为了克服多目标决策的困难，通常的方法是根据目标的相对重要性排出先后次序，然后通过加权求和的方式将其综合为一个目标。

4.2.3 拟订备选方案

决策目标明确后,就应拟订能够达到目标的可行的各种备选方案。备选方案是指可供进一步选择的可行方案。备选方案不可能是一个,但也不可能太多。

在方案拟订过程中,应体现如下基本要求。

(1) 方案设计要具有整体的详尽性。即所拟订的备选方案应包括所有可行方案。当然,在实践中,由于决策条件的复杂性和多样性,要将所有可行方案都设计出来是不可能的,只能就现有条件和能力,设计出较多的备选方案,以避免遗漏实现目标的最佳途径。

(2) 方案应具有互斥性。也就是方案可以相互替代、相互排斥,而不能相互包容。即各方案的总体设计、主要措施和预期效果应该有明显的区别,不能将方案甲的措施包括在方案乙中,也不能使方案乙成为方案甲的实现途径。方案相互排斥的目的在于有比较选择的价值和可能,如果各方案的内容具有包容性,就失去了选择的意义。

(3) 明确列出各方案的限制因素。在许多情况下,决策是在众多限制性因素的影响下进行的,但人们对制约决策方案有效性的限制性因素往往搞不清楚,事实上许多限制性因素模糊不清,找出限制性因素绝非易事。而制定决策方案的过程,就是不断寻找限制性因素的过程。这样,才能事先把握事物发展的规律,使决策收到较好的效果。

(4) 方案要有创造性。在制订方案时应有创新性,尽可能设想出一些新颖的决策方案。

4.2.4 评估方案

备选方案拟订后,决策者应对每一种方案的实施效果进行评估,包括方案的直接效果和附带效果。决策者必须运用科学方法推测这些方案实施的效果,既要测算其预期效果、衡量其解决问题的程度,又要重视其可能产生的不良后果和潜在问题。分析评价备选方案要考虑的因素如下。

(1) 客观环境的变化。因为决策备选方案是面向未来的,它的效果要经过一段时间后才能显示出来,要想预测方案的效果,就要预测客观环境可能的变化,使组织决策者在选择方案时做到心中有数。

(2) 确定决策方案的评价标准。标准是判断方案好坏的尺度,要选择满意的方案,必须要有科学的评价标准。一般是把目标或目标具体化之后的指标作为评价标准。经常用的具体标准有:预期收益最大或损失最小标准;后悔值最小标准;成本费用最低标准等。

(3) 评估方案的原则:一是可行原则。也就是方案实施的现实条件要具备。决策者不能只考虑如何看好备选方案前景,还必须考虑组织可利用的资源是否能够满足方案的需要。二是效益原则。也就是要求评估方案实施能够给组织带来哪些长远利益和短期利益、经济效益和社会效益,要使效益大于成本。三是低风险原则。方案实施中可能遇到风险而使活动失败,因而要求使风险降至最低。根据上述原则,找出各种方案的差异,分析各方案的优劣,从而找出较为满意的行动方案。

4.2.5 选择方案

在这一阶段,决策者对经过评估的各种备选方案权衡利弊、得失,做出判断,选出"最好"的方案。然而,值得注意的是,选择出的"最好"方案也并非就是尽善尽美,往往难免有某些不足之处。所以,在实际决策中,还需要对优选出的方案进一步地修订与完善、博采众长、合而为一,或形成一个新的综合性方案。决策者在具体选择方案时要注意三个方面的问题。

(1) 要统筹兼顾,不要走极端。要看每个方案的优缺点,避免在实施中走弯路。

(2) 要注意反对意见。决策的组织者要充分注意选择过程中的反对意见,因为反对意见不仅可以帮助决策者从多角度去考虑问题、促进方案的进一步完善,而且可以避免因追求意见一致而产生的失误,提醒决策者防范一些可能出现的问题。

(3) 要有决断的魄力。由于人们的价值观不同,人们对方案选择的意见也不一致,因而在决策方案选择时会有意见分歧。决策者要在充分听取各种意见的基础上,根据自己对组织任务的理解和对形势的判断,权衡各种方案的利弊,作出决断。

4.2.6 执行方案

执行方案是指将决策方案交给有关人员付诸实施。在实施过程中,为了保证决策方案能取得令人满意的效果,应做好以下几方面的工作。

(1) 做好方案实施的宣传教育工作。通过各种宣传方式,使组织全体成员都了解决策方案的内容、目的和意义。

(2) 制订符合实际的实施计划。包括认真拟订实施决策方案的具体步骤;制订相应的实施措施与方法;编制实施行动的程序或日程表;结合有关资料编制实施方案的资金预算等。

(3) 建立适合的组织机构。要使组织机构的设置和职责分配适应实施决策方案的需要,同时把实施方案所需要的人力、物力、财力都动员和组织起来,使各个要素能够充分发挥作用,并形成整体功能。

(4) 建立信息反馈和控制系统。要通过信息反馈系统及时获取决策实施过程中的信息,把实际执行的效果同预期目标进行比较,一旦发现差异,就要及时进行有效控制,保证决策目标的实现。

4.2.7 评价决策效果

决策的最后一个程序是对决策执行的效果进行评估,以确认方案实施后是否真正解决了问题。如果决策方案实施后仍达不到预期效果、问题依然存在,管理者就对决策本身进行仔细分析,研究哪个环节出了错?是否没有正确认识问题?是否对方案的评价不正确?是否是方案正确但实施不当?诸如此类的问题,将使管理者追溯到以前制定决策的步骤。如果问题严重,甚至可能需要重新开始整个决策过程或进行追踪决策,以解决实际问题。

4.3 决 策 方 法

4.3.1 定性决策方法

1. 头脑风暴法

头脑风暴法（简称 BS 法）也叫思维共振法，最早由英国的奥斯本提出。这种方法是通过有关专家之间的信息交流，引起思维共振，产生组合效应，从而导致创造性思维的连锁反应。头脑风暴法是比较常用的集体决策方法，便于发表创造性意见，因此，主要用于收集新设想。

用该法进行决策或预测，必须遵守以下原则：①严格限制决策或预测对象范围。②不能对别人意见提出怀疑和批评。③鼓励专家对已提出的方案进行补充、修正或综合。④解除与会者的顾虑，创造自由发表意见而不受约束的气氛。⑤提倡简短精练的发言，尽量减少详述。⑥与会专家不能宣读事先准备好的发言稿。⑦与会专家人数一般为 10~25 人，会议时间一般为 20~60 分钟。

2. 德尔菲法

德尔菲技术（Delphi technique）又称专家意见法，是一种定性的、背对背的、依靠人的经验和综合分析能力进行的群体决策咨询方法。德尔菲技术最早由美国兰德（Rand）公司于 20 世纪 40 年代末研究提出。该法不需要专家正式出席会议，是以匿名的通信方式，让专家根据自己的知识、经验充分发表自己的观点，然后，决策者将各专家意见经过多次信息交换，逐步取得一致意见，从而得出决策方案。德尔菲法的基本步骤如图 4-2 所示。

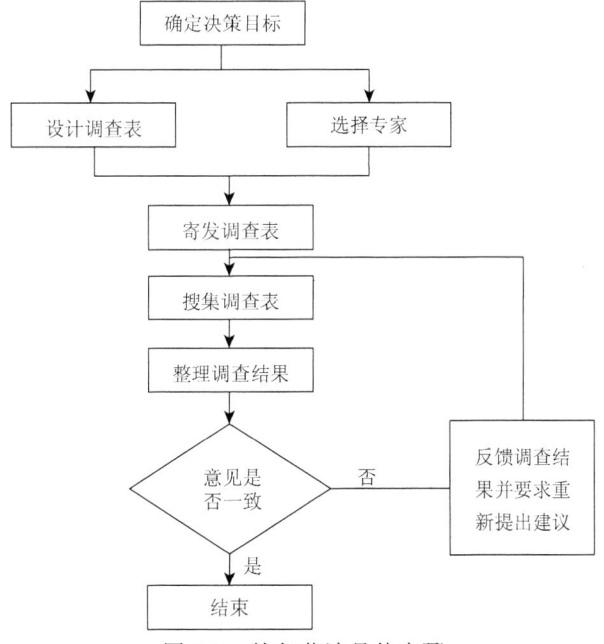

图 4-2 德尔菲法具体步骤

其主要特点是：①不记名投递征询意见。根据所需预测的内容选择有关方面的专家，并将预测内容设计成含义明确的问题，规定统一的评价方法，然后将上述问题邮寄给他们，背对背地征询意见。②统计归纳。收集各位专家的意见，然后对每个问题进行定量统计归纳。通常用回答的中位数反映专家的集体意见。③沟通反馈意见。将统计归纳后的结果反馈给专家，每个专家根据反馈信息，慎重考虑其他专家的意见，然后再提出自己的意见。如此反复多次，一般经过3～5次，就可以取得比较集中一致的意见。

4.3.2 定量决策方法

定量决策方法是利用数学模型进行优选决策方案的决策方法。根据数学模型涉及的决策问题的性质（或者说根据所选方案结果的可靠性）不同，定量决策方法一般分为确定型决策、风险型决策和不确定型决策三类。

1. 确定型决策

确定型决策方法的特点是只要满足数学模型的前提条件，决策方案就肯定会出现模型给出的特定的结果。属于确定型决策方法的模型很多，下面主要介绍两种常用的方法：盈亏平衡点法、线性规划法。

1）盈亏平衡点法

盈亏平衡点法（也称量本利分析法）是进行产量（或销量）决策常用的方法。该方法基本特点是把成本分为固定成本和可变成本两部分，然后与总收益进行对比，以确定盈亏平衡时的产量或某一盈利水平的产量。盈亏分析的关键是找出盈亏平衡点，其基本原理是用成本等于收入指明企业获利经营销售量界限，只有产量达到盈亏平衡点了，企业才会盈利，否则企业亏损。如图4-3所示。

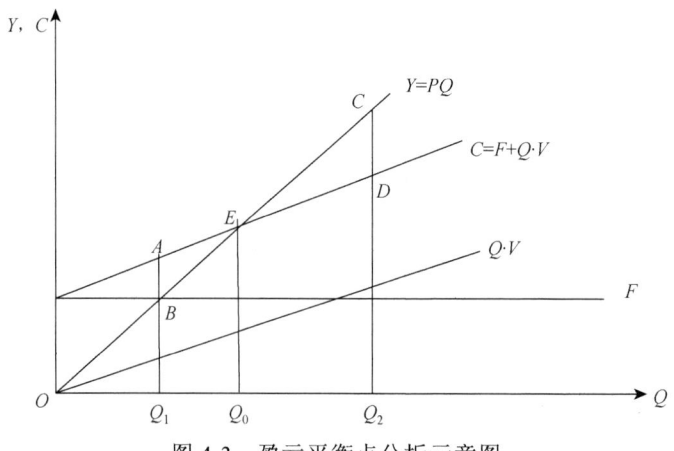

图4-3 盈亏平衡点分析示意图

图 4-3 中，纵坐标表示总收益（Y）、总成本（C）、固定成本（F）及可变总成本（$Q \cdot V$）。横坐标表示产量（或销量，用 Q 表示，该模型假定产销量一致）。总收益 Y

是单位销售价格 P 与产量 Q 的乘积；总成本 C 等于固定成本 F 加上可变成本 $Q·V$。总收益曲线 Y 与总成本曲线 C 的交点 E 对应的产量 Q_0 就是总收益等于总成本（即盈亏平衡）时的产量，E 点就是盈亏平衡点。在 E 的左边，即 $Q<Q_0$，总成本曲线位于总收益曲线之上，即亏损区域，其中 C 与 Y 之间的纵坐标距离就是相应产量下的亏损额，例如，Q_1 处的亏损额为 AB。在 E 点的右边，即 $Q>Q_0$，总收益线位于总成本之上，即盈利区域，Y 与 C 之间的垂直距离就是相应产量下的盈利额。例如，Q_2 对应的盈利额为 CD。

用盈亏平衡点法进行产量决策时应以 Q_0 为最低点，因为低于该产量就会产生亏损。对新方案的选择是如此，对于现有的生产能力是否在 Q 时就一定要停产呢？由图（4-3）可知，停产时的亏损额为 F，即固定成本支出，而在 OQ_0 区间内的任一点的亏损额（$C-Y$）都低于 F。所以，企业生产能力形成后，即使受市场销量的约束使产量进入亏损区，也不应做出停产决策，即"两害相权取其轻"。

图 4-3 所示盈亏平衡点基本原理也可由公式来表示。由于在 Q_0 点有 $Y=C$，即

$$PQ = F+Q_0·V$$

故盈亏平衡点（或称保本点）产量

$$Q_0=F/(P-V) \tag{4-1}$$

公式（4-1）中有四个变量，给定任何三个便可求出另外一个变量的值。

该模型除了用于盈亏平衡点的产量、成本决策，再增加一利润变量，便扩展为任意产量决策的模型。设利润为 B，根据定义有

$$B=PQ-(F+Q·V)$$

故保利点产量为

$$Q=(F+B)/(P-V) \tag{4-2}$$

公式（4-2）中共五个变量，给定任意四个便可求出另外一个变量的值。

例题 4-1 生产 A 产品的总固定成本为 200000 元；单位产品变动成本为 10 元；销价为 15 元。该厂的盈亏平衡点产量应为多少？要实现利润 20000 元时，其产量应为多少？

解：根据上述公式（4-1）

$$盈亏平衡点产量=\frac{200000}{15-10}=4000$$

根据公式（4-2）

$$利润 20000 时的产量=\frac{20000+200000}{15-10}=4400$$

2）线性规划法

线性规划法是一种为寻求单位资源最佳效用的数学方法，常用于组织内部有限资源的调配问题，在各种相互关联的多变量的约束条件下，去解决或规划一个对象的线

性目标函数最优的问题。目标函数是指决策者要求达到目标的数字表达式，用一个极大或极小值表示，约束条件是指实现目标的能力资源和内部条件的限制因素，用一组等式或不等式表示。

线性规划法的决策步骤如下。①确定影响目标的变量。②列出目标函数方程。③找到实现目标的约束条件。④求得最优解。

例题 4-2 某农业企业有耕地面积 33.333 公顷，可供灌水量 6300 立方米，在生产忙季可供工作日数 2800 个，用于种植玉米、棉花和花生三种作物。预计三种作物每公顷在用水忙季用工日数、灌水量和利润见表 4-2，在完成 16.5 万公斤玉米生产任务的前提下，如何安排三种作物的种植面积，以获得最大的利润如表 4-2 所示。

表 4-2 作物用工、用水、利润表

作物类别	忙季需工作日数	灌水需要量（立方米）	产量（公斤）	利润（元）
玉米	60	2250	8250	1500
棉花	105	2250	750	1800
花生	45	750	1500	1650

解：

（1）确定决策变量。目标是利润最大。玉米、棉花、花生的种植面积分别为 X_1，X_2，X_3 公顷。

（2）列出目标函数方程

$$Z(X_1, X_2, X_3) = 1500X_1 + 1800X_2 + 1650X_3$$

（3）找出约束条件。两种产品对原料 A、B、C 的需求量是不同的，即

$$X_1 + X_2 + X_3 \leq 33.333$$
$$60X_1 + 105X_2 + 45X_3 \leq 2800$$
$$2250X_1 + 2250X_2 + 750X_3 \leq 63000$$
$$8250X_1 \leq 165000$$
$$X_1, X_2, X_3 \geq 0$$

（4）求出最优解。用图解法或线性规划法。

2. 风险型决策

在比较和选择活动方案时，如果未来情况不止一种，管理者不知道到底哪种情况会发生，但知道每种情况发生的概率，则须采用风险型决策方法。常用的风险型决策方法是决策树法。

决策树法是以决策点为出发点，引出若干条方案枝，每一条方案枝代表一个备选方案。方案枝的末端有一个状态结点，从状态结点引出若干条概率分枝，每一条概率分枝代表一种自然状态，概率分枝上标明每种自然状态下的概率损益值。这样层层展

开，形同树状，由此而得名。如图 4-4 所示。

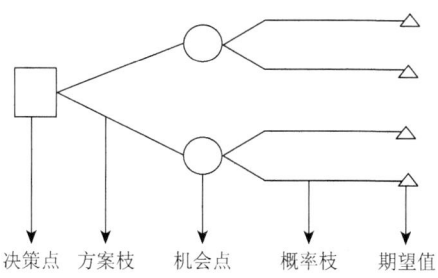

图 4-4 决策树基本构成示意图

决策树法的决策程序如下。

（1）绘制树形图。图形自左而右层层展开，根据已知条件排列出各方案和每一方案的各种自然状态。

（2）将各自然状态的概率标于概率枝上，并将各自然状态的期望值标于相应的概率枝后。

（3）计算各方案的期望值，并将其标于该方案对应的状态结点上。

（4）进行剪枝。比较各方案期望值，将期望值小的（即劣等方案）剪掉，用//标于方案枝上。

（5）剪枝后所剩的最后方案，即为最佳方案。

下面举例说明决策树的原理和应用。

例题 4-3 某商场要经营一种全新商品，有三种方案可以选择。根据市场预测，产品畅销的可能为 0.3，销售一般的可能为 0.4，滞销的可能为 0.3 三种方案在各种状态下的收益如表 4-3 所示。

表 4-3 方案收益

方案	畅销 0.3	一般 0.4	滞销 0.3
大批进货	盈利 42	盈利 30	亏损 10
中批进货	盈利 30	盈利 20	盈利 10
小批进货	盈利 22	盈利 18	盈利 16

请用决策树法进行决策。

解：

第一步：绘出决策树。如图 4-5 所示。

第二步：计算各方案收益值。

方案 1（结点①）的期望收益为：$0.3 \times 42 + 0.4 \times 30 + 0.3 \times (-10) = 21.6$（万元）

方案 2（结点②）的期望收益为：$0.3 \times 30 + 0.4 \times 20 + 0.3 \times 10 = 20$（万元）

方案 3（结点③）的期望收益为：$0.3 \times 22 + 0.4 \times 18 + 0.3 \times 16 = 18.6$（万元）

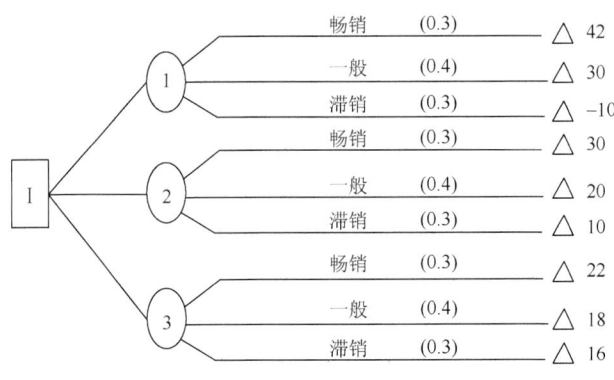

图 4-5 决策树示意图

计算结果表明，方案1收益最高，剪掉方案枝2和方案枝3，留下方案枝1，决策结果为大批进货。

3. 不确定型决策

在风险型决策中，概率是计算期望值的必要条件，因而也是按期望值标准进行方案选择的必要条件。但在现实经济活动中经常很难知道某种状态发生的客观概率，因此，也无法根据期望值标准进行方案选择。这时如何进行方案选择主要依赖于决策者对待风险的态度。

1）冒险法（大中取大法或称乐观准则）

冒险法指愿承担风险的决策者在方案取舍时以各方案在各种状态下的最大损益值为标准（即假定各方案最有利的状态发生），在各方案的最大损益值中取最大者对应的方案。

例题 4-4 某企业拟开发新产品，有三种设计方案可供选择。有关资料见表4-4。

表 4-4 冒险法决策

状态 损益值 方案	销路好	销路一般	销路差	Max
A	120	50	−20	120
B	85	60	10	85
C	40	30	20	40
三个方案最大收益值中，再取最大值	120			

在不知道各种状态的概率时，用冒险法选择方案过程如下。

首先，在各方案的损益中找出最大者。

其次，在所有方案的最大损益值中找最大者，即 max{120，85，40}=120，它所对应的方案 A 就是用该法选出的方案。

2）保守法（小中取大法或称悲观准则）

保守法的决策者在进行方案取舍时以每个方案在各种状态下的最小值为标准（即假定每个方案最不利的状态发生），再从各方案的最小值中取最大者对应的方案，以表 4-5 资料为例。

用保守法决策时先找出各方案在各种状态下的最小值，即 {−20，10，20}，然后再从中选取最大值：max{−20，10，20}=20，对应的方案 C 即为用保守法选取的决策方案。

表 4-5 保守法决策

状态 损益值 方案	销路好	销路一般	销路差	Min
A	120	50	−20	−20
B	85	60	10	10
C	40	30	20	20
三个方案最小收益值中，再取最大值	20			

3）后悔值法

后悔值法是用后悔值标准选择方案的方法。所谓后悔值是指在某种状态下因选择某方案而未选取该状态下的最佳方案而少得的收益值。

后悔值法进行方案选择的步骤如下。

（1）计算损益值的后悔值矩阵。方法是用各状态下的最大损益值分别减去该状态下所有方案的损益值，从而得到对应的后悔值。

（2）从各方案中选取最大后悔值。

（3）在已选出的最大后悔值中选取最小者，对应的方案即为用最小后悔值法选取的方案。

其后悔值矩阵如表 4-6 所示。

表 4-6 后悔值法决策

状态 损益值 方案	销路好	销路一般	销路差	Max
A	0	10	40	40
B	35	0	10	35
C	80	30	0	80
三个方案最大后悔值中，再取最小值	35			

各方案最大后悔值为{40，35，80}，然后再从中选取最小值：min{40，35，80}=35，

对应的方案 B 即为用最小最大后悔值法选取的决策方案。

【复习思考题】

1. 什么是决策？它有哪些类型？
2. 为什么说决策是个过程？它有哪几个重要环节？
3. 什么是头脑风暴法？
4. 什么叫德尔菲法？
5. 确定型决策、风险型决策、不确定型决策有何区别？在实践中如何运用各种方法？
6. 决策树法具体内容是什么？
7. 请举出近 3 年中你所做的 3 个决策，试分析这些决策中哪些是程序化决策？哪些是非程序化决策？

【技能训练】

1. 运用头脑风暴法，针对以下问题提出解决方法。某班频繁发生逃课、迟到、早退等违纪现象；如果你所在的班级学生厌学，学习气氛不浓，请你制订一份激励全班同学努力学习的方案。

2. 某企业为了扩大某产品的生产，拟建设新厂。据市场预测，产品销路好的概率为 0.7，销路差的概率为 0.3。有三种方案可供企业选择：

方案 1，新建大厂，需投资 300 万元。据初步估计，销路好时，每年可获利 100 万元；销路差时，每年亏损 20 万元。服务期为 10 年。

方案 2，新建小厂，需投资 140 万元。销路好时，每年可获利 40 万元；销路差时，每年仍可获利 30 万元。服务期为 10 年。

方案 3，先建小厂，三年后销路好时再扩建，需追加投资 200 万元，服务期为 7 年，估计每年获利 95 万元。问哪种方案最好？

运用决策树选择方案。

【职场案例 4.1】

宝洁公司润妍的决策失误

宝洁公司创始于 1837 年，是世界最大的日用消费品公司之一。宝洁公司雇员近 10 万人，在全球 80 多个国家设有工厂及分公司，所经营的 300 多个品牌的产品畅销 160 多个国家和地区，其中包括洗发、护发、护肤、化妆用品等。宝洁公司从 1987 年登陆中国市场以来，在中国日用消费品市场可谓是所向披靡，一往无前。仅用了 10 余年时间，就成为中国日化市场的第一品牌。

1. 润妍的失败

2002 年宝洁公司在中国市场推出润妍洗发水，结果却一败涂地，短期内就黯然退市。

润妍是宝洁公司众多品牌的一个，同时也是在中国本土推出唯一的一个针对东方人发质、发色设计的中草药配方洗润发产品的原创品牌。因此，无论宝洁公司总部还是宝洁公司（中国）高层都对润妍寄予了厚望，满心希望这个原汁原味倡导"黑发美"的洗发水品牌能够在中国市场一炮而红，继而成为宝洁公司向全亚洲和世界推广的新锐品牌。宝洁公司为这个新品牌的推广倾注了极大的心力和大量的经费。为了扩展润妍的产品线，增加不同消费者选购的空间，润妍先后衍生出 6 个品种，以图更大程度地覆盖市场，可是市场的反映却大大地出乎宝洁公司的意料。

据业内的资料显示，润研产品在 2001~2002 年 2 年间的销售额在 1 个亿左右，品牌的投入大约占到其中的 10%。2 年中，润妍虽获得不少消费者认知，但其最高市场占有率不超过 3%，这个数字，不过是飘柔市场份额的 1/10。

一份对北京、上海、广州和成都女性居民的调查也显示，在女性最喜爱的品牌和女性常用的品牌中，同样是定位黑头发的夏士莲排在第 6 位，而润妍榜上无名，同样是宝洁公司麾下的飘柔等四大品牌分列 1、2、4、5 位——时间是 2001 年 3 月，润妍上市的半年之后。另一份来自白马广告的调查则表明，看过夏士莲黑亮去屑洗发水的消费者中有接近 24% 的人愿意去买或者尝试；而看过润妍广告的消费者中，愿意尝试或购买的还不到 2%。

2002 年 4 月，在中国市场耕耘了 2 年后，润妍全面停产，逐渐退出市场。润妍的退市是宝洁公司在中国洗发水市场的第一次整体失败，面对染发潮流的兴起，在"黑头发"这块细分市场中，润妍没能笑到最后。

2. 润妍的推出历程

润妍的失利真的意味着宝洁公司引以为豪的品牌管理能力开始不适应新经济时代的需要了吗？我们可以回过头去看当时的市场背景。

1997 年，重庆奥妮洗发水公司根据中国人对中药的传统信赖，率先在全国大张旗鼓地推出了具有植物洗发全新概念的百年润发，并且在市场上的表现极为优秀，迅速取得了极为显著的市场份额。其后，夏士莲着力打造黑芝麻黑发洗发露，利用强势广告迅速对宝洁公司的品牌形成新一轮的冲击。一些地方品牌也乘机而起，就连河南的鹤壁天元也推出了黛丝黑发概念产品，意欲争夺奥妮百年润发留下的市场空白。

在"植物""黑发"等概念的进攻下，宝洁公司旗下的产品被竞争对手贴上了"化学制品""非黑头发专用产品"的标签。为了改变这种被动的局面，宝洁公司从 1997 年调整了其产品战略，决定在其旗下产品中引入黑发和植物概念品牌，提出了研制中草药洗发水的要求，并且邀请了许多知名的中医，向来自研发总部的技术专家们介绍了传统的中医理论。

在新策略的指引下，宝洁公司按照其一贯流程开始研发新产品。先做产品概念测试，找准目标消费者的真正需求，研究全球的流行趋势。为此，宝洁公司先后请了 300 名消费者进行产品概念测试。

——"理想中的黑发是什么？"

——"具有生命力的黑发"绝大多数消费者如是说。

——"进一步的心理感受?"

——"我就像一颗钻石,只是蒙上了尘埃,只要将她擦亮,就可以让钻石发出光芒。"

在调查中,宝洁公司又进一步了解到,东方人向来以皮肤白皙为美,而头发越黑,越可以反衬皮肤的白皙美。

经过反复3次的概念测试,宝洁公司基本上把握住了消费者心目中的理想护发产品——滋润而又具有生命力的黑发最美。

经过长达3年的市场调查和概念测试,宝洁公司终于在中国酝酿出一个新的产品:推出一种全新的展示现代东方女性黑发美的润发产品,取名为"润妍",意指"滋润"与"美丽"。在产品定位上,宝洁公司舍弃了已经存在的消费群体市场而独辟蹊径,将目标人群定位于18~35岁的城市高阶女性。宝洁公司认为,这类女性不盲目跟风,她们知道自己的美在哪里。融传统与现代为一体、最具表现力的黑发美,也许就是她们的选择。但是,重庆奥妮最早提出了黑头发的概念,其调研得出的购买原因却是明星影响和植物概念;而夏士莲黑头发的概念更是建立在"健康、美丽夏士莲"和"黑芝麻"之上,似乎都没有着力强调"黑发"。

并且,润妍采用的是和主流产品不同的剂型,采取洗发和润发两个步骤,将洗头时间延长了一倍。然而,绝大多数中国人已习惯使用二合一洗发水,专门的护发产品能被广泛接受吗?宝洁公司认为,专门用润发露护发的方法已经是全球的趋势,发达国家约有80%的消费者长期使用润发露。在日本这一数字则达85%,而在中国专门使用润发露的消费者还不到6%。因此,宝洁公司认为润发露在中国有巨大的潜在市场。针对细分市场的需求,宝洁公司的日本技术中心又研制开发出了冲洗型和免洗型两款润妍润发产品。其中,免洗型润发露是专门为忙碌的职业女性创新研制的。

产品研制出来后,宝洁公司并没有马上投放市场,而是继续请消费者做使用测试,并根据消费者的要求再进行产品改进。最终推向市场的润妍倍黑中草药润发露强调专门为东方人设计,在润发露中加入了独创的水润中草药精华(含首乌),融合了国际先进技术和中国传统中草药成分,能从不同层面上滋润秀发,特别适合东方人的发质和发色。

宝洁公司还通过设立模拟货架让消费者检验其包装的美观程度。即将自己的产品与不同品牌特别是竞争品牌的洗发水和润发露放在一起,反复请消费者观看,然后调查消费者究竟记住了什么,忘记了什么,并据此进行进一步的调整与改进。

在广告测试方面,宝洁公司让消费者选择他们最喜欢的广告。公司先请专业的广告公司拍摄一组长达6分钟的系列广告,组织消费者来观看;然后请消费者选择他们认为最好的3组画面;最后,根据绝大多数消费者的意见,将神秘的女性、头发、芭蕾等画面进行再组合。广告片的音乐组合也颇具匠心,现代的旋律配以中国传统的乐器古筝、琵琶等,进一步呼应润妍产品的现代东方美的定位。

在润妍广告的最终诉求上体现的是:让秀发更黑更漂亮,内在美丽尽释放。即润妍信奉自然纯真的美,并认为女性的美就像钻石一样熠熠生辉。"我们希望能拂去钻石上的灰尘和沙砾，帮助现代女性释放出她们内在的动人光彩。"具体的介绍是：润妍蕴涵了中国人使用了数千年的护发中草药——首乌，是宝洁公司专为东方人设计的，也是首个具有天然草本配方的润发产品。

在推广策略上，宝洁公司选择了从中国杭州起步再向全球推广的方法。杭州是著名的国际旅游城市，既有浑厚的历史文化底蕴，富含传统的韵味，又具有鲜明的现代气息，受此熏陶兼具两种气息的杭州女性，与润妍要着力塑造的既现代又传统的东方美不谋而合。在润妍产品正式上市之前，宝洁公司委托专业的公关公司在浙江进行了一系列的品牌宣传。例如，举办书法、平面设计和水墨画等比赛和竞猜活动等，创新地用黑白之美作为桥梁，表现了现代人对东方传统和文化中所蕴涵的美的理解，同时也呼应着润妍品牌通过乌黑美丽的秀发对东方女性美的实现。

从宝洁公司的产品研究与市场推广来看，宝洁公司体现了它一贯的谨慎。但在3年漫长的准备时间里，宝洁公司似乎在为对手创造蓄势待发的机会。奥妮败阵之后，联合利华便不失时机地将夏士莲"黑芝麻"草本洗发露系列推向市场，借用了奥妮遗留的市场空间，针对大众人群，以低价格快速占领了市场。对于黑发概念，夏士莲通过强调自己的黑芝麻成分，让消费者由产品原料对产品功能产生天然联想，从而事半功倍，大大降低了概念传播难度。而宝洁公司在信息传播中似乎没有大力强调它的首乌成分。

并且，宝洁公司因为四大品牌的缘由，已经成为主导渠道的代表，每年固定6%左右的利润率成为渠道商家最大的痛。一方面，润妍沿袭了飘柔等旧有强势品牌的价格体系；另一方面，经销商觉得没有利润空间而消极抵抗，也不愿意积极配合宝洁公司的工作，致使产品没有快速地铺向市场，甚至出现了有广告却见不到产品的现象。润妍与消费者接触的环节被无声地掐断了。

（案例来源：http: //course.shufe.edu.cn/course/marketing/allanli/runyan.htm（润妍的失败））

思考与讨论：

1. 宝洁公司作为一个大公司，其新产品决策过程体现了严格的规范性和程序性，这样做有什么利弊？

2. 润妍从产品研究到推广上市的过程中有什么值得称道的地方？润妍的退市说明新产品要取得成功还应考虑哪些因素？

【职场案例 4.2】

吉利收购沃尔沃

中国自主汽车品牌吉利于2010年3月28日在瑞典与美国福特公司正式签约，以18亿美元的价格收购其旗下的瑞典沃尔沃汽车100%的股权，从而使这场备受行业关注的"异国恋"修成正果。此前，只有国内汽车业的龙头上汽收购韩国的双龙，但最后还是以失败告终。

以世俗的眼光来看，这是一次不对称的收购。吉利不过是一家创立20年、造车才

15年、以生产低端汽车为主的中国汽车企业,而以"安全""品质"为形象的沃尔沃公司却有着近80年的历史,净资产超过15亿美元、品牌价值接近100亿美元,公司拥有高素质研发人才队伍,年生产能力接近60万辆。此前,吉利收购沃尔沃的消息传出,国内媒体先是习惯性猜测吉利这次收购纯属炒作,而后质疑"吉利的钱从哪里来的","福特都经营不好,吉利能玩得转吗"?甚至还有臆想者断言"沃尔沃的高成本将拖垮吉利""吉利的低端品牌形象将毁了沃尔沃"等。

而事实上,吉利收购沃尔沃,并非一时兴起。早在七八年前,吉利汽车总裁李书福就一直谋划着海外并购。在此期间,吉利还收购了英国等国的一些汽车品牌,为吉利今后并购世界知名汽车品牌打下了坚实的基础。李书福深知,只有通过对具有深厚技术积淀的国际著名品牌的收购,才能彻底改变中国自主品牌汽车在海外"山寨版"的形象。此时,沃尔沃进入了李书福的视野。

在中国的汽车市场上,从来都是跨国汽车巨头在江浙并购或合资的故事,如今讲述者换成中国自主品牌吉利,确实给人以时移世易的感觉。为什么讲故事的不是国内那些无论是实力还是技术都比吉利强得多的企业呢?因为近几年,随着世界经济格局的变化,中国的一些企业尤其是国字号的垄断企业,纷纷加快了扩展海外市场的步伐,大手笔收购国外的同类公司。然而,遗憾的是,除少数成功外,多数都铩羽而归。虽然跨国并购失败的案例中外比比皆是,虽然国企的官方背景也很容易引起一些国家的警惕从而导致失败,但是不能不提到的一个根本原因就是,多数垄断国企并没有经过残酷的市场化锤炼,只用在国内行政垄断环境中培养出来的虚假竞争力去参与海外并购,因此其失败的风险要远大于成功的概率。相比国企在股权结构、管理模式、经营理念、企业环境等方面存在的缺陷,以及人才、管理、技术、产品、服务等基本要素储备的不足对海外并购产生的不利影响,吉利无疑要优秀得多。当以生产摩托车为主的吉利进入汽车领域后,没有享受到合资企业在金融和财税方面的各种优惠政策,同时还得忍受同行的奚落、嘲笑甚至打压,但吉利却在10多年时间里,取得了快速而长足的进步。2009年吉利的业绩表明,虽然产量仍远落后于上汽等国有企业,但其创造的利润已经超过上汽,稳居国内汽车企业首位。吉利在汽车行业的竞争力说明,它比国企拥有更灵活多变的市场策略以及符合市场竞争需要的公司治理结构,也比跨国汽车巨头更能对广大用户群的需求和利益作出判断。这就是吉利的竞争优势,也是其他民营车企的竞争优势。

当然,对吉利来说,成功收购沃尔沃只是第一步,关键还在于如何去消化、吸收、重组它。毕竟沃尔沃的历史、文化、管理、环境和技术都与吉利有别,如果吉利消化不了沃尔沃,不仅对吉利来说是一个巨大的挫折,对中国的汽车业也会产生很大的负面影响。

(资料来源:李泊洲,郭韬,孙冰.管理学.哈尔滨工程大学出版社,2010)

思考与讨论:根据案例材料谈谈成功的决策有哪些影响因素。

第 5 章 计　　划

【学习目标】

1. 了解计划的概念与作用，掌握计划的性质、程序，了解预测的含义、程序，掌握预测的方法以及计划工作的方法，了解目标的内涵及特征，掌握目标管理的含义、基本思想及程序。

2. 能运用所学知识编制商业计划书。

【本章结构图】

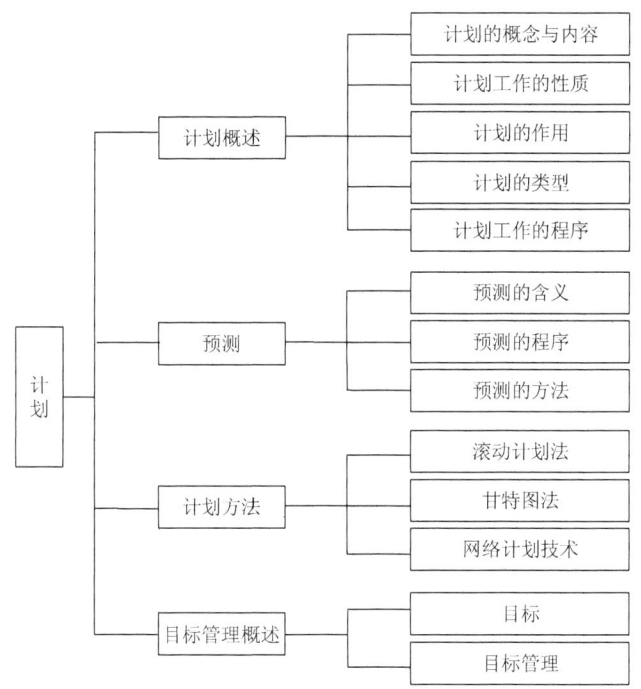

【引导案例】

小赵有计划吗？

个体户小赵得知近来某高档啤酒销售的差价利润丰厚，就托关系以预付 30%款项的方式从厂家批发 5000 箱。同时招一批临时工以每瓶 2 角回扣的报酬组织促销队伍，并安排饮食店和宾馆代销。但因促销不力及市场变化等，2000 箱啤酒积压在库房。小赵的爱人骂他做事没有计划，小赵感到很委屈。

思考与讨论：你认为小赵有计划吗？

5.1 计 划 概 述

5.1.1 计划的概念与内容

1. 计划的概念

计划也称为计划工作,是指为实现一定的目标而科学预计和制订的未来行动的方案。计划有广义和狭义之分。

广义的计划是指管理者制订计划、执行计划和监督检查计划执行情况的过程。确切地说,计划工作包括从分析预测未来的情况与条件、确定目标、决定行动方针与行动方案、并依据计划去配置各种资源、进而执行任务、最终实现既定目标的整个管理过程。计划工作是一项既广泛又复杂的管理工作,它涉及组织的每一项活动,需要深入细致的分析研究和非常高的技术技能。

狭义的计划是指一个组织在未来一定时期内,用文字和指标等具体形式来制订关于组织成员的行动方案、行动目标、行动内容及行动安排的管理文件或方案。狭义的计划就是指制订计划。

2. 计划工作的内容

一般情况下,我们可以通俗扼要地将计划工作的任务和内容概括为六个方面,即5W1H。

表 5-1 计划工作的内容

做什么	What to do ?
为什么做	Why should we do it ?
何时做	When to do it ?
何地做	Where to do it ?
谁去做	Who will do it ?
怎么做	How to do it ?

如表 5-1 所示,这六个方面的具体含义如下。

"做什么":要明确计划工作的具体任务和要求,明确每一个时期的中心任务和工作重点。例如,企业生产计划的任务主要是确定生产哪些产品、生产多少、合理安排产品投入和产出的数量和进度,在保证按期、按质和按量完成订货合同的前提下,使得生产能力得到尽可能充分的利用。

"为什么做":要明确计划工作的宗旨、目标和战略,并论证可行性。实践表明,计划工作人员对组织和企业的宗旨、目标与战略了解得越清楚、认识得越深刻,就越有助于他们在计划工作中发挥主动性和创造性。

"何时做":要规定计划中各项工作开始和完成的时间,以便进行有效的控制和对能力及资源进行平衡。

"何地做":要规定计划的实施地点或场所,了解计划实施的环境条件和限制,以便合理地安排计划实施的空间组织和布局。

"谁去做":计划不仅要明确规定目标、任务、地点和进度,还应规定由哪个主管部门负责。例如,开发一种新产品,要经过产品设计、样机试制、小批试制和正式投产几个阶段。在计划中要明确规定每个阶段由哪个部门负主要责任、哪些部门协助、各阶段交接时由哪些部门和哪些人员参加鉴定和审核等。

"怎么做":制定实现计划的措施以及相应的政策和规则,对资源进行合理分配和集中使用,对人力、生产能力进行平衡,对各种派生计划进行综合平衡等。

在导入案例中,小赵仅明确了售卖高档啤酒的目标,但是并没有深入考虑实现目标的方案和过程,忽视了高档啤酒的价值与临时工身份、一般饮食店环境之间的矛盾,更没有了解市场需求量和市场需求特点,因此,售卖高档啤酒的计划并不是一项完善的计划。

3. 计划的表现形式

计划包含组织将来行动的目标和方式,它有多种表现形式。哈罗德•孔茨和海因•韦里克从抽象到具体,把计划分为一种层次体系:宗旨或使命;目标;战略;政策;程序;规则;方案;预算,如图 5-1 所示。

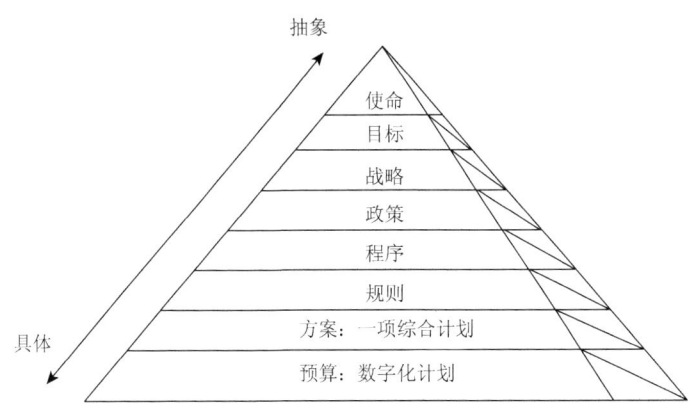

图 5-1 计划的层次体系

(1)宗旨或使命。宗旨或使命,是社会对该组织的基本要求,表明组织是干什么的、应该干什么。例如,企业的宗旨一般来说,是生产和分配商品和服务;一个工商企业的基本宗旨是向社会提供有经济价值的商品或劳务;法院的宗旨是解释和执行法律;大学的宗旨是培养高级人才等。

(2)目标。组织的使命说明了组织要从事的事业,其往往太抽象、太原则化,它需要进一步具体为组织一定时期内的目标和各部门的目标,它具体规定了组织及其各个部门的经营管理活动在一定时期要达到的具体成果。例如,虽然教书育人和科学研究是一所大学的使命,但一所大学在完成自己的使命时会进一步具体到不同时期的目标和各院系的目标,例如,最近 3 年培养多少人才,开设什么专业,重点安排哪些课程等。对一家工商企业来说,在一定时期内的目标通常表现在两个方面,即企业对社会做出贡献的目标和自身价值实现的目标。

(3) 战略。战略是为实现组织长远目标,所选择的发展方向、所确定的行动方针以及资源分配方针和资源分配方案的一个总纲。战略是指导全局和长远发展的方针战略,并不打算确切地概述组织怎样去完成它的目标,因为这是无数主要的和次要的支持性计划的任务。但是,战略提供指导思想和行动的框架,是要指明方向、重点和资源分配的优先次序。从实现长远目标的要求来看,选择方向确定资源分配的优先次序,要比其余各种管理工作更加重要。

(4) 政策。政策是组织在决策时或处理问题时用来指导和沟通思想与行动方针的明文规定。政策有助于将一些问题事先确定下来、避免重复分析、并给其他派生的计划以一个全局性的概貌。从而使主管人员能够控制住全局。例如,企业销售部门鼓励顾客用现金支付货款的优惠政策;劳动工资部门对超额完成任务者给予奖励的政策;企业承包中的工资总额与实现利税挂钩政策;国家对经济特区实行的吸引外资和进出口方面的特殊政策等。

(5) 程序。程序是指导如何采取行动,它规定了如何处理那些重复发生的例行问题的标准方法。程序的实质是对所要进行的活动规定时间顺序,因此,程序也是一种工作步骤。通俗地讲,程序就是办事手续。制订程序的目的是减轻主管人员决策的负担,明确各个工作岗位的职责,提高管理活动的效率和质量。此外,程序通常还是一种经过优化的计划,它是对大量日常工作过程及工作方法的提炼和规范化。

(6) 规则。规则是对具体场合和具体情况下,允许或不允许采取某种特定行动的规定。规则常常与政策和程序相混淆,所以,要特别注意区分。规则与政策的区别在于规则在应用中不具有自由处置权,可以把程序看作一系列规则的总和。规则和程序,就其实质而言,旨在抑制思考。

(7) 方案。方案是为了实施既定方针所必需的目标、政策、程序、规则、任务分配、执行步骤、使用的资源等而制订的综合性计划。规划有大有小。大的规划像国家的科学技术发展规划;小的规划像企业中质量管理小组的活动规划等。规划有长远的和近期的。例如,我国国民经济发展的五年计划以及企业的职工培训规划等。规划一般是粗线条的,纲要性的。

(8) 预算。预算作为一种计划,是以数字表示预期结果的一种报告书。它也可称为"数字化"的计划。例如,企业中的财务收支预算,也可称为"利润计划"或"财务收支计划"。预算可以帮助组织或企业的上层和各级管理部门的主管人员,从资金和现金收支的角度,全面、细致地了解企业经营管理活动的规模、重点和预期成果。

5.1.2 计划工作的性质

(1) 目的性。计划工作是为实现组织目标服务的,组织是通过精心安排的计划来实现目标而得以生存的。计划工作作为管理的一项基本活动,应有助于完成组织目标,从时间上和空间上对决策工作进行进一步的展开和细化。

(2) 首位性。计划的首位性表现在两个方面,一方面体现在计划工作是管理其他职能的基础,另一方面表现在计划工作影响和贯穿于组织工作、领导工作和控制工作之中。如图 5-2 所示。

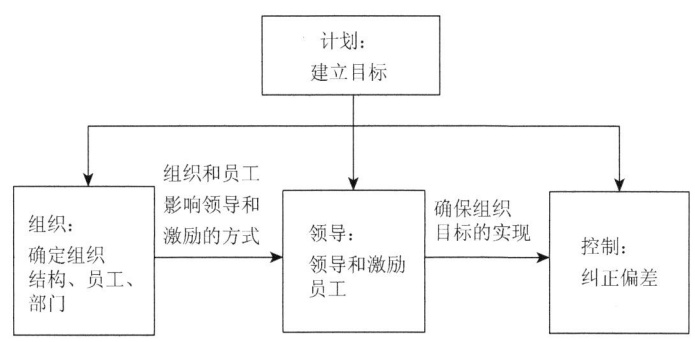

图 5-2 计划职能领先于其他职能示意图

(3) 普遍性。任何一项工作都具有计划,计划工作的特点和范围随着各级主管人员职权的不同而不同,但它却是各级主管人员的一个共同职能。所有的主管人员,无论是总经理还是班组长都要从事计划工作。

(4) 效率性。计划工作的任务不仅在于确保组织实现目标,而且要从众多的方案中选择最优的资源配置方案,以求得合理利用资源和提高效率。

(5) 创新性。计划工作总是针对需要解决的新问题和可能发生的新变化、新机会而作出决定的,因此,计划工作是一个创新性的管理过程。

5.1.3 计划的作用

(1) 计划是管理活动的依据。管理者要根据计划来分派任务、配备人员、确定下级的权力和责任,用计划作为标准来控制组织中全体人员的活动方向、使之不能偏离计划,以保证达到组织计划所设定的目标。计划使得管理者的指挥、控制、协调工作更有效。

(2) 计划可以预测未来,降低风险。计划是针对未来行动的一种筹划,促使管理者展望未来,在尽可能大的程度上减少未来的不确定性,充分把握未来的变动趋势,制定相应的补救措施,并在需要的时候对计划做出必要的修正,最大限度地降低风险。

(3) 计划是合理配置资源的手段。计划明确了组织不同部门从事各项活动所需资源的时间、数量和种类等,为合理配置资源和资源在组织内部的合理流动提供了依据。计划使组织内部产生了巨大的协同效应,极大地提高了组织的运行效率,减少了不必要的浪费。

(4) 计划是管理者实施控制的依据。计划工作建立的目标和指标也将用于进行工作过程的控制,是控制的依据。如果没有既定的目标和规划作为衡量的尺度,管理者就无法检查组织目标的实现情况,也就无法实施控制。有了控制标准,才能衡量计划的实施效果,发现偏差并及时纠正,使组织活动不脱离管理者期望的发展方向。

5.1.4 计划的类型

计划有多种形式,不同类型的计划具有不同的特点,如表 5-2 所示为几种常见的划分方法及相应种类。

表 5-2 计划的类型

分类标准	类型
时间长短	长期计划
	中期计划
	短期计划
计划涉及广度	战略计划
	战术计划
明确性	指导性计划
	具体计划
计划的对象和应用范围	综合计划
	部门计划
	专项计划

1. 根据时间跨度划分,可以分为长期计划、中期计划和短期计划

人们习惯把时间跨度在五年以上的计划称为长期计划,时间跨度在一年以上、五年以内的计划称为中期计划,时间跨度在一年及一年以内的计划称为短期计划。

在一个组织中,长期计划和短期计划之间应是"长计划、短安排"的关系,即为实现长期计划中提出的各项目标,组织必须制订相应的一系列中、短期计划,而中、短期计划的制订必须围绕着长期计划中所提出的各项目标制订。长期计划、中期计划和短期计划是相互关联的,长期计划要对中、短期计划具有指导作用;而中、短期计划的实施要有助于长期计划的实现。

2. 根据计划所涉及的广度,可以分为战略计划和行动计划

战略计划体现了组织在未来一段时间的总体发展目标和寻求组织在环境中的地位以及实施途径计划。战略计划具有长远性、全局性和指导性,它决定在相当长时间内组织资源的运动方向,并将在较长时间内发挥指导作用。

行动计划是在战略计划所规定的方向、方针、政策框架内,确保战略目标的落实和实现,确保资源的取得与有效运用的具体计划,它主要描述如何实现组织的整体目标,是战略计划的具体化,也可以说是战略实施计划。

3. 根据计划的明确程度,可以分为指导性计划和具体计划

指导性计划只规定一些重大方针,而不局限于明确的特定目标或特定的活动方案上。这种计划可为组织指明方向、统一认识，但并不提供实际的操作指南。

具体计划则恰恰相反，要求必须具有明确的可衡量目标以及一套可操作的行动方案。具体计划不存在模棱两可，没有容易引起误解的问题。

指导性计划具有内在的灵活性，而具体计划便于明确、及时、有效地完成特定的程序、方案和各类活动目标。组织通常根据面临的环境的不确定性和可预见性程度的不同，选择制订这两种不同类型的计划。

4. 根据计划的对象和应用范围，可以分为综合计划、部门计划和专项计划

综合计划一般是指具有多个目标和多方面内容的计划，就其所涉及的对象而言，它关联整个组织和组织中的许多方面，综合计划涉及的内容是多方面的。

部门计划只涉及某一特定的部门，是在综合计划的基础上制订的，它的内容比较专一，局限于某一特定部门或职能，一般是综合计划的子计划，是为了达到组织的分目标而制订的。某企业销售部门的年度销售计划，生产部门的生产计划等，都是属于这一类型的计划。

专项计划则是为某项特定的活动而制订的计划。项目计划是针对组织的特定活动所做的计划。例如，某项产品开发计划，职工俱乐部建设计划等属于项目计划。

5.1.5 计划工作的程序

计划编制本身也是一个过程。管理人员在编制任何完整的计划时都要遵循同样的程序，如图 5-3 所示。

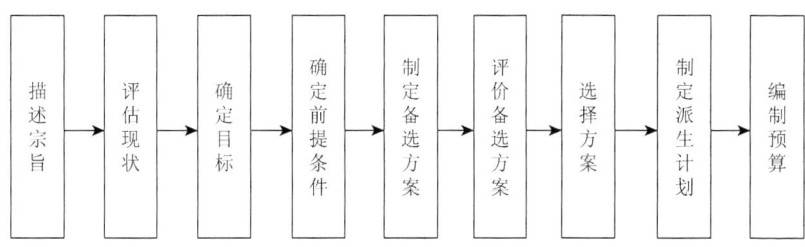

图 5-3 计划编制程序

（1）描述宗旨。计划工作是为了实现决策所确定的目标而进行的行动安排，那么计划工作首先必须了解组织的使命和宗旨，在此基础上，用组织活动把它传播给组织成员、顾客和其他相关利益群体，让与计划的制订和实施工作有关的人们能够了解、接受，这将有利于计划的快速、有效实施。

（2）评估状况、估量机会。其内容包括：对未来可能出现变化和预见的机会进行初步分析，形成判断；根据自己的长处和短处明确自己所处的地位；了解自己利用机会的能力；列举主要的不确定因素，分析其发生的可能性和影响程度；在反复斟酌的基础上，下定决心，扬长避短。

（3）确定目标。是在估量机会的基础上，为组织及其所属的下级单位确定计划工

作的目标。在这一步上,要说明基本的方针和要达到的目标,说明制定战略、政策、规则、程序、规划和预算的任务,指出工作的重点。

(4) 确定前提条件。前提条件是关于计划的实施环境的假设条件,预测并有效地确定计划前提条件有重要意义。当然,由于将来是极其复杂的,要把一个计划的将来环境的每个细节都做出假设,不仅不切合实际而且得不偿失。因此,前提条件应限于那些对计划来说是关键性的或具有重要意义的假设条件,也就是说,应限于那些对计划贯彻实施影响最大的假设条件。

(5) 拟订备选方案。计划方案类似于行动路线图,是指挥和协调组织活动的工作文件,通过它可以清楚地告诉企业管理人员和员工要做什么、何时做、由谁做、何处做以及如何做等问题。编制计划时,没有可供选择的合理方案的情况是少见的,但更加常见的问题并非是寻求过多的可供选择的方案,而是减少可供选择方案的数量,以便可以分析最为合理的方案。

(6) 评价备选方案。按照前提和目标来权衡各种因素,比较各个方案的利弊,对各个方案进行评价。评价实质上是一种价值判断。它一方面取决于评价者所采用的标准,另一方面取决于评价者对各个标准所赋予的权效。显然,确定目标和确定计划前提条件的工作质量,直接影响方案的评价。在评价方法方面,可以采用定性评价方法和定量评价方法。其中定量评价法有运筹学中较为成熟的矩阵评价法、层次分析法以及多目标评价方法。

(7) 选择方案。这是采用计划的关键一步,也是做出决策的紧要环节。可能遇到的情况是:有时会发现同时有两个可取的方案。在这种情况下,必须确定出首先采取哪个方案,而将另一个方案也进行细化和完善,并作为后备方案。

(8) 拟订派生计划。派生计划就是总计划下的分计划。总计划要靠派生计划来保证,派生计划是总计划的基础。例如,一个企业组织发展战略中的投资计划、生产计划、采购计划、培训计划等。

(9) 编制预算。计划工作的最后一步是把计划转化为预算,使之数字化。预算实质上是资源的分配计划。预算工作做好了,可以成为汇总和综合平衡各类计划的一种工具,也可以成为衡量计划完成进度的重要标准。

5.2 预 测

5.2.1 预测的含义

预测指的是根据事物的过去和现在发生的资料,通过一定的科学方法和逻辑推理,对其未来发展趋势所作的推测和判断。它是对未来环境进行的估计,但这种估计不是凭空的臆测,而是根据事物的过去和现在推测它的未来,由已知预测未知。

通过预测,可以帮助人认识和控制未来的不确定性,使对未来的无知减少到最低度;使计划的预期目标与可能变化的环境和约束条件互相协调;事先估计一下,计划实施后可能产生的后果。

5.2.2 预测的程序

预测的基本程序如下。
（1）提出任务，预测的任务来自计划。
（2）调查、收集、整理资料，去粗取精，去伪存真。
（3）建立预测模型，如回归分析、因果分析、数理统计模型。
（4）进行预测。
（5）评价预测结果，定量分析与定性分析相结合。

5.2.3 预测的方法

20 世纪中叶以来，预测技术发展极为迅速，世界各国已研究出的预测方法有 100 多种，其中常用的也有 10 多种。预测方法很多，但不同的方法有不同的适用范围，有时也可以同时使用几种方法来对同一个预测对象进行预测。按方法本身的性质划分，可以将预测方法分为定性方法和定量方法两大类。

1. 定性预测法

定性预测方法主要运用个人的经验和知识进行判断，这类方法一般适用于缺乏或难以获取足够数据资料的情况。常见的定性预测方法有：专家会议法、德尔菲法和经验预测法，专家会议法又叫头脑风暴法，在决策章节中已经介绍。

2. 定量预测法

定量预测指以较完整的历史统计资料，运用各种数学模型对未来的发展做出定量计算。包括时间序列分析、因果分析、同归模型、经济计量模型、经济指标和替代效应分析等，本书将着重介绍前两种方法。

1）时间序列分析法

时间序列分析法是根据历史统计资料的时间序列，预测事物发展趋势的方法。该方法常用的工具有简单平均法、移动平均法、指数平滑法等。此类方法主要用于短期预测。

简单平均法。即依据简单平均数的原理，把预测对象各个时期的实际值相加后进行平均，以平均数作为预测值的方法。此法忽略了近期数值的作用，因而只适用于没有明显波动或较大增减变化的事件的预测。

移动平均法。移动平均法能很好反映事物变化的趋势。采用简单平均法预测的结果，根本看不出销售额的上升趋势。移动平均法可以消除这种不足。移动平均法即进行不断移动的 n 个数据的平均的方法。它通过逐期引进近期的新数据来不断修改平均值以作为预测值。由于所计算的平均值随着时间的推移而逐期向后移动，因而可以反映数值的变化趋势。

指数平滑法。指数平滑法就是根据本期的实际值和以往对本期的预测值，来预测下一期数值的方法。指数平滑法是在移动平均法的基础上发展而成的一种特殊的加权平均法，它特别重视最近时期事件的数值对预测值的影响。

2）因果分析法（回归分析法）

采用时间序列法进行预测，不管是简单平均法，还是移动平均法或指数平滑法，都只是对一些表面的数据进行统计学的简单处理，是仅凭数据说话，而事物间的因果关系并未反映，因而只是一种形式上的预测，准确性不高。客观事物间普遍存在着一种联系，即因果关系，例如，耐用消费品与居民收入水平之间、员工劳动生产率与产品成本之间、施肥量与农作物产量之间都存在一定的因果关系。通过寻找这种变量间的因果关系并使之定量化，就可以根据定量关系来预测某一变量未来的值。因果分析法就是利用预测对象与影响因素之间的因果关系，通过建立回归方程式来进行预测的方法。由于这种方法能很好地反映事物间的因果关系，因而可以说是一种本质上的预测，且预测的准确度提高了。

因果分析法的基本步骤如下。

第一步，定性分析——确定与预测对象有因果关系的因素。

第二步，收集、整理有关这些因素的资料。

第三步，应用最小二乘法，求出变量间的相关系数和回归方程。

第四步，利用回归方程进行预测。

因果分析法有两种情况：一是求一个变量对另外一个变量的回归问题分析（一果一因问题），即为一元回归分析法；二是求一个变量对多个变量的回归问题分析（一果多因问题），即为多元回归分析法。

5.3　计 划 方 法

编制计划的方法有很多种，这里主要介绍常用的滚动计划法、甘特图法、网络计划技术。

5.3.1　滚动计划法

滚动计划法是一种动态编制计划的方法，其做法是将计划期分为若干个执行期。近期内容制订得详细、具体，是计划的具体实施部分，具有指令性；远期内容较粗略笼统，是计划的准备实施部分，具有指导性；计划执行一段时期，就要根据实际情况和客观条件的变化对以后各期的计划内容进行适当的修改、调整，并向前延伸一个新的执行期。如图 5-4 所示。

滚动计划法既保证了计划和行动的连续性，也能体现计划的长远性和战略性。

5.3.2　甘特图法

甘特图法是由美国学者甘特发明的一种使用条形图编制项目工期计划的方法，是一种比较简便的工期计划和进度安排方法，横轴表示已经过去的时间，纵轴表示要安排的工作，线条表示在整个期间内的计划和实际任务的完成情况。它直观地表明计划任务的起始时间，以及实际进度与计划要求的对比。它既简单又实用，使管理者对计划任务的完成情况一目了然，以便对计划工作进行正确的评估。如图 5-5 所示。

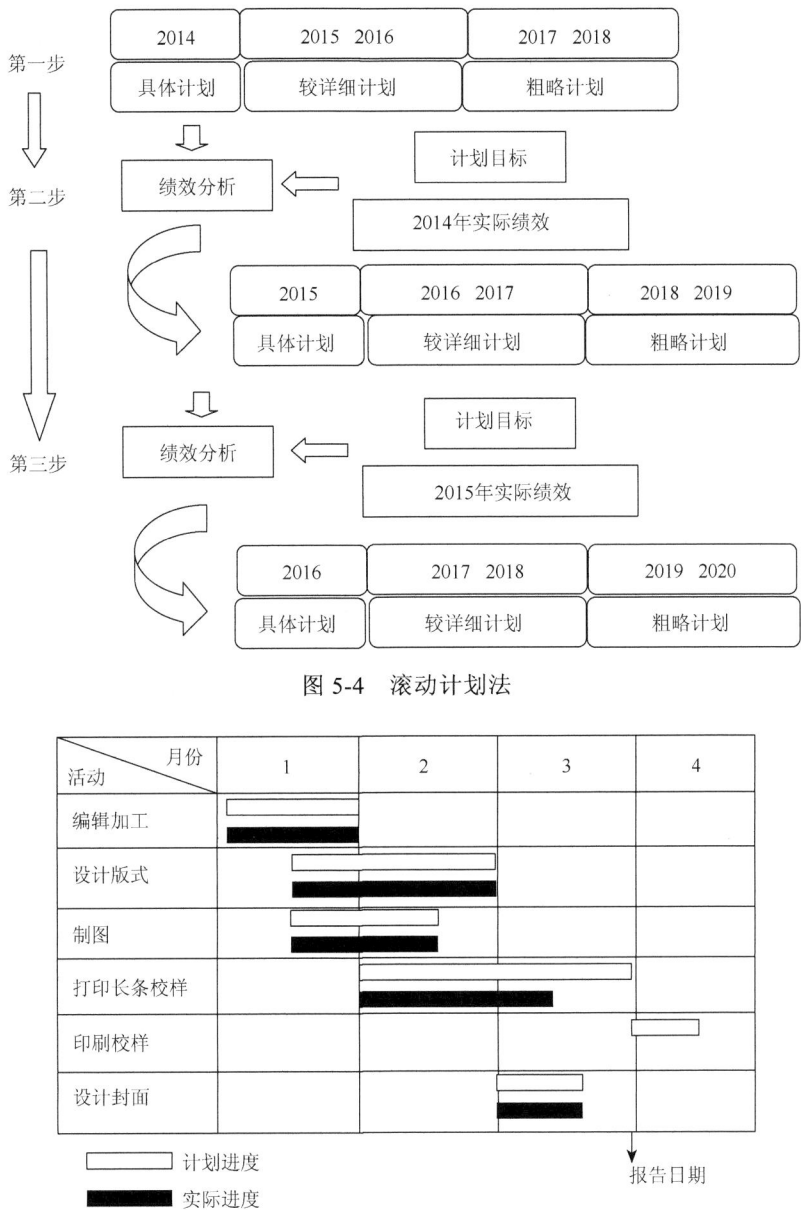

图 5-4 滚动计划法

图 5-5 编辑加工的甘特图

5.3.3 网络计划技术

由于工程项目规模和控制工程项目的难度日益增大,传统的人工制订工程项目计划已无法满足现代项目管理的需求。20 世纪 50 年代杜邦公司的技术人员发明了关键路线法(CPM)。

网络计划技术的基本思想是通过网络图的制作进行计划的优化,并通过关键路线,实现管理者对工程项目的进度控制。在制作网络图时,将一项工作分解成多种作业,然后根据作业的先后顺序进行排列,通过网络图对整个工作或项目进行统筹规划和控制,以便以最少的人力、物力和财力资源投入,以最高的速度完成工作。

1. 网络图

网络图是由箭线和节点组成的表示工作流程的有向又有序的网状图像,是网络计划技术的图解模型,反映整个工程任务的分解和合成。绘制网络图是网络计划技术的基础工作。网络图分为双代号网络图和单代号网络图两种。这里主要介绍双代号网络图。

网络图主要由工作、事件和线路三个要素组成。

1) 工作

工作也称活动,是网络计划的基本组成部分,它是指一项具体内容的,需要人力、物力、财力和占用一定空间和时间才能完成的活动过程。在网络图中,通常用箭线来表示工作。箭头方向表示工作的进展方向,箭尾表示工作的开始,箭头表示工作的结束,工作的名称或代号标注在箭线的上方,工作的持续时间标注在工作的下方。在网络图中工作的表示方法如图 5-6(a)所示。

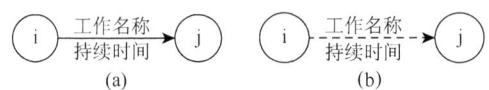

图 5-6 双代号网络图的表示方法

在网络图中,有时为了表示作业之间相互依存相互制约的关系,提出了虚工作的概念,它是一种不需要人力、物力和财力,也不占用空间和时间的虚设的活动。在网络图中,常常用虚箭线来表示虚工作,如图 5-6(b)所示。

2) 事件

事件是指一项工作开始或者结束的瞬间,不消耗时间和资源,在网络图中用圆圈表示,称为节点,如图 5-6 中节点 "i、j"。网络图中的第一个事件称为起始事件,表示一项工程或计划的开始,在一个网络图中有且仅有一个起始事件。网络图中的最后一个事件称为终点事件,表示一项工程或计划的结束;其余事件称为中间事件。如图 5-7 所示。

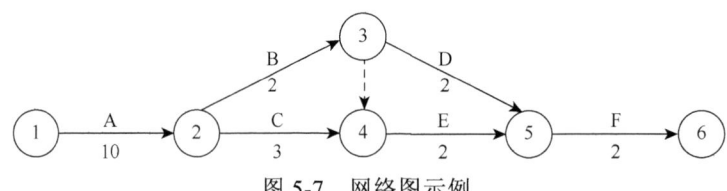

图 5-7 网络图示例

3) 线路

线路是网络图中从起始节点开始,沿箭头方向通过一系列箭线与节点,最后达到终点节点的通路,称为线路。一个网络图中一般有多条线路,线路可以用节点的代号来表示,例如,①→②→③→⑤→⑥为一条线路。线路的长度就是线路上各工作的持续时间之和,称为路长。

2. 网络计划技术构成要素

（1）网络图。网络图是指网络计划技术的图解模型，反映整个工程任务的分解和合成。分解，是指对工程任务的划分；合成，是指解决各项工作的协作与配合。分解和合成是解决各项工作之间，按照逻辑关系的有机组成。绘制网络图是网络计划技术的基础工作。

（2）时间参数。在实现整个工程任务过程中，包括人、事、物的运动状态。这种运动状态都是通过转化为时间函数来反映的。反映人、事、物运动状态的时间参数包括各项工作的作业时间、开工与完工的时间、工作之间的衔接时间、完成任务的机动时间及工程范围和总工期等。

（3）关键路线。通过计算网络图中的时间参数，求出工程工期，并找出关键路径。在关键路线上的作业称为关键作业，这些作业完成的快慢直接影响整个计划的工期。在计划执行过程中，关键作业是管理的重点，在时间和费用方面则要严格控制。

（4）网络优化。是指根据关键路线法，通过利用时差，不断改善网络计划的初始方案，在满足一定的约束条件下，寻求管理目标达到最优化的计划方案。网络优化是网络计划技术的主要内容之一，也是较其他计划方法优越的主要方面。

3. 网络计划技术应用步骤

网络计划技术的应用应遵循以下几个步骤。

（1）确定目标。是指决定将网络计划技术应用于哪一个工程项目，并提出对工程项目和有关技术经济指标的具体要求。例如，在工期方面、成本费用方面要达到什么要求。

（2）分解工程项目，列出作业明细表。一个工程项目是由许多作业组成的，在绘制网络图前就要将工程项目分解成各项作业。在工程项目分解成作业的基础上，还要进行作业分析，以便明确先行作业（紧前作业）、平行作业和后续作业（紧后作业）。即在该作业开始前，哪些作业必须先期完成，哪些作业可以同时平行地进行，哪些作业必须后期完成，或者在该作业进行的过程中，哪些作业可以与之平行交叉地进行。

在划分作业项目后便可计算和确定作业时间。一般采用单点估计或三点估计法，然后一并填入明细表中。明细表的格式如表 5-3 所示。

表 5-3 作业时间明细表

作业名称	作业代号	作业时间	紧前作业	紧后作业

（3）绘制网络图，进行结点编号。根据作业时间明细表，可绘制网络图。网络图的绘制方法有顺推法和逆推法。顺推法，即从始点时间开始根据每项作业的直接作业，

顺序依次绘出各项作业的箭线，直至终点事件。逆推法，即从终点事件开始，根据每项作业的紧前作业逆箭头前进方向逐一绘出各项作业的箭线，直至始点事件。

（4）计算网络时间，确定关键路线。根据网络图和各项活动的作业时间，就可以计算出全部网络时间和时差，并确定关键线路。

（5）进行网络计划方案的优化。找出关键路径，也就初步确定了完成整个计划任务所需要的工期。这个总工期，是否符合合同或计划规定的时间要求，是否与计划期的劳动力、物资供应、成本费用等计划指标相适应，需要进一步综合平衡，通过优化，择取最优方案。然后正式绘制网络图、编制各种进度表以及工程预算等各种计划文件。一般根据资源限制条件不同，可分为时间优化、时间—费用优化和时间—资源优化三种类型。

（6）网络计划的贯彻执行。编制网络计划仅是计划工作的开始。计划工作不仅要正确地编制计划，更重要的是组织计划的实施。网络计划的贯彻执行，要发动群众讨论计划、加强生产管理工作、采取切实有效的措施、保证计划任务的完成。在应用电子计算机的情况下，可以利用计算机对网络计划的执行进行监督、控制和调整，只要将网络计划及执行情况输入计算机，它就能自动运算、调整，并输出结果，以指导生产。

5.4 目标管理概述

5.4.1 目标

1. 目标的含义

目标是一个组织各项管理活动所指向的终点，每一个组织都应有自己的目标。目标是目的或宗旨的具体化，是一个组织奋力争取希望达到的未来状况。这些成果可能是个人的、部门的、或整个组织的努力方向。

目标应当是具体的（specific）、可测量的（measurable）、可实现的（acceptable）、相关的（realistic）且具有特定时间要求的（timetable），也就时通常说的 SMART 原则。

2. 目标的性质与原则

（1）层次性。一个组织的目标可以看作从上至下的多个层次的目标所构成的一个等级结构，如图 5-8 所示。相邻两层目标间构成了一种目标—手段链的关系，下层次的目标是保证上一层目标得以实现的手段。

（2）网络性。目标之间左右关联、互相支持、互相连接，形成一个网络。组织制订各种目标时，必须要与许多约束因素相协调。企业的各个目标互相联系，构成一个庞大的网络，所以，要注意各目标之间的互相协调，还要注意与制约各个目标的其他因素的协调。

（3）多样性。企业的主要目标通常是多种多样的。同样，在目标层次体系中的每个层次的具体目标也可能是多种多样的。例如，一个企业的目标可以确定为市场占有率方面的市场目标，也可以确定为利润方面的经济目标，还可以是对技术改进和发展的技术目标等。

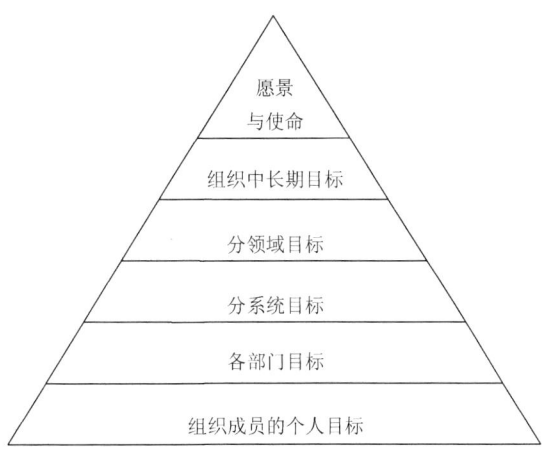

图 5-8 目标的层次性

（4）时间性。目标要有完成的时限规定。

（5）可考核性。目标的可考核性实际上就是定量性的要求。为使目标具有可操作性、指导性，便于目标实施过程中的考核、检查、协调，组织目标特别是近期目标、基层目标必须定量化，否则目标将成为一句空洞的口号，失去意义。目标明确可衡量，具体地说就是清楚表述目标要达到的具体结果，以及时限上的要求，但并不是所有的目标都可以定量化，例如，用户服务、社会责任等就很难定量化。

（6）可挑战性。挑战性的目标能激励人们努力工作并不断前进。如果一项工作对接受者来说能够轻而易举地完成，那么接受者也没有动力去完成该项工作。

3. 目标的作用

目标的作用可以概括为如下四个方面。

（1）指明方向。从某种意义上说，管理是一个为了达到同一目标而协调集体所作努力的过程，如果不是为了达到一定的目标就无需管理。目标的作用首先在于为管理工作指明了方向。

（2）激励成员。目标是一种激励组织成员的力量源泉。从组织成员个人的角度来看，目标的激励作用具体表现在两个方面：一是个人只有明确了目标才能调动起潜在能力，尽力而为，创造出最佳成绩。二是个人只有在达到了目标后，才会产生成就感和满意感。

（3）凝聚团队。组织是一个社会协作系统，它必须对其成员有一种凝聚力。一盘散沙的组织是难以发挥作用的，是不能够长期存在的。组织凝聚力的大小受到多种因素影响，其中的一个因素就是组织目标。特别是当组织目标充分体现了组织成员的共同利益，并能够与组织成员的个人目标取得最大程度的和谐一致时，就是能够极大地激发组织成员的工作热情、献身精神和创造力。

（4）作为绩效考核的客观标准。大量管理实践表明，凭上级的主观印象和对下级主管人员的价值判断作为对主管人员绩效的考核依据，是不客观、不科学的，因而不利于调动下级主管人员的积极性。正确的方法应当是根据明确的目标进行考核。为此，目标本身必须是可考核的,这也是制定目标的一条主要原则。

5.4.2 目标管理

1. 目标管理的内涵

目标管理20世纪50年代后期出现于美国。它是在泰勒的科学管理和行为科学理论基础上形成的一套管理制度。1954年彼得·德鲁克在著作《管理实践》一书中首先提出"目标管理与自我控制"的主张,随后在《管理——任务、责任、实践》中进一步阐述。

目标管理乃是一种程序和过程,它是组织中的上级和下级一起商定组织的共同目标,并由此决定上下级的责任和分目标,并把这些目标作为经营、评估和奖励每个单位和个人贡献的标准。如图5-9所示,其基本思想如下。

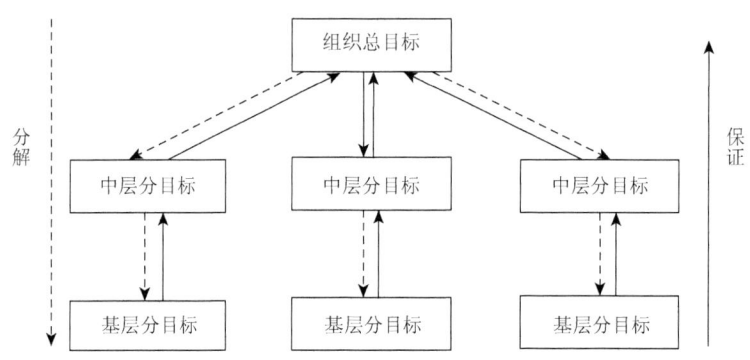

图5-9 目标管理的基本内涵

(1)企业的任务必须转化为目标,各级管理人员必须通过目标对下级进行领导,并以此来保证企业总目标的实现。

(2)目标管理是一种程序,下级管理人员同员工一起共同制定组织目标,并把组织目标具体化至组织的每个部门、每个层次、每个成员与组织内每个单位、部门、层次和成员的责任和成果相互密切联系,只有每个人的目标都完成了,企业的总目标才有完成的希望。

(3)企业管理人员对下级进行考核也是依据这些分目标。从组织的最高管理层出发,在层层分解和转换后,由各级主管和全体员工共同参与制定出各自的目标,通过这样一整套自上而下的目标体系和自我激励过程来保证总目标的实现。

(4)管理人员和工人是借目标来管理,以所要达到的目标为依据,进行自我指挥、自我控制,而不是由他的上级来指挥和控制。

2. 目标管理的程序

实行目标管理一般要展开以下步骤的工作,如图5-10所示。

(1)建立目标体系。制定目标包括确定组织的总目标和各部门的分目标。总目标是组织在未来从事活动要达到的状况和水平,其实现有赖于全体成员的共同参与,以总目标为基础进行层层分解,建立各部门、各层次、每个人的分目标,这样就形成了

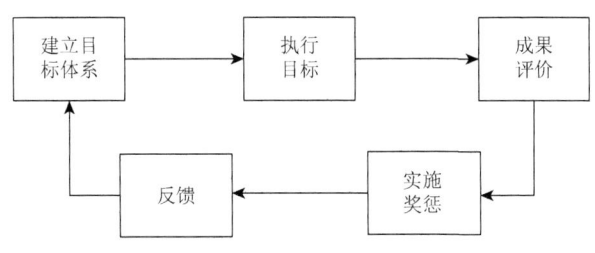

图 5-10 目标管理的程序

一个以组织目标为中心的一贯到底的目标体系。在制定每个部门和每个成员的目标时，上级要向下级提出自己的方针和目标，下级要根据上级的方针和目标制定自己的目标方案，在此基础上进行协商，最后，由上级综合考虑后作出决定。

（2）执行目标。目标体系一经确定和展开，组织从上到下，方方面面都要按照目标体系的要求，同心协力、分工协作，努力为实现共同目标而尽职、尽责、尽力，这就是目标的执行过程。

（3）评价成果。成果评价既包括上级对下级的评价，也包括下级对上级、同级关系部门相互之间以及各层次自我的评价。上、下级之间的相互评价，有利于信息、意见的沟通，从而实现对组织活动的控制；横向关系的部门相互之间的评价，有利于保证不同环节的活动协调进行；而各层次组织成员的自我评价，则有利于促进他们的自我激励、自我控制以及自我完善。

（4）实行奖惩。组织对不同成员的奖惩是以上述各种评价的综合结果为依据的。通过将奖惩与目标考核结果相衔接，真正发挥目标对员工的激励和促进作用。

（5）制定新目标并开始新目标循环。成果评价与成员行为奖惩，既是对某一阶段组织活动效果以及组织成员贡献的总结，也为下一阶段的工作提供参考和借鉴。在此基础上，为组织及其各个层次、部门的活动制定新的目标并组织实施，便展开了目标管理的新一轮循环。

3. 目标管理的特点

目标管理最显著的特点表现在将传统的"压制式管理"变为"自我控制管理"，具体内容如下。

（1）员工参与管理。职工参与目标决策，有利于目标的实现，形成总目标—层次目标—下一层次目标—下下一层次目标的"目标一条链"，总目标指导分目标，分目标保证总目标。

（2）强调自我控制。在传统的管理中强调职工由上级来指导和控制，而目标管理则是一种民主的、强调职工自我控制、自我管理的管理制度。目标管理的各个阶段都非常重视上下级之间的充分协商，让职工参与管理，实行管理的民主化。

（3）促使权力下放。权力下放首先表现在员工参与目标确定，其次表现在员工实现目标过程的自我控制。

（4）注重成果。实行目标管理后，由于有了一整套的目标考核体系，就能根据员工实际贡献的大小如实地评价员工的表现，克服了以往凭印象、主观判断等传统管理方法的不足。

4. 目标管理的评价

1）目标管理的优点

（1）能够有效地提高管理的效率。目标管理由全体员工共同参与决策，这种有的放矢的管理一方面保证各层次管理人员权责明确、各行其是、增加管理工作的规范性；另一方面通过职工的广泛参与，保证了管理的科学性与有效性。

（2）能够有助于企业组织机构的改革。目标管理的机构设置是围绕着所期望的目标成果建立的。目标的归口管理要求企业的组织机构要权责明确，并根据责任划定组织结构。

（3）能够有效地激励职工完成企业目标。目标设立期间职工的广泛参与，明确了职工在集体中的地位与作用。职工参与提出的目标，通过授权由职工自主完成。职工不是只听从命令的、被动的生产者，而是有相当自主权，在一定范围内主要依靠自我控制进行工作的、勇于承担责任的、积极的生产者。目标管理的能力至上的人事考核与评价体系使职工的努力能够得到公正客观的评价，从而保证权责利的有效统一，产生强大的激励作用。

（4）能够实行有效的监督与控制，减少无效劳动。目标管理的自我控制与上级控制相结合的目标控制体系，保证了在目标执行过程中及时发现并矫正各种偏差，保证劳动的有效性。目标管理以目标作为一切活动的依据的思想，使可考核的目标体系成为企业进行监控的最好指导。

2）目标管理的缺点

（1）合理的目标制定较为困难。目标管理要求目标数量化，而可考核的目标是难以确定的，目标管理的有效实施要以目标的准确设定为前提。企业是开放的系统，在市场经济条件下，企业的活动受外部环境的影响较大，要把企业的目标具体化具有一定的困难。

（2）目标动态调整难度较大。目标管理要取得成效，就必须保持其明确性和肯定性。如果目标经常改变，就难以说明它是经过深思熟虑和周密计划的结果，这样的目标是没有意义的。但是，计划是面向未来的，而未来存在许多不确定因素，这又使得必须根据已经变化了的计划工作前提对目标进行修正。然而修订一个目标体系与制定一个目标体系一样，涉及全体员工，难以及时调整。

（3）目标一般是短期的。为了保障目标的激励性，几乎在所有实行目标管理的组织中，所确定的目标一般都是短期的，很少超过一年，常常是一季度或更短一些，短期目标的设定往往忽视了企业的长期发展。

（4）目标制定与分解中的职工参与费时、费力。目标管理过程中制定目标需要建立在充分调查的基础上，这个调查过程是需要大量时间和精力的。调查是一个非常繁杂的事情，不但需要管理者亲自过问很多细节的事情，而且需要各个部门配合完成，其中有任何一个方面出现了疏漏,都会影响目标的科学性。所以,目标的设计过程往往耗费时间精力巨大;另外,目标管理的思想基础使职工具有全局观念、长远观念。这种思想的形成需要企业长期对职工进行教育,并通过规章制度限制本位主义、急功近利思想的滋长。

(5)目标成果的考核与奖惩难以完全一致。由于目标设定中对不同部门的目标完成的难度很难做出准确的划分,在评价、考核、制订奖惩方案时,上级领导会根据实际情况调节方案,或为了回避矛盾不将目标成果与奖惩相结合。在实际运作中,经常会发生某一目标制定得偏低,按照完成情况进行奖励引起其他部门的不满;或目标中途变动,引起矛盾与不满。当然,如果因其他原因,无法按原定方案进行分配,更会使上级丧失信誉,伤害职工参与目标管理的积极性。

【复习思考题】

1. 简述计划的概念及其性质。
2. 简述计划制订过程。
3. 简述滚动计划法的基本思想。
4. 简述目标的概念、特性与作用。
5. 理解目标确定的原则。
6. 什么是目标管理?其具有哪些特点?

【技能训练】

选取感兴趣的企业或领域,拟订一份计划书。以下为计划项目示例。
1. 请为班级策划一次周末联欢活动,草拟计划书。
2. 如果你想承包一家校园超市,你怎样经营策划?
3. 计划在"3.15"消费者权益日策划一次街头宣传活动,请你做一份策划书。
4. 学生会举行校内大规模校园文化活动,需要你去拉赞助,请制订一份工作方案。
5. 请你为校园"十大歌手大赛"进行策划。
6. 请你为体育部将要进行的足球比赛做一份计划书。

【职场案例 5.1】

利丰的"三年计划"

1. 利丰集团简介

利丰集团的百年发展史可以说是香港近现代经济发展的一个经典缩影。利丰三代管理层准确地把握住时代变迁和经济发展的脉搏,不断审视自身业务,成功地把一个别人眼中的"夕阳产业"做成了"日不落帝国",从最初的贸易中间商变身全球供应链的管理者,从旧式家族经营转向现代化企业管理,成为全球最大的消费品贸易公司。

2. 利丰的"三年计划"

独特的"三年计划"是利丰多年来不断创新、突破自我的重要法宝之一。利丰的"三年计划"是一种零起点再出发的计划，计划一经确定就不再更改，即使最终未能完成，也能够使企业上一个台阶。利丰集团董事冯国纶认为，公司经历了多次转型，深深明白市场环境变化莫测，所以每次做"三年计划"时，都要从最基础的一层开始思考："这个生意是否值得做下去？"零起点计划虽然较为烦琐和耗时，但由于计划是在没有包袱的情况下做出来的，因此，能够帮助管理层保持清醒，真正根据最新环境和企业状况评估来展望企业的将来。

冯氏兄弟认为，"三年计划"这种体系"可以使公司向前看，但又不会看得太远"。由于市场变化的速度更快，对灵活性的要求更高，所以利丰选择以三年为期：第一年是计划与开展；第二年是努力落实计划，争取达到目标；第三年是达到目标并做出检讨。三年给予企业各个部门共同的运行空间，应付与计划有所不同的外部环境转变，并把握最适合的实际去达到目标。

利丰"三年计划"的制订大致分为四个步骤。

第一，通过环境分析预测三年后企业发展的基本情况。首先从环境分析入手，包括对企业未来三年的出口市场、采购市场、外汇变动、产品技术、资讯技术、客户乃至消费者的需求等各个因素进行深入分析，描绘出三年以后的经营环境，及企业发展的基本情况。

第二，从公司的愿景出发，根据预测的环境情况制定具有挑战性的发展目标。利丰的愿景是："为世界各地的企业和消费者提供合适、合时和合价的消费产品的最佳贸易公司。"利丰的每个"三年计划"都根据未来环境变化制定出发展目标。这一目标首先应该时刻达到的；其次，目标必须具有挑战性。利丰认为，一个具有挑战性的目标能鼓励公司管理层和员工走出舒适的环境，通过寻找新市场和新经营方法达成更高的目标。

第三，从公司目标回望企业现状，找出差距，制定跨越距离的策略。冯国纶强调，制定"跨越距离的策略"需要有新思维。他举例来说明这个问题："我们从这里（利丰公司总部）到九龙尖沙咀，如果给定 3 个小时，可以考虑以跑步的方法达到目标。但是，如果只给 15 分钟，再用跑步这种旧思维就无法按时到达目的地，因此，必须有新思维，例如，考虑打的方法实现。"冯国纶认为，这种方式有助于推动企业运用非常规的新方法或新途径实现目标。例如，在 1996～1998 年的"三年计划"中，利丰就是通过收购天祥洋行使之融合到集团之中，突破了以往的企业内部增长模式，达到营业额和盈利倍增的目标。

第四，根据策略组织实施计划，并顺应环境改变修订策略。策略一旦确定就需要切实推行、组织实施，包括投入资源、人力，制订实施时间表，明确公司各部门如何改变组织架构去配合策略的实施等。利丰的"三年计划"并非一成不变，而是根据客观环境的变化去做适当的调整。例如，2000 年，利丰碰到收购 Colby 集团的难得机会，虽然此项收购事前并未列入计划，并且可能导致公司无法实现部分预期目标，但利丰相信该项收购将像收购天祥洋行一样，会给公司带来更大效益，因此，迅速展开相关收购。

3. 利丰"三年计划"的成绩

2007年房地产、股票市场和整个全球经济发展态势良好，因此，利丰制订了一个进取的"三年计划"。但是2008年金融危机席卷全球，欧美的主要客户受金融危机重创，使得利丰的采购量下降，遭遇更大冲击。但是利丰的"三年计划"没有改变，面对市场环境的变化，利丰通过开拓国内市场，兼并收购一些有潜力的公司来强化自身业务，尽力弥补在金融危机中失去的业务份额。

2011~2013年，利丰的"三年计划"定下了核心经营溢利15亿美元的目标，贸易业务、物流业务及分销业务预期的核心经营贡献分别为7亿美元、1亿美元和7亿美元。这些目标构成了利丰集团前行的航标。

（案例来源：焦叔斌. 管理学（第四版）. 中国人民大学出版社. 2014（利丰））

思考与讨论：试分析利丰的"三年计划"的特征以及具体的实施方式。

【职场案例5.2】

A公司的目标管理

A公司决定在整个公司内部实施目标管理，根据目标实施和完成情况，一年进行一次绩效评估。

之前，他们为销售部门制订了奖金系统，公司通过对比实际销售额与目标销售额，支付给销售人员相应的奖金。这样销售人员的实际薪资就包括基本工资和一定比例的个人销售奖金两部分。系统实施结果是销售人员销售大幅度提上去了，但是却苦了生产部门，他们很难完成交货计划，于是销售部抱怨生产部不能按时交货。

总经理和高级管理层决定为所有部门和个人经理以及关键员工建立一个目标设定流程。为了实施这个新的方法，他们需要用到绩效评估系统。他们请了一家咨询公司来指导管理人员设计新的绩效评估系统，并付给咨询顾问高额的费用以修改基本薪资结构，包括岗位分析和工作描述。他们还请咨询顾问参与制定奖金系统（该系统与年度目标的实现程度密切相连）并指导经理如何组织目标设定的讨论和绩效回顾流程。总经理期待着很快能够提高业绩。

其中，生产部门的目标包括按时交货和库存成本两个部分。

然而不幸的是，业绩不但没有上升，反而下滑了。部门间的矛盾加剧，尤其是销售部与生产部。生产部埋怨销售部销售预测准确性太差，而销售部埋怨生产部无法按时交货。每个部门都指责其他部门的问题。客户满意度下降，利润也在下滑。

（资料来源：http://www.lyooo.com/archiver/?tid-8451.html）

思考与讨论：

1. 本案例的问题可能出在哪里？

2. 为什么设定目标（并与工资挂钩）反而导致了矛盾加剧和利润下降？

第6章 组织概述

【学习目标】

1. 了解组织的含义，理解组织的分类。
2. 理解管理幅度和管理层次的含义、关系，掌握管理幅度的影响因素，了解两种基本的组织结构形态。
3. 理解授权，掌握集权与分权相关内容。
4. 理解直线职权和参谋职权，了解职能职权，掌握处理三者之间关系的方法。

【本章结构图】

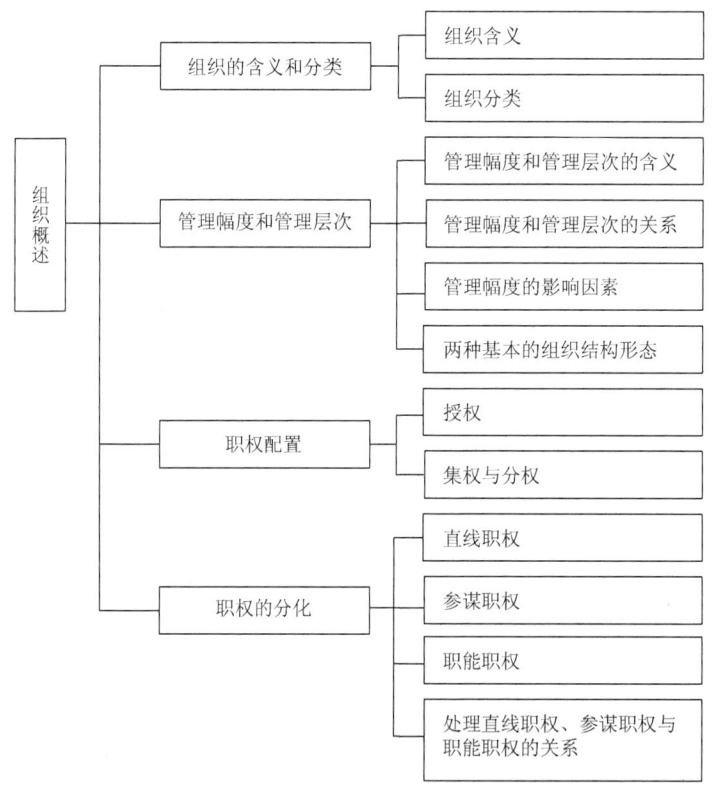

【引导案例】

江中集团的组织变革

"江中集团"在整整40年的发展变迁中，从当年的校办小厂变成领先于中国OTC行业，集医药制造、保健食品和房地产于一体的现代化综合型企业。不俗业绩的背后，是江中集团几十年如一日对"创新""品牌"和"营销"等硬性指标的强烈关注，这种关注使其品牌日益深入人心、销售收入迅猛增长。

然而，江中集团的发展已经到了一个瓶颈期，要继续前进，就需要从组织制度和管理层面进行改革。

从2000年开始，江中集团就开始试图做组织变革，还请了咨询公司来帮助推动，但并没有真正解决问题。卢小青认为，这次变革效果不理想与未能取得高层的重视，以及人力资源部门推动和执行能力有限有直接关系。

在市场一片看好的情况下，让各级领导把注意力集中到组织内部上来，这就像劝导一个健康的人去做病理检查一样困难。但对于一个以品牌和营销取胜的中国本土企业，在其成长旺盛期关注组织成长问题，是一个必经阶段，每个企业必须由此才能走向成熟。老板的觉醒、人力资源部门的推动，以及关键事件的触动，包括许许多多的因素，也许一个都不能少。

正如前面所提到的，对产品和市场营销的高度关注，使集团高层忽略了组织和人力资源管理在企业发展过程中所扮演的重要角色。而当时，人力资源部门也处于从做人事工作到做人力资源管理的过渡期，需要从外部汲取的养分很多，尚不具备推动一场组织变革的能力。

直到2008年年初，江中集团组织开始真正变革。继3月初推行"以子公司运营为中心、业务下沉、决策和执行分开"的集团管控模式变革以后，6月底在集团成立10周年的庆典时刻，江中集团又召开了有史以来第一次"组织发展大会"，集团近200名精英团队都参加了大会。在大会会议说明上，以老板为代表的各级管理层，对组织、价值观、文化和人力资源管理等问题的重视上升到了一个新水平，进一步反映了管理层对组织建设、企业文化和人力资源的重视。

"组织发展大会"对集团发展战略作了进一步的澄清和梳理。战略是方向，只有方向清晰，目标明确，组织建设和组织提升才有着眼点。会后，对集团3月主导的集团组织管控模式变革，又做了更细化、更具体、更深入的推进。随着一些具体措施的逐步推进，企业内越来越形成一种共识：当一个企业发展到一定阶段，如果不主动考虑组织问题，就要变得被动。

组织结构是现代企业制度的重要组成部分，是企业组织内部各个有机构成要素相互作用的联系方式，以求有效、合理地把成员组织起来，为实现共同目标而协同努力。组织变革作为企业文化的重要内容，对企业影响至深；企业文化的健康发展又可以反作用于组织变革。

江中集团变革的实质是分授权的变革，即从创业初期"一言堂"式的集权制向发展时期民主集中的分权制转变，而在此过程中，很多企业都面临"一放就散，一收就死"的局面。针对类似江中集团的分授权变革，专家提出一套解决方案：

第一，决策与执行分开。就江中集团来说，应对其医药制造、保健食品和房地产等板块按行业环境变动性进行分类，行业变动性不大的划入例行（规范）板块，变动性较大的划入例外板块，分别制定员工的职责和考核标准，而不应一律标准化和规范化管理。

第二,变革中企业发展的本质是管理者和员工在认识上的提高。企业应采取一定的宣传手段达到干部和员工在认识上有所提高,以促进变革更快更好的实现。

总的来看,随着业务的不断发展,企业的管理文化需要在初期包容亲切的"人文精神"基础上注入"商业精神",管理模式向标准化和规范化转变的思路是正确的,但企业需要区别对待不同板块,面对多变环境的企业板块就不宜采取相对死板的标准化模式。

目前,我国众多企业正处于特殊的变革阶段,企业要想在这场巨变中生存和发展,必须不断进行变革和创新来适应环境的变化,满足环境对组织提出的要求。任何企业都应把握和顺应组织结构变革的发展趋势,做出适合自身实际的选择。

(案例来源:天涯社区http://blog.vsharing.com/huahengzhixin/A1758873.html(江中))

思考:组织结构对企业发展的重要性。

6.1 组织含义和分类

6.1.1 组织含义

在管理学里,"组织"与"管理"既有联系又有区别。"组织"的含义可以从静态和动态两个角度来理解。

1. 组织的"静态"含义

从静态角度来看,"组织"是为了实现某些特定的共同目标,在分工与合作的基础上,经由不同层次的权力和责任制度而构成的人群集合系统。组织的影响是如此的广泛,与我们的生活密切相关,例如,我们出生的医院、就读的学校、工作的企业或事业单位等,而这些看似不同的各种组织都存在着一些共同的特征。

(1)组织是由人建立和组成的系统,该系统具有一定的结构。
(2)组织必须有特定的共同目标,共同的目标是组织存在的前提。
(3)组织必须有分工和协作,分工和协作是组织的本质,只有分工和协作结合起来才能产生较高的效率。

2. 组织的"动态"含义

从动态角度来看,组织是指组织工作。它是一项重要的管理职能,管理者将组织中的各种资源要素与活动进行有效组合,通过建立组织结构,规定职务或职位,明确责权关系,以使组织中的成员互相协作配合、共同劳动以完成既定计划和实现组织目标。

组织结构是指为实现组织目标,由组织要素与组织单元,按照一定组织原则与组织联系模式,构建起来的组织框架体系。它描述了组织内部单位、职务、权利、规章的框架体系,是对完成组织目标的人员、工作、技术和信息所作的制度性安排,是组织中正式确定的使工作任务得以分解、组合和协调的框架体系。

组织基本内容主要包括：一是围绕计划所制定的组织目标，确定实现目标所需要的活动，并按专业化分工的原则，对各项活动进行分类，设立相应的工作岗位；二是根据组织特点、外部环境和目标需要，在任务分工的基础上，划分和设置组织部门和职务，设计组织结构；三是根据各个部门的任务性质和管理要求，设计组织内部各部门之间的权责关系，确定各部门的职权、职责和工作标准，规定组织结构中的各种职务或职位，明确各自的责任，并授予相应的权力；四是制定规章制度，建立和健全组织结构中纵横各方面的相互关系。五是科学地选择和配备组织各职位所需人员，并全面提高人员素质，加强人力资源管理与开发，以保证组织目标、计划的实施；六是加强组织协调，推进组织的有效运行，促进组织的变革与发展。组织管理应该使人们明确组织中有些什么工作，谁去做什么，工作者承担什么责任，具有什么权力，与组织结构中上下左右的关系如何。只有这样，才能避免由于职责不清造成的执行中的障碍，才能使组织协调地运行，保证组织目标的实现。

6.1.2 组织分类

在本书 1.3 节中，我们曾介绍过营利性组织与非营利性组织，那是按组织是否以实现利润为目的来划分组织的类型。在本章中，我们强调按照组织的组成方式来划分。

按照组织的组成方式，组织可以分为正式组织和非正式组织。正式组织是为了有效地实现组织目标，而明确规定组织成员之间职责范围和相互关系的一种结构，其组织制度和规范对成员具有正式的约束力。它体现了企业目标所规定的成员之间职责的组织体系。正式组织具有以下特征：正式组织的正规性强，依靠权责维系；正式组织的稳定性较强；正式组织有明确目标，目的性强。正式组织是指管理者为了实现组织目标而建立的各种群体，是组织设计工作的结果，它是通过组织结构和职务说明书等文件加以确定和筹划的组织形式。

非正式组织是人们在共同工作或行动中自发产生的，具有共同的兴趣、爱好或感情，以共同的利益和需要为基础而自发形成的团体。非正式组织成员之间具有共同的利益、观点、习惯或准则。在非正式组织里，不论是管理人员还是非管理人员，都会自发地组建群体。因为他们相信群体能够帮助他们实现自己的目标或满足自己在正式组织中得不到的某些需要。例如，满足社会交往的需求。非正式组织具有以下特征：自发性，即其形成是自然而然的；内聚性，即其存在是依靠情感纽带来维系的；稳定性弱；不一定有明确目标。

非正式组织对组织而言有着正面和负面的双重影响。非正式组织的正面影响体现在以下几个方面：①可以满足职工的需要。②有助于促进正式组织活动的协调进行。③帮助正式组织起到一定的培训的作用。④帮助正式组织维护正常的活动秩序。非正式组织的负面影响则体现在：①如果非正式组织的目标与正式组织目标发生冲突，则可能对正式组织的工作产生极为不利的影响。②非正式组织要求成员行为一致性的压力，可能会束缚其成员的个人发展。③非正式组织的压力还会影响正式组织的变革进程，造成组织创新的惰性。因此，正式组织必须正视非正式群体成员的合理需求，创造民主平等的团体气氛,从而控制和减少非正式群体的负面作用。

管理者要积极发挥非正式组织的作用。为非正式组织的形成提供条件,并努力使之与正式组织目标一致。用组织文化来影响非正式组织的行为规范,引导非正式组织发挥正面作用。

除上述提到的组织分类,有时我们还按组织的社会性质将组织划分为经济组织、政治组织、文化组织、群众组织和宗教组织等;或者按照组织规模大小的不同将组织分为小型组织、中型组织、大型组织等。

6.2 管理幅度和管理层次

6.2.1 管理幅度和管理层次的含义

当组织规模有限时,一个管理者可以直接管理每个成员的活动。当组织规模扩大导致超过一个人所能承受的范围时,为了保证组织的正常运转,管理者需要委托其他人来分担自己的一部分管理工作,这样管理者的直接工作量下降,而协调受托人的工作量却上升,这时,管理者就应考虑协调多少人。一个管理者可以直接有效地指挥和领导(或能够有效管理)的下属成员的数量就是所谓的管理幅度。随着组织规模的进一步扩大,受托人不得不进而委托其他人来分担自己的工作,依次类推形成了组织的等级。从最高主管到具体工作人员之间的层级关系就是所谓的管理层次。直接领导的人数越多,管理幅度就越大;直接领导的人数越少,管理幅度就越小。一位管理者能直接有效监控的下属人数是有一定限制的。正是由于有效管理幅度的限制,才必须通过增加管理层次来实现对组织的控制。

6.2.2 管理幅度和管理层次的关系

在管理幅度给定的条件下,管理层次与组织规模大小呈正比关系,即组织规模越大,包括的人员越多,组织工作也越复杂,则管理层次越多,组织规模越小,管理层次越少。在组织规模给定的条件下,管理层次与管理幅度成反比,即管理幅度越大,上级直接领导的下属越多,管理层次越少,即组织层级也就越少,反之亦然。总体上说,管理幅度与管理层次呈反比例关系,反方向变动。当组织规模一定时,在确定有效管理幅度的同时,也就相应确定了管理层次,两者是同时进行的。

管理幅度越大,管理层次越少;管理幅度越小,管理层次越多。以一家具有 4098 名作业人员的企业为例,如果按管理幅度分别为 4、8 和 18 对其进行组织设计(这里假设各层次的管理幅度相同),那么其相应的管理层次依次为 8、4 和 3,所需的管理人员数为 1387 名、787 名和 273 名。

6.2.3 管理幅度的影响因素

管理者如何在特定的情境下决定适当的管理幅度?尽管没有完美的公式,但研究者还是发现了一系列影响特定环境下管理幅度的因素。

（1）管理者和下属的能力，如果双方的能力都强，管理幅度可以适当地放宽。

（2）主管所处的管理层次，其所处的管理层次越高，管理幅度越小，因为管理者决策的工作量越大，协调的时间越少。

（3）下属工作的相似性，下属工作相似，管理幅度可适当加大。

（4）计划的完善程度，组织的计划做得完善，管理的幅度可以相应地增加。

（5）非管理性事务越多，处理这些事物所需的时间越多，则用于指挥和领导下属的时间就越少。

（6）助手的配备的质量和数量，如果管理者配备有助手，则可适当增加管理幅度。

（7）信息手段，处理设备的先进程度决定管理幅度，如果采用先进的技术，则可适当增加管理幅度。

（8）下属工作地点的接近性，公司目标、决策制度、命令可迅速而有效地传达，主管可加大控制层面。

（9）管理环境，主要指管理环境的变化速度、频度及程度等。环境变化越快，变化程度越大，管理幅度越小。

6.2.4 两种基本的组织结构形态

管理层次与管理幅度的反比例关系决定了两种基本的管理组织结构形态。一个组织的管理幅度越宽，管理层次越少，其管理组织结构相对是扁平型的，呈现扁平型结构形态。一个组织的管理幅度越窄，由最高层到基层作业人员间的管理层次越多，其管理组织结构越倾向于高耸型的，呈现高耸型结构形态。

扁平的组织结构和高耸型组织结构有什么不同呢？研究认为，扁平的结构可以使员工的士气高涨，从而使生产力增加，而高耸型组织结构，由于其具有的管理层次较多，会造成管理人员数量众多，从而增加组织的费用，并同时带来沟通不畅的问题。另外，扁平组织管理幅度增大会导致管理人员管理责任的增加。如果这些额外的责任超出限度，组织就会受到损害。

管理者应正确对待高耸型组织结构和扁平型组织结构。要以权变的观点正确对待高层结构与扁平型结构。若企业人员素质不高，管理工作较为复杂，许多问题的处理不易标准化，实现日常管理工作科学化和规范化还需较长时间，生产的机械化、自动化水平不高，适用高耸型组织结构，反之，则比较适合扁平型组织结构。唯有符合企业实际需求的组织结构才是最优的。古典管理学者认为窄小的管理跨度更好，通常不超过 8 人，这样便于对下属保持紧密控制。但现代社会里，由于环境的变化，越来越多的组织正努力扩大管理跨度（扁平化）。

6.3 职权配置

职权分配，是指为有效履行职责，实现工作目标，而将组织的权力在各管理部门、管理层次、管理职务中进行配置与分授。职权分配包括：职权的横向配置，即依目标需要而将职权在同一管理层次的各管理部门和人员之间进行合理配置；职权的纵向分配，即依目标需要而将职权在不同管理层次的部门或人员之间进行分配。

如果把组织看作一辆车，各个部门就是这辆车的零部件，组织结构这是这辆车的构造，如果只是把车的各个零部件组合在一起是不能让车运转起来的，还需要为之提供动力。组织也是如此，除了对各个部门进行安排，还需要有能够使组织运行起来的，这就是职权，它是组织合法授予的权力。职权从最高管理层出发，途径各个管理层次，一直贯穿到组织的基层而形成的一条条自上而下的权力线。这种权力线通常称为"指挥链"。组织必须建立一条清晰的、不可破坏的从最底层直到最高层的命令链，所以，要在组织中对职权进行合理的配置，在分配职权时，管理者必须处理的两个问题是授权和集权、分权。

6.3.1 授权

组织是依靠指挥链来行动的，指挥链的建立是通过授权来进行的。

1. 授权含义

通用电器公司总裁杰克·韦尔奇认为，"管得少，就是管得好。"近年来，授权已成为管理学界的时髦词汇。管理者成功的分身术，管理者必须懂得授权，才能提高管理绩效。所谓授权，是指组织管理者把自己的部分决策权转授给下属，使下属在一定的监督之下在其职权范围内拥有相当的自主权和行动权。同时，下属也负有完成任务并向上级报告的责任，上级仍然保留着对下级的指挥与监督权。

授权的根本原因是由于一个人的精力有限，管理的范围不可能太宽。如果一个人的精力大到能够把整个企业的经营活动都管理起来，当然就不会出现层次结构的组织形式，也不需要授权。所以，授权不是目的，只是一种管理手段。采用这种手段就是为了更好地控制和管理好企业的经营活动，以实现企业的经营目标。因此，授权只能是在对自己管理的范围不失去控制的前提下，把自己的责任和权力的一部分交给下属。该授权基层的权力一定要放下去，但也要防止授权过度。

2. 授权的过程

科学合理的授权过程由以下三个环节构成。

一是任务的分派。授权时需要确定受权人所应承担的任务是什么，这些任务应当完成到什么程度或应当取得什么样的成果。

二是职权的授予。根据受权人开展工作和实现任务的需要，授予其采取行动或者指挥他人行动的权力。

三是职责的明确。受权人明确接受了任务，并拥有了必需的权力，相应地就有责任和义务去完成其所接受的任务。

3. 授权的要求

科学的授权要以管理者对下级人员的信任为前提。经营之神松下幸之助曾说，"用他，就要信任他；不信任他，就不要用他。"同样，要授予其权力，必须对其有足够的信任。

要想科学地授权,管理者还要达到以下基本要求。

一是依据工作任务的实际需要进行授权。

二是适度授权,该下放给下级的权力一定要下放。

三是授权过程中必须使下级职、责、权、利相当。

四是实行最终职责绝对性原则,即上级授权给下级,但工作的最终责任还是要由上级来承担。

五是上级必须坚持有效监控原则。管理学专家彼特·史坦普说,"成功的企业领导不仅是授权高手,更是控权的高手。"列宁也说,"信任固然好,监控更重要。"授权不等于放任自流,上级必须保有必要的控制。

6.3.2 集权与分权

集权和分权式用来描述决策权在组织中或在指挥链上的分布情况的一对概念。集权与分权是相对的,代表了组织中的职权在不同管理层之间的分配与授予情况,描述了组织中职权的分布状况,反映了组织的纵向职权关系。在组织系统中,如果决策等权力在很大程度上集中于较高管理层次的职位上,即为集权;在组织系统中,如果决策等权力在很大程度上集中于较低管理层次的职位上,即为分权。

职权的集中和分散是一种趋向性,是一种相对的状态,因时、因事、因组织、因人不同而表现出相对集中与分散,既不存在绝对的分权,也不存在绝对的集权。如果最高主管将其所拥有的职权全部委派给下属,那么,他作为管理者的身份便不复存在。因此,某种程度的集权对组织来讲是必要的。如果最高主管把权力都掌握在自己手里,这就意味着他没有下属,因而也就不存在组织。

集权与分权是相对的,某种程度的分权和某种程度的集权,都是组织所需要的。只要不做到绝对化,集权和分权在本质上并无利弊之说。我们要研究的不是应该集权还是分权,而是哪些权力易于集中、哪些权力易于分散、何时集权的成分多一些、何时分权的成分多一些。

影响组织集权和分权的因素主要包括以下方面。

(1)组织的外部环境,通常情况下,环境越复杂、不确定性越强,组织越倾向于分权。

(2)组织的历史,企业倾向于按过去的模式行动,组织的早期历史和当今的职权模式之间存在某种关系。

(3)决策的性质,决策的代价和风险越高,集权的要求越迫切。

(4)基层管理者的素质,如果基层管理者是高度胜任的,则高层管理者可以利用他们的才能。

6.4 职权的分化

职权关系是指组织中各职位之间在职权与职责上的联系。组织中的职权关系主要有纵向职权关系和横向职权关系两种。纵向职权关系，即上下级间的职权关系。这种职权关系是沿着组织内部管理层次由上而下建立的，形成了一条命令链来下达命令和执行决策。横向职权关系，即直线部门与参谋部门之间的职权关系。

1. 直线职权

直线职权是指直线人员所拥有的做出决策、发布命令以及执行决策的权力，即直线人员所拥有的决策指挥权。在指挥链上，拥有直线职权的管理者有权领导和指挥其下属工作。直线关系本质上是指挥和命令的关系，直线人员拥有的是决策和行动的权力。将对组织目标的实现负有直接责任的部门称为直线机构。

2. 参谋职权

参谋职权是指参谋人员所拥有的提出咨询建议或提供服务与便利，协助直线机构和直线人员进行工作的权力，它是一种辅助性职权。即参谋人员所拥有的咨询权和专业指导权。参谋职权的类别包括三类：一是建议权；二是强制协商权，即规定在作出决定之前必须先询问参谋人员的意见；三是共同决定权，常在企业必须确保某项决策得到专家判定的情况下采用。四是职能职权，被授予一定程度的直接指挥命令权。参谋关系则是一种服务和协助的关系，授予参谋人员的只是思考、筹划和建议的权力。把那些协助直线人员工作而设置的辅助于组织基本目标实现的部门称为参谋机构。

3. 职能职权

职能职权是指参谋人员或参谋部门的主管人员被授予的原属于直线主管人员的那部分权力。职能职权实际上是由参谋人员所执行的、由直线主管人员授予的、一定程度上的决策与指挥权。通常，当参谋人员以专门知识和技能作为开展某项工作的重要条件时，该类人员或部门根据高层管理人员的授权而拥有了直接指挥其他部门或人员的权力。它是一种有限授权范围内的权力。

4. 处理直线职权、参谋职权与职能职权的关系

直线职权与参谋职权、职能职权存在着矛盾。直线与参谋的矛盾往往是造成组织运行缺乏效率的重要原因之一。要么保持了命令的统一性，但参谋作用不能充分发挥；要么参谋作用发挥失当，破坏了统一指挥的原则。职能职权的无限扩大，则容易导致"多头领导"，破坏命令的统一性。因此，要正确处理直线职权、职能职权与参谋职权之间的关系。各级管理人员的职责都兼具直线、参谋或职能的因素。

直线职权意味着做出决策、发布命令并付诸实施，是保证组织目标实现的基本权力。

参谋职权则仅仅意味着协助和建议的权力，它的行使是保证直线主管人员做出的决策更加科学与合理的重要条件。

职能职权是直线职权的一部分，因此，也具有直线职权的特点，但职能职权的范围小于直线职权。

【复习思考题】

1. 如何理解组织的管理学含义?
2. 正式组织和非正式组织的联系和区别是什么?
3. 管理者应该如何正确对待非正式组织?
4. 什么是管理幅度?管理幅度受哪些因素的影响?

【技能训练】

查找学校组织结构或者父母所在企业组织结构,利用所学知识对其组织类型和管理层次进行分析。

【职场案例 6.1】

某高校的组织结构改革

南京某高校是中央直管、教育部直属的全国重点大学,是"985 工程"和"211 工程"重点建设的大学之一。学校坐落于历史文化名城南京,建有多个校区。经过百年的创业发展,如今该大学已成为一所理学、工学、医学、文学、法学、哲学、教育学、经济学、管理学等多学科协调发展的综合性大学。目前,学校设有 30 个院(系),拥有 68 个本科专业,16 个一级学科博士点,96 个二级学科博士点,23 个博士后科研流动站,30 个一级学科硕士点,210 个硕士点,国家重点学科和国家重点实验室在该校建立了一批重点科研基地。

该大学是典型的事业部型组织结构,目前共设有 30 个学院,这 30 个学院相当于 30 个事业部。在该大学,学校负责大政方针,而招生、教学、科研等具体的学术事务则由各学院进行。以建筑学院为例,其结构如下图。

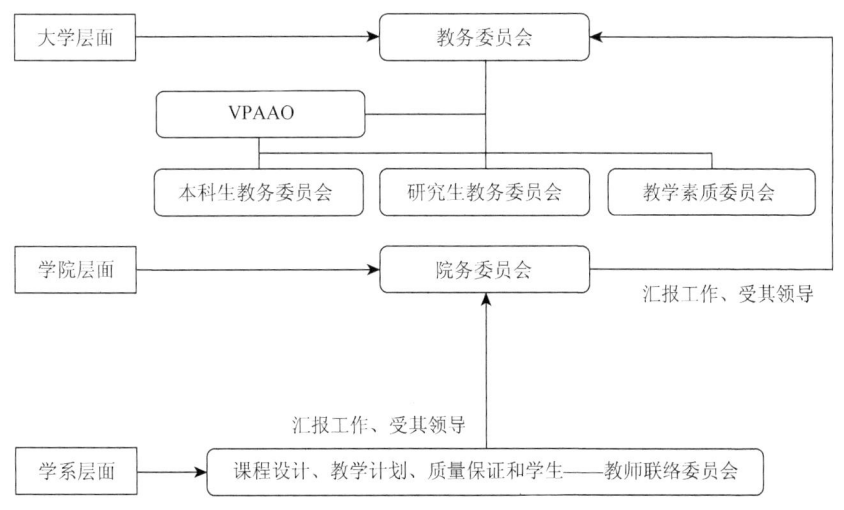

1986 年,国家教育部批准该大学建立研究生院,该大学进入了建设研究型大学的

阶段。经过 20 多年的发展，该校在学科建设和国家重点实验室建设方面取得了骄人的成绩，硕士研究生和博士研究生的规模逐渐壮大，然而与国际一流的高水平研究型大学相比仍存在着巨大的差距。尤其是在面对新的发展环境，该大学的组织结构与管控模式存在着以下问题，成为该校建设高水平研究型大学发展中的障碍。

1. 管理部门层级结构不够科学

在该大学目前的组织结构中，层级结构体现出直线式的特征，从校一级到院一级，到没有太多实际决策的系一级，组织结构层级层层排列。由此带来的诸多不利影响包括：

（1）层次过多影响了信息传递的效率。过多层次，需要更多的管理人员，而导致信息传递的缓慢、滞后和失真。

（2）层次过多，说明管理幅度过小，当今的时代是综合的时代，对于高水平研究型大学来说，不利于学科的交叉渗透、不利于产生新的学科生长点、与当前进行的改革相背离、不符合时代的要求。

（3）层次过多，会影响各层的权利责任的明确。目前我国一些采用校—院—系三级结构的学校，其中间层次的学院也只是虚设，学院以及院系并未真正发挥作用。

2. 基层科研学术组织形式单一

研究型大学的基层学术组织是承担科研和教学的组织，研究型大学的发展本质上要依靠这些组织。然而，目前该大学的基层科研学术组织形式单一，表现为以下几个方面。

（1）基层学术组织结构仍然难以摆脱行政化的领导方式，使组织活动缺乏多样性和活力，在科研组合及工作方式上缺乏创新，未能按需要进行调整、改革，致使难以独立或者主要承担现代重点科研项目和国家重大项目，科研人员的创造性和活力也没有完全发挥出来。

（2）科研管理方式落后，高水平科研管理队伍缺乏，影响了研究型大学科研的发展。科研管理的对象是从事科学研究的高素质人才、科学技术成果、学术成果等，管理高科技人才需要了解他们的性格需求。而该大学的基层学术管理组织的领导仍然沿用旧的行政管理模式，只知道"管"，而不懂得"管"的方式方法。

（3）该校的学术组织结构模式虽然有了一定的改善，但是建立的科研院所的管理模式仍沿用旧的校级管理机关直接领导的模式。这与美国一些大学建立的独立科研机构矩阵化的管理模式相比，缺乏科研管理的灵活性、机动性，也不利于科研机构的良性运作。

鉴于以上两个方面的问题，学校做出以下应对措施。

1. 该校建设高水平研究型大学环境分析

1）第四次科技革命时代的到来

20 世纪 90 年代以来，第四次科技革命已初见端倪，它使人类生产的技术方式信息化，使生产的技术方式从工业化向知识化转变。第四次科技革命的到来，使我国研究型大学面临更加激烈的竞争和承担起更多的教育科研使命。新时代的到来，使高等教育与科技的关系呈现出了新的特点。

（1）科技与教育交互作用更加紧密。随着复杂程度的提高，科技发展越来越需要教育支撑。第四次科技革命初见端倪时，创新型国家就开始扩充研究生教育。

（2）研究型大学对科技发展的推动作用日益彰显。随着生产力的不断发展，科技和教育在不断提升能级的过程中，相互促进、同步发展的关系日益加强，研究型大学作为最高层次的教育机构也逐渐从幕后走向台前。

2）国内外"大学评价"的压力

研究型大学评价的目的主要是：通过各种形式的评价加强对研究型大学的调控，并制定相应的政策，保障研究型大学沿正确的方向发展，提高办学质量，推进研究型大学的改革与发展；通过各种形式的评价引入竞争机制，提升研究型大学水平；通过评价，促进研究型大学与社会接轨，以更好地适应社会发展与满足社会需求。

3）两会"去行政化"热潮的到来

关于我国大学的行政化倾向或"官本位"现象，多次在两会期间提出过，温家宝在《政府工作报告》中提出要"造就一批杰出的教育家"，全国人大代表、武汉大学校长顾海良提出：大学要回归本位，去行政化，须明确各级各类学校办学的权利和责任，改变当前政府直接管理学校的单一模式，改用综合应用立法、拨款、规划、信息服务、正确指导和必要的行政措施，减少不必要的行政干预，切实保障大学的自主办学权，因此，大学的去行政化改革，应该是今后高校改革的一个指导方向。

2. 行政与学术不同的组织结构模式构建

1）学术组织结构模式

学术组织强调民主基础上的集中，即在广大学术人员参与管理的基础上保证有力协调，是一种"自下而上"的组织结构模式。

首先，要建立民主组织。国外研究型大学学术管理的事务由专家进行管理已经成为一种流行的现象，而我国研究型大学学术管理长期处于行政权力掌控下，专家和教授位于管理的最底层。这样会限制专家和教授的学术自由性，所以，我国研究型大学应该促使校级学术机构主动放权，将学术管理的权力真正下达到校级以下的院、系和基层的教研组织中。校、院、系三级学术管理组织在明确各自的权责基础上，越是实现以广大教师为主体的基层，学术自主权越大。最终形成学术权力由下而上的流动。

另外，该大学的学术组织是典型的矩阵结构，目前我国研究型大学中都建立了自己的研究机构，其中北京大学、清华大学、浙江大学都拥有 100 个以上的研究机构。但是，这些研究机构都隶属于一个行政组织领导，还并没有实现完全的矩阵式管理模式，所以，今后该大学要想适应学术组织分化和组合速度的不断加快，就必须积极探索学术组织矩阵化结构模式。

2）行政管理组织模式

行政管理组织要建立科层组织结构，其组织结构纵向图与学术组织校、院、系三层组织一样自上而下排列。我国高水平研究型大学的行政管理组织强调集中下的民主，即在集权模式基础上实现管理的民主化。是一种"自上而下"的行政组织结构模式。

首先，我国研究型大学行政管理组织模式下，最高的决策机构是党委领导下的校长班子，权力由上而下的执行机构是校、院、系级管理组织。

其次，校、院、系三级设立咨询委员会，成员层次由校内人士选举组成，分别对相应的三级管理组织负责，同时下级咨询委员会接受上级委员会的领导，并对其负责，且享有建议权和监督权。

最后，我国高水平研究型大学的行政管理组织模式的一大特点是要建立教授会，即由全体教授为主体的教授委员会。教授会是校内民主程度最高的机构，有权向各级管理机构和咨询委员会直接反馈意见。

我国研究型大学学术组织和行政组织的分别化管理，有利于发挥各自组织的特点。学术组织结构的"自下而上"民主下的集中管理模式有利于发挥基层学术组织科研的灵活性、机动性和实际性；而行政组织结构"自上而下"的集权下的民主管理模式，则有利于提高行政事务管理效率和避免多头领导。

3. 建立纵向与横向的组织管控模式

高水平研究型大学在组织控制系统构建中，大学建设目标和标准的设定更加注重对学术的要求，更加强调科研成果的评估和奖励，以达到激励教师研究人员对学术研究性的积极性、主动性。为此华恒智信团队提出了纵向管理的监督、评议委员会模式和良性的物质精神激励机制的管理模式。

1）纵向管理模式

该大学在建立组织控制系统时，可以按照纵向管理的委员会模式来构建。这种委员会是独立于其他行政管理组织和学术管理组织之外的一种评议组织，起到对整个组织管理工作的评议、监督和参与决策的作用。这种委员会也是由校—院—系的纵向结

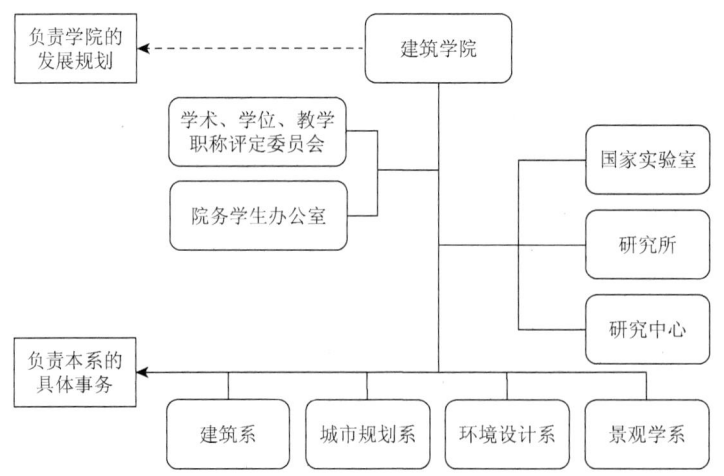

构组成的。每一层都有各自的职责与管理权限。在保证和完善研究型大学教学水平方面，香港科技大学制定了一系列全面且具连贯性的制度。其各层次的教学保障组织如下图所示，形成了以 VPAAO 和教务委员会共同承担教学保障的教学组织控制体统。

该大学还可以通过对教学、科研成果的精神鼓励和物质奖励等方式，调动各方面的积极性，促使学校形成一个良性的竞争环境。建议该大学把纵向的评议委员会所做出的评议结果，作为进行一系列教学、科研成果的奖励的标准，对作出杰出学术、教学贡献的教师进行物质奖励和精神鼓舞。这也是对评议委员会评议结果的一种积极的反馈机制。

2）横向分配模式

首先，加强学术权力的建设。随着科学技术发展和大学教师队伍的变化，大学内部对学术自由为主的学院式管理模式提出了更多要求。同时，市场经济的发展和大学资金来源的多样化，旨在追求效率的企业化管理模式也在大学中有潜在的巨大需求。这样，以行政控制为主的行政型管理模式，越来越不适应我国大学的发展。因此，该大学要根据环境的变化，提高管理和决策的弹性，以便于有效地运转，并提高竞争力。

其次，提高教授在科研、教学中的自主权力。大学能否成功的关键因素之一在于它是否拥有一支高水平的师资队伍。教授队伍在知识的创新、科研水平的提高和高水平人才的培养方面都起着主导作用。当前，我国研究型大学建设正处于起步阶段，如何建立起一种行之有效的机制促进教授队伍在科研、教学和相关政策的制定中决策力度的提高，是摆在我们面前的一项紧迫任务。

再次，健全大学领导决策体制。从该大学目前的状况来看，主要的问题还是学术权力过弱。不少大学学术委员会没有实质性的权力，对学校的学科、专业设置、教学、科研计划、评定教学、科研成果等有关学术事项只是起咨询作用。应健全教职工代表大会制度和相应的指导委员会，实行学校的民主决策、民主监督，这才能保证决策的正确性，防止片面性；只有民主监督，才能保证全体干部的敬业、廉洁，进一步保证决策的可行性。

"去行政化"浪潮下，研究型大学优化组织结构和管控模式，不是简单地去除行政机构，而是采取行政与学术分别管理的模式。华恒智信专家为该大学提出的"自下而上"的学术组织结构和"自下而上"的行政组织结构模式是对"单一行政化"的改革和完善；"横向—纵向管控模式"则是对该大学建设"教授治校"和教授参与学校决策管控模式的优化与提升。

（案例来源：天涯社区 http: //bbs.tianya.cn/post-217-54778-1.shtml（高校组织改革））

第 7 章　组 织 设 计

【学习目标】

1. 了解职务分析与设计。
2. 理解部门划分与层次设计。
3. 掌握典型的组织结构。
4. 掌握影响组织结构选择的因素。

【本章结构图】

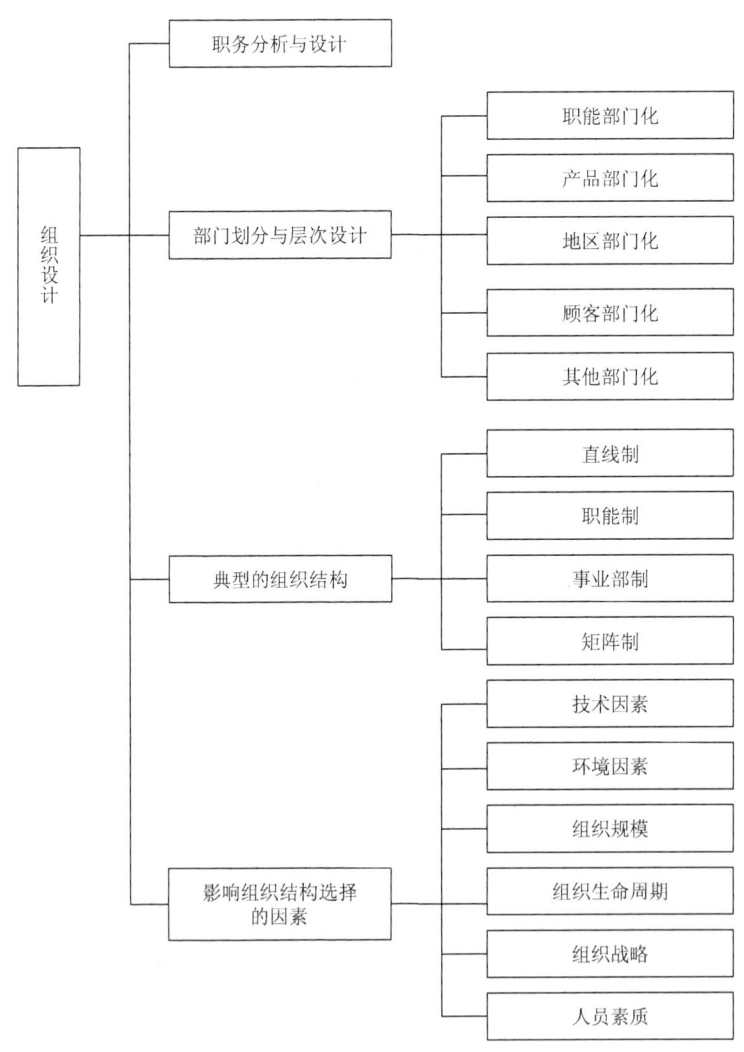

【引导案例】

亨达丽公司的组织模式

亨达丽公司（化名）是一家位于江苏省，集服装设计、生产、销售于一体的服装公司。公司在上海浦东注册设立上海海逸国际贸易有限公司（化名）和上海蝶飞服饰有限公司（化名），并且在上海设立全资子企业顺利良种棉加工厂（化名）。公司在上海设有国际贸易部、在苏州和无锡设有国内贸易部。公司和上海海逸公司都具有进出口经营权。亨达丽公司近些年为很多国内公司及国际公司提供过产品，在国内同行中享有良好的信誉和口碑，已经成为当地服装行业的一面旗帜。

亨达丽公司的组织结构是传统金字塔式的"直线职能制"管理模式，目前的职能结构难以适应外部资源整合的需求，信息传递和事务处理效率低、协调不足，满足客户需求的能力较弱。外部竞争、成本压力、市场反应速度仅仅传递到组织领导者的身上，组织内部的结构模式不能传递压力，这样就导致领导层工作压力很大，但基层无压力的局面。

基于以上问题和分析，该公司需要建立适应外部经营需要、大市场需要的组织模式，强化组织的"创新与营销"职能，真正发现和创造客户需要，优先建立强大的客户需求分析、研究和推广队伍，充分感知外部需求的变化，因此，应增设三个优秀能人配置的队伍：客户分析与产品研究中心、销售中心（现在的销售部）、客户响应中心。以上三个部门形成适应客户的流程链，促进客户需求能够直接感知并创造性地满足需要。

根据亨达丽公司的具体情况，可以成立以上三个部门，同时也对三个部门的职能给出一些初步的规划。

（1）客户分析与产品研究中心。客户分析与产品研究中心从客户的业务链价值增加角度，形成研究思路与各方不同合作方案研究与方案推广，创造客户新需要与客户价值增值；整合外部各种生产资源和要素，提升组织生产能力，满足关键客户的需要，并为客户提升深度价值服务；提供市场研究、用户调研、渠道研究、新产业进入策略及新产品定位、定价等专项调查。另外，该部门应该还承担着客户信息管理与定期维护，新产品的研发，高新技术的引进和应用等作用。

（2）销售中心。主要职能（初步规划）与目前销售部门基本一致。

（3）客户响应中心。主要职能（初步规划）是履行客户需要转化成生产指令和跟踪检查的过程。主要职责包括：订单响应与满足、品种翻改与调度、资源整合与管理（外部资源的整合使用与考核）、生产指令下达与跟踪、协调公司与外部关系的联系、加强内部各部门之间的沟通、保证生产、销售正常进行和资金的正常运转。

客户响应中心建议分成两个组：一个为内部客户响应组（内部产品项目管理），一个是外部响应组（对外协调与考核）。内部响应组建议设产品经理岗位（类似项目经理的岗位），主要为了加强各车间在生产过程中，各工序之间、各车间之间的生产衔接、配合，同时进行品种翻改的管理以及提高人力、资源的充分、综合利用，保证半成品在工序之间正常、及时的供应,加强生产中信息的流通,对采购、生产计划、车间管理进行协调。

具体职能包括设计生产各工序流程并提供信息支持,保证生产有序;及时向车间班组长了解生产信息,为下月计划的制订和当月计划的调整提供依据;根据制订和调整的计划,和采购部门协商、确认原料的库存状况或采购需求;根据制订和调整的计划,负责个人管辖工序之间的半成品的顺畅流转与供应等。

(案例来源:http: //www.chinatat.com/renliziyuanguanlishi/251/ma1507143955.shtml(亨达丽))

思考: 试分析亨达丽公司组织结构类型和特征。

7.1 职务分析与设计

职务是根据专业化分工原则,按工作职能划分而成的近似工作职位组合。职务设计或工作设计,用一定的方法将各项任务结合起来,形成一组有限的工作,构成一个完整的岗位的过程。各个员工或若干员工都仅专门从事一组有限的活动。

所谓专业分工,是将一项完整的任务分割成几个步骤,一个人只单独完成其中的一个步骤。工作专门化描述组织中的任务被划分为各项专门工作的程度。从亚当·斯密的分工理论得知,专业化分工有利于提高技术水平、可以缩短作业时间、能减少培训费用、有利于提高机械化程度。总之,分工程度提高,可以降低成本、提高效率和经济效益。但是,高度分工也有缺陷,如果分工过细,一方面会使工作人员感到工作单调、重复、疲劳而厌烦,另一方面还会增加内部调节的工作量,使交往成本上升。因此,进行工作岗位设计时,既要进行合理分工,又要适当地扩展工作内容,使工作人员感到内容丰富充实,富有挑战性。在可能的范围内,由各部门人员担任单一或专业分工的业务活动,可加强企业面对多变竞争环境的适应能力。岗位设计方法很多,例如,职责专门化,即单一职责;职责扩大化,即多项职责;职责丰富化,即增加工作深度,对工作有更大的控制,将更多的工作意义和挑战增加到工作中。

职务分析也称工作分析。工作划分是工作分析的前提,把完成组织目标的总任务划分成若干个各不相同又相互联系的具体任务的过程,就是工作划分。而工作分析是指对某特定的工作职务做出明确的规定,并确定完成这一职务工作需要有什么样的行为的过程。职务分析主要说明两方面的内容:一是对职务本身做出规定,即职务描述,也就是回答"某职务是做什么事情的?"二是对职务承担者的行为和资格要求,即工作说明。也就是回答"什么样的人最适合做这些事情?"具体来讲,职务描述的基本内容包括:职务名称、工作活动、工作程序、工作条件、物理环境、社会环境和聘用条件等。职务说明的基本内容包括:一般要求,如年龄、性别、学历、经验等;生理要求,如健康状况、体能力量、运动灵活性、感觉器官的灵敏度等;心理要求,如观察能力、学习能力、思考能力、创新能力、兴趣、爱好、态度、性格等。职务分析的结果主要是工作说明书。

7.2 部门划分与层次设计

管理劳动可以进行横向分工和纵向分工。横向分工是按照一定标准将管理活动按照业务活动的相似性和集中性分解成不同岗位和部门，纵向分工是根据管理幅度设置管理层次。横向分工的结果是部门的产生。

所谓部门化，即活动分组，是指按照一定的方式将相关的工作活动予以划分和组合，形成易于管理的组织单位，如部、处、科、室、组等，这些通称为部门。部门实际是承担某些工作职能的组织机构，所以，部门划分也可称为组织机构设置。在组织职能中，管理者应对实现组织目标所必需的职能和活动进行分组，这个过程称为部门化。部门化以工作归类为前提，将性质相同的或相近的工作进行归类合并，以工作归类为基础，在组织内部建立职能各异的部门。部门化主要是指组织的横向结构设计。划分部门的目的在于确定组织中各项任务的分配与责任的归属，以求分工合理、职责分明，有效地实现组织的目标。部门设计主要有两个工作：一是确定企业应设置哪些部门，二是规定这些部门间相互的联系。

部门化可以采取多种方式，从而形成不同形态的组织结构。典型的有如下几种。

1. 职能部门化

将职能相同或相似的工作归类所进行的部门化，例如，按照生产、财务管理、营销、人事、研发等基本活动相似或技能相似的要求，分类设立专门的部门。职能部门化是目前最普遍的部门化方法。职能部门化优点：每个部门都可以由专业人士组成；主管人员的管理工作比较方便，每位经理只要熟悉相对较少的专门技能；部门内的协调工作相对容易。但随着组织规模的扩大，这种方法也暴露出了缺陷：决策速度可能变慢、组织官僚化；员工变得只关注本部门而忽视了组织的整体需要；责任和绩效的监督也变得越来越困难。所以，这种方法只适用于以下情况：环境是稳定的，技术是相对常规的，部门之间的依赖程度较低，组织的目标依附于内部效率和专业特长，规模是中小型的组织。

2. 产品部门化

产品部门化是围绕产品和产品组来组织和安排业务活动的。采用产品划分部门的企业原来大多是按功能划分部门的，随着企业规模的扩大，管理工作越来越复杂，各部门主管的工作越来越重，而保持有效的管理幅度又限制了增添直属下级人员，于是产生了按产品划分部门的方法。许多多元化经营的大企业采用这种划分部门的方法，例如，海尔集团就可以分为冰箱事业部、彩电事业部、洗衣机事业部、房地产事业部等。

产品部门化有其优缺点和使用范围。产品部门化的优点：单一产品或单一产品群组的业务活动比较容易整合和协调；决策的速度和效率得到提高；比较容易对产品和产品组的绩效做出客观的评估，从而加强各部门对自身业务活动所负的责任。产品部门化也有缺点：部门经理只关注自己的产品或产品群组，而对组织的其他部分漠不关心；管理成本上升，因为每个部门都要用自己的职能专家。应用产品部门化需对特定的产品系列或服务类型有专门的需求适应，通常适用于大型的和多元化经营的企业。

3. 地区部门化

根据规定的区域组织业务活动，将资源组合起来以便为某一特定地区的顾客提供服务。地区部门化优点：权力下放至地方，鼓励地方参与决策；区域管理者还可以直接面对本地市场的需求灵活决策；对本地区的环境变化可以迅速做出反应；通过在当地招募职能部门人员，既可以缓解当地的就业压力、争取宽松的经营环境，又可以充分利用当地有效的资源进行市场开拓，同时减少了许多外派成本、减小了许多不确定性风险。地区部门化局限性：管理者稀缺，企业所需的能够派赴各个区域的地区主管人员比较稀缺，且比较难控制；与总部的关系在职责划分和管辖权限方面难以处理，存在机构设置重叠而导致管理成本过高的问题。地区部门化适用范围：许多国际性大公司。

4. 顾客部门化

按顾客划分部门可以使组织更好地满足特定顾客的需求。虽然提供的产品可能一致或非常相似，但它们面向不同的买主，需要采用不同的销售渠道和价格策略。从制造业看，组织按顾客划分部门可以采用以下三种形式：一是各分部负责制造并销售产品给确定的顾客。二是各分部负责销售产品给其本身顾客，但其中由一个分部为其他分部制造产品。三是各分部只负责销售产品给其本身的顾客，产品的销售统一由一个单独的生产部负责。顾客部门化的优点：有针对性地进行生产或提供服务。顾客部门化的缺点：只有顾客达到规模才有经济利益。顾客部门化的适用范围：许多服务型组织（如银行、保险公司等）。

5. 其他部门化

绝大多数的组织都是按照职能、产品、顾客和地域来进行部门化的。但有时也会用到其他方法。例如，有些组织按工艺或设备组织业务活动，像制造企业中设立的焊接车间、冲压车间、电镀车间，医院的放射科、CT室等；有些组织根据时间来组织业务活动，多见于组织的底层。许多组织由于技术的、经济的因素，正常的工作日不能满足要求，必须采用轮班的做法，如发电厂、医院、消防队等；有些组织单纯按人数来安排业务活动，这是一种最原始、最简单的划分部门的方法，早期的部落、氏族和军队普遍采用这种方法。

需要特别指出的是，不同组织在部门的称谓上不是完全相同的，事业部、分部、单位、局（署）都是常用的称呼。另外，几乎每个组织都会在不同的层次采用多种部门化原则。

7.3 典型的组织结构

组织结构反映了组织的各个组成部分之间的相互联系和相互作用，它是实现组织目标的框架或体制。前面对部门划分的探讨主要是揭示组织结构形成的机理。接下来，对组织结构类型的考察则是从总体上把握组织结构的全貌。

1. 直线制

直线制是指组织中没有职能机构，从最高管理层到最基层，各种职位按垂直系统直线排列，各级行政领导实行直线垂直领导，执行统一指挥和各职能管理。如图 7-1 所示。

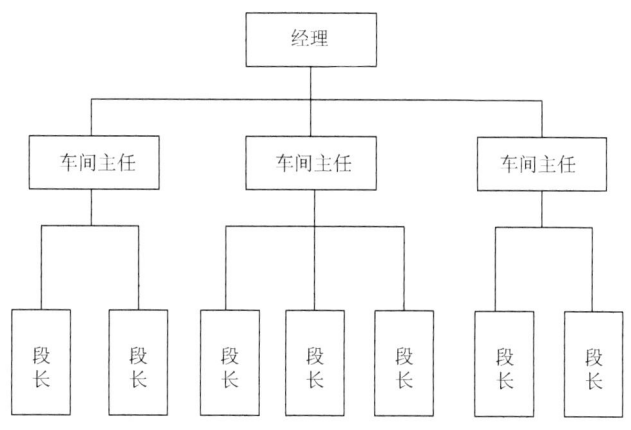

图 7-1 直线制组织结构

直线制组织结构形式是最早的、也是最简单的一种组织结构形式，其突出特点是：没有管理职能部门，各层领导机构都是综合性的，由经理实行没有职能机构的集中管理，经理融直线指挥与职能管理于一身。企业一切生产经营活动均由企业各级主管人员直线进行指挥和管理，不设管理职能部门。在工业化初期，直线制组织结构形式被广泛采取，在这种形式下，所有工作最后集中于厂长一身，最多配上一两个助手，因此，直线制的组织机构要求厂长是万能的。

直线制组织结构形式的优点是：结构简单、反应灵活、权力集中、命令统一、上级和下级关系明确、联系方便、信息沟通方便、工作效率高、管理费用低。

直线制组织结构形式的缺点是：缺少较细的专业分工，对管理者要求高；在企业规模较大的情况下，业务就比较复杂，所有的管理工作都集中起来由厂长承担，管理者负担过重，难以胜任复杂职能，一旦决策失误就会造成较大损失；成员间和组织单位间缺乏横向协调关系，领导无助手易产生忙乱现象。由于受领导者能力的限制，管理幅度不可能拓宽，所以，这种组织结构形式只适应规模较小、产品单一、生产技术较为简单、业务单纯，比较简单的企业。

2. 职能制

职能制，是指在组织内按专业分工设置若干职能部门，各职能机构在各自业务范围内有指挥权，可以向下级下达命令。下级既服从上级领导者的指挥，也听从各职能部门的指挥。职能型组织主要为了追求专业化分工的经济性，以便更好地发展、维持和使用所投入的资源。如图 7-2 所示。

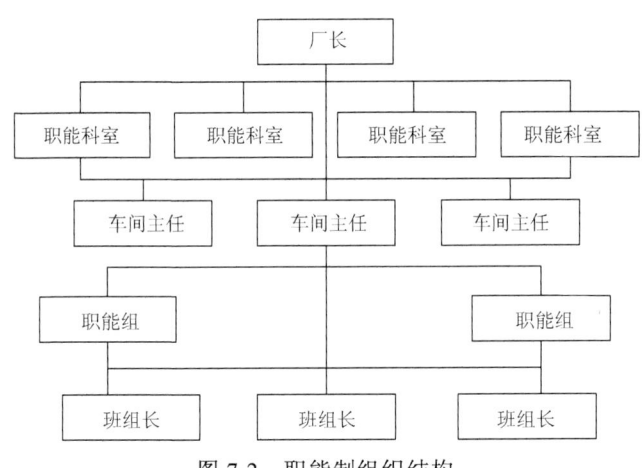

图 7-2　职能制组织结构

职能制的优点：有利于充分发挥专业人才的作用、能充分发挥职能机构的专业管理作用、减轻了直线主管的工作负担。职能制的缺点：容易形成多头领导，破坏了统一领导的原则。一个下级往往要接受几个上级的命令，有时这些命令还相互矛盾，弄得下级无所适从；各职能部门的要求可能相互矛盾、不利于协作，同时，出了问题上级领导和职能部门还容易相互推卸责任，有功大家抢，有过大家推。适用范围：单一产品或单一产品为主导的组织，不过，现代企业一般不采用职能制。商品流通企业按功能划分的部门通常是研发、生产、营销、财务、人事等，各部门直接受高层经理领导，并直接向总经理负责，部门的经营决策必须有高层经理人员的介入才能做出。

3. 事业部制

事业部制也可称为项目式组织结构，它是在产品部门化的基础上建立起来的。组织内部设置多个独立核算、自主经营的事业部，事业部可以按产品或市场或地区划分，每一个事业部都有自己的产品和市场，在总公司领导下，统一政策，拥有重要人事任免等重大问题的决策权。事业部的独立性是相对的，不是独立的法人，只是总部的一个分支机构，即分公司。组织结构如图 7-3 所示。

事业部制的优点：各事业部的市场适应性和稳定性强，能充分发挥各事业部及中层管理人员的积极性、主动性和创造性，并且有利于组织对各事业部的绩效进行考评；有利于组织的最高管理者摆脱日常事务而专心致力于组织的战略决策和长期规划；各事业部之间的竞争有利于提高组织的整体效率；有利于培养综合型企业管理人员；产

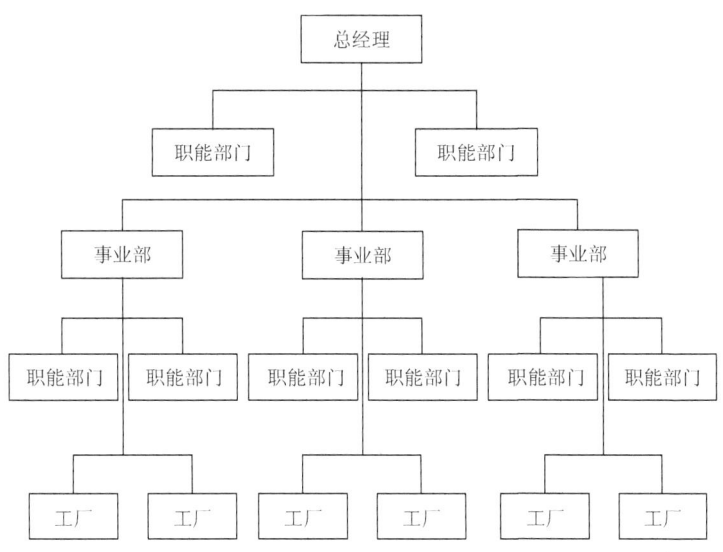

图 7-3 事业部制组织结构

品能适应不同的地区和不同客户需求，提高客户满意度。事业部制的缺点：不利于提高专业化工作技能；当经营规模未达到一定程度时难免出现资源配置不经济的现象；分权不利于高层管理人员的集中控制和指挥。对事业部一级的管理人员要求较高；各事业部皆有完备的职能部门、机构重叠、管理人员膨胀、活动和资源出现重复配置，导致组织总成本上升和效率的下降。各事业部独立性强，考虑问题容易忽视整体利益、容易滋长各事业部的本位主义、各事业部之间协调困难。

事业部制是一种典型的分权结构，主要适用于产品多样化和从事多元化经营的组织，也适用于面临市场环境复杂多变或所处地理位置分散的大型企业，现已被多元化经营的大公司普遍采用。适用条件包括：①负责的产品或服务能在本部门独立完成（产品条件）；②能形成独立的市场和市场价格，市场比较稳定且有较高的市场占有率（市场条件稳定）；③能独立完成管理职能（经营条件）；④有适当的管理权限（授权条件）。目前，事业部制的具体形式很多，主要有：子公司型的事业部、参谋型事业部、产品型事业部、零部件型事业部、工程型事业部、地区型事业部、市场型事业部等。

4. 矩阵制

矩阵制是由按职能划分的系统与按产品（项目）划分的系统结合而成的组织。按项目与按职能划分部门相结合将各类专业人员安置在其所在的职能部门中，然后根据任务开展的需要从各职能部门抽调有关人员组成项目小组，在工作进行中同时接受职能部门领导和项目小组领导的双重指挥。管理人员既同原职能部门保持组织与业务上的联系，又参加项目小组的工作。职能部门是固定的组织，项目小组是临时性组织，完成任务以后就自动解散，其成员又回到自己所属的职能部门，等待加入新的项目小组。如图 7-4 所示。

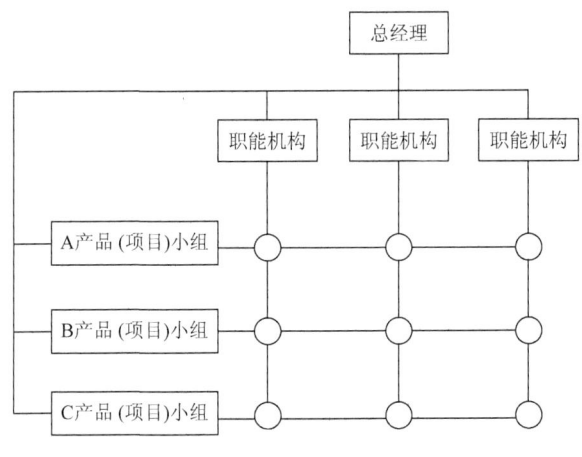

图 7-4 矩阵制组织结构

矩阵制结构能够把职能结构与分部结构两者的优势很好地结合起来，有如下优点：一是将企业的横向关系与纵向关系相结合，有利于加强各职能部门间的沟通、协作和配合；二是针对特定的任务进行人员配置，有利于发挥个体优势、集众家之长、提高项目完成的质量、提高劳动生产率；三是可根据特定需要和环境的变化随时变动、资源利用率高、人员组合富有弹性、组织灵活性和应变能力强；四是各部门人员的不定期的组合有利于信息交流、增加互相学习的机会、提高专业管理水平；五是有利于培养专业人员合作精神和全局观念及潜力发挥，同时拥有双重晋升渠道。矩阵制组织结构的缺点：由于项目组是临时
性的组织，容易使人员产生短期行为，成员工作位置不固定，容易产生临时观念；二元命令系统，组织中存在双重职权关系，小组成员的双重领导问题会造成工作责任不明确，违背了统一指挥的原则。

矩阵制组织结构主要适用于以项目为中心的经营单位、有多个产品或规划的组织、需要依靠智能专长的组织，例如，一项技术攻关、新产品的研制等，也适用于对环境变化做出迅速反应的企业或有突击性、临时性任务的情况。航天航空企业、工程建设企业、科研单位等采用这种组织结构形式，效益比较明显。

7.4 影响组织结构选择的因素

1. 技术因素

技术，是指把原材料等资源转化为最终产品或服务的机械力和智力转换过程。在这一过程中，组织的人、财、物等资源以一定的方式被组合到一定类型的活动中。技术复杂程度是影响组织内部协调关系的重要因素。一般来说，随着技术复杂性的提高，部门或个人之间的交往增多，信息传输量大，传输频次增大。因而相互之间的协调关系变得复杂。技术复杂程度高的企业，其自动化程度也高，操作人员和工作岗位减少，基层管理的跨度可能变小。但对上层管理人员来说，由于专业化程度和标准化程度高，管理幅度可以增大。

技术和组织设计之间的关系是由管理学家伍德沃德（Joan Woodward）首先发现的。伍德沃德对 100 家英国公司的研究表明，在组织设计与不同的技术之间有一种关系。这一发现令伍德沃德成为第一位从技术上对组织进行分类的学者。他将企业技术分成三种类型，并据此对其组织结构进行了分析和比较。根据技术的复杂程度分成如下三类。

（1）单件小批量生产（unit production），是由定制产品（例如，定制服装和水力发电用涡轮机等）生产单件或小批量生产单位所组成的。

（2）大批量生产（mass production），是由大批和大量生产的制造商组成的，他们提供诸如家电和汽车之类的产品，这些产品一般可以通过专业化流水线技术生产实现规模经济。

（3）流程生产或连续生产（process production），是技术中最复杂的一类，例如，炼油厂、发电厂和化工厂这类连续流程的生产者。

不同的技术对应着不同的组织形式，技术越复杂，管理层次越多，管理幅度越大，员工人数也越多。但是，随着技术复杂性的增加，管理幅度先是扩大，然后又缩小，这主要是由于连续过程技术是自动化的，所需要的人工较少，而对工作人员的技能要求较高。

2. 环境因素

环境因素与组织设计之间在很多方面存在关联。第一个得到广泛承认的有关环境与组织设计之间关联的分析是由 Tom Burns 和 G.M. Stalker 提出的。他们首先将环境分成了稳定的（保持相对不变）环境和不稳定的（不确定的以及快速变化）环境。处于稳定的、简单的环境中的组织宜采取机械式组织；而处于动态的、复杂的环境中的组织宜采取有机式组织。机械式组织通常具有严格的层级关系、固定的职责、高度的正规化、正式的沟通渠道、集权的决策是传统的官僚行政组织；有机式组织是一种适应性组织，强调纵向的和横向的合作，不断调整的职责，低度的正规化，非正式的沟通渠道，分权的决策。为了适应外部环境，企业可以增设部门及专人去处理外部环境带来的挑战及要求，例如，环境审视、研究预测、公共关系等工作。企业可以安排一个较为灵活的结构，包括权力下放和较少的制度性束缚。

3. 组织规模

组织规模，是指全职或相当于全职工作的员工总数。组织规模和结构间的关系是英国伯明翰阿斯顿大学研究人员的研究成果。他们认为：同小企业相比，组织规模越大，规范化程度越高、专门化程度越高、标准化程度越高、规章制度越多、分权程度越高、组织关系越复杂、越需要建立新的部门来应对，管理者用于处理日常事务的时间就越少，因而管理跨度就可以增大。从这一点来说，规模大的企业，由于管理跨度可以增大，有利于减少管理层次。但是，规模大的企业，经营范围宽、业务量大，有些管理职能就可能需要独立出来，这就会增加机构和层次。而且规模太大，受管理者能力的限制，分权的程度就会高，有可能需要建立分权式的组织结构。

4. 组织生命周期

组织不是一成不变的。有些小企业很快消失了，有些一直保持小规模，还有的则迅速跃升为大型企业，有时大型企业也会通过裁员而成为小企业。许多组织经历了组织生命周期的四个阶段：第一个阶段是组织的诞生；第二个阶段是青年期，它的特点是成长和组织资源的扩张；第三个阶段是中年期，这是经过逐渐成长最终进入稳定期；最后是成熟期，这是一种稳定时期，可能伴随着组织进入衰退阶段。

通常情况下，组织变得逐渐庞大、机械和分权、更加专业化、更注重规划、成员更多。组织协调的需要增加，规范化程度提高，组织单位在地理上的分布更加分散，控制系统更加严密。由此可见，组织设计同组织规模密切相关，并且这种联系是动态的。

5. 组织战略

战略，是指决定和影响组织活动性质及根本方向的总目标，以及实现这一总目标的路径和方法。组织结构是帮助管理者实现其组织目标的手段，而目标产生于组织的总战略，所以，组织结构必须与战略紧密配合，而且结构应服从于战略。战略的重大调整意味着组织结构的调整，即战略变化先行于并导致组织结构的变化。艾尔弗雷德·钱德勒（Alfred Chandler）对美国100家大公司长达70年的发展历程进行考察后，得出结论："公司战略的变化先行于并且导致了组织结构的变化"，即"战略决定组织结构"。战略在两个层次上影响组织设计：一是不同的战略有不同的业务活动，从而影响管理职务设计；二是战略重点的改变，引起组织工作重点的变化，从而使各部门与职务在组织中重要程度的变化，要求部门与管理职务间的关系作相应的调整。

在不同的战略发展阶段，每个阶段应有与之相适应的组织结构。战略发展的第一个阶段为数量扩大阶段，即许多组织开始建立时，往往只有一个单独的工厂，只是比较单一地执行制造或销售等职能。这个阶段的组织结构很简单，有的只有一个办公室，组织面临的重要战略是如何扩大规模。战略发展的第二个阶段为地区开拓阶段，即组织随着向各地区开拓业务，为了把分布在不同地区的同行业组织有机地组合起来，就产生了协调、标准化和专业化的问题。这就要求建立一种新的组织结构，即职能部门。战略发展的第三个阶段为纵向联合发展阶段，即在同一行业发展的基础上进一步向其他领域延伸扩展，例如，从专门销售服装用品的零售商店，扩大到销售各种用具和家具等。这种发展战略要求建立与此相适应的职能结构。战略发展的第四个阶段为产品多样化阶段，即为了在原产品的主要市场开始衰落的时候，更好地利用和组织现有的资源、设备和技术，而转向新行业内新产品的生产和新服务的提供。这种战略的组织结构要考虑对新产品与新服务的评价和考核，考虑到对资源的分配以及部门的划分、协调等问题，要求建立与此相适应的产品型组织结构。

不同的战略类型，企业应选择不同的组织结构与之相适应。专业化的经营战略下，倾向于集权型组织结构，强调内部效率和纵向控制；多元化的经营战略下，倾向于分权型组织结构，强调内部自主性和结构灵活。研究发现，许多经营成功的公司，如果保持在单一行业内发展，则偏好采用集权的职能结构，而那些实施多元化经营的公司，一般采用分权的事业部结构。保守型竞争态度，以集权的刚性结构为主，强调规范化和严密的控制；稳健型竞争态度，集权分权相结合，强调纵向职能控制和横向的协调；冒险型竞争态度，以柔性的分权结构为主，注重创新和部门间的协调。成本领先竞争方式下，以职能制结构为主，注重规范化，内部效率和稳定性；差异化竞争方式下，以弹性结构为主，注重横向的合作和纵向的专业化。为了不断地适应公司新的发展战略的要求，公司也要适时地变革组织结构，以保持组织的自适应性。

6. 人员素质

企业的组织结构实际是人的职位结构。组织结构设计出来后，是由人来担任各个职位上的角色。各个职位上的责任和权力，以及相互之间的各种关系，都要通过人的活动才能体现。所以，组织中人的素质对组织结构起着决定性的作用。人员的素质包括身体条件、政治思想、职业道德、知识水平等。高素质的管理者，可以承担更多的责任，可以赋予他更大的权力；一专多能的人才，可以身兼多职，这样可以减少人员和机构。管理人员的素质也是影响权力来源结构的重要因素。

【复习思考题】

1. 简述直线制、直线职能制、事业部制、矩阵制组织结构的特点及其适用范围。
2. 组织设计的目的和任务分别是什么？
3. 影响组织设计的主要因素有哪些？

【技能训练】

模拟组建一个公司，确定公司的组织结构，并阐述其理由。

【职场案例 7.1】

招商银行的"二次转型"

1. 招商银行基本情况

招商银行于 1987 年在中国改革开放的最前沿——深圳经济特区成立，是中国境内第一家完全由企业法人持股的股份制商业银行，也是国家从体制外推动银行业改革的第一家试点银行。凭借持续的金融创新、优质的客户服务、稳健的经营风格和良好的经营业绩，招商银行现已发展成为中国境内最具品牌影响力的商业银行之一。2012 年，招行第四次被国际权威杂志评委"中国最佳零售银行"，并首次入围美国《财富》杂志发布的 2012 年度全球 500 强。

招商银行自成立以来，始终将创新作为其从国内同行业脱颖而出的法宝。一卡通是国内第一张基于客户号管理的银行借记卡，被誉为客户最喜爱的银行卡之一；一网通是国内第一家网上银行，网上银行和电话银行等电子银行渠道的持续完善有效分流了营业网点的压力；信用卡是国内第一张符合国际标准的双币信用卡；金葵花理财是国内首个面向高端客户的理财产品，在高端客户中享有很高的美誉度；私人银行服务在国内股份制银行中率先推出，被国内权威媒体多次评为"中国最佳私人银行"；跨银行现金管理在国内同行业首开先河，成为大型企业集团资金管理的首选。

2. 招商银行的"一次转型"

2004年，招行开展了第一次业务战略挑战，加速发展零售业务、中间业务和中小企业业务，逐步形成了有别于竞争对手的业务结构和经营特色。招行第一次转型大获成功，让其跑在了股份制银行的前头，并且树立了创新先锋的形象。但是，到了2009年，招行的加权风险资产收益率突然下滑，2009年上半年实现净利润82.62亿元，同比下降37.62%，这在招行上市后第一次出现利润负增长。竞争压力不仅来自拥有庞大密集网点的四大国有银行，股份制银行的追赶也不容小觑，尤其是民生银行、浦发银行和兴业银行三家进步飞快。

3. 招商银行的"二次转型"

2009年，招行提出了"二次转型"，目标是降低资本消耗、提高贷款定价、控制财务成本、增加价值客户、确保风险可控，实际上是要提高自身的风险管理能力、资本管理能力和成本管理能力。二次转型中，招行提出三个转变：由大客户为主向中小企业客户转变；由传统产业向新兴产业转变；由简单的存贷款业务向多元化综合金融服务转变，旗帜鲜明地把服务创新型成长企业作为招行二次转型的一个全新的着力点。招行在"一个银行"的经营战略主导下，对涵盖零售、对公、风险和运营等银行经营管理主要架构的完整流程体系进行了优化。

为推进会计流程改造，2010年，招行逐步将会计业务汇收到后台集中处理，每个支行分配1~2个会计人员到分行的运营中心，柜员扫描之后，复杂的审核单据瞬间被切割成若干碎片，运营中心100人同时处理这项业务。处理流程也比以前更加"智能"，每项业务用时都比之前节省了10秒以上，柜员只需要跟踪业务完成就可以了。此举降低了支行工作量，缓解了网点人员紧张的压力，提升了全行会计运营效能。招行希望柜员把省下来的时间贡献给提升服务质量和交叉销售。二次转型后，招行小企业信贷中心的客户经理不再只做贷款、信用卡，直销部门不再只兜售信用卡，私人银行客户经理也不再只售卖理财产品。每个人的绩效考核都加入了交叉销售。

招行的全员交叉销售并不是盲目进行的，背后涉及精细化的管理。首先需要有一套强大的CRM系统，在充分收集客户信息的基础上进行准确的数据挖掘和分析，通过分析客户数据提升客户价值。2011年8月，招行升级了信用卡用户的核心IT系统。升级后的系统能够更加自如地应对遍及213个国家和地区的每小时26万笔消费短信提醒。核心系统的升级也为以后外围系统的改革创造了条件，招行可以进一步开发新的算法模型，抓取和分析用户的消费习惯，从而提供为用户量身订制的细分服务。

2012年元旦以后，招行的信用卡和一卡通客户号码合二为一。表面上简单的号码合并背后需要复杂的系统整合。这是招行贯彻"一个银行"理念的积极尝试，要真正实现以客户为中心，就要变"部门银行"为"流程银行"。所谓的流程银行是指业务流程不是以某个部门为出发点进行设计的，而是从客户端发起，按照有效服务客户的原则来设置，所有部门的职责要服从流程的需要。零售业务整合后，信用卡用户、零售银行客户、中高端私人银行客户都在更为统一完整的零售平台上得到了更为有效的服务。

2012年招行的二次转型取得了阶段性的成果，主要体现在资本使用效率提高、风险定价水平稳定、高价值客户占比提高、经营效能改善、资产质量稳定和业务流程继续优化。进入2013年，招行继续从三个方面进一步推进二次转型：一是继续巩固零售的优势，在财务管理、私人银行、小微企业、电子银行这些方面加大拓展的力度；二是按照风险偏好，在监管的原则下，着力拓展表内和表外的创新业务；三是通过流程改造，进一步优化流程，降低成本，从而提高资本回报率。

（案例来源：焦叔斌．管理学（第四版）．中国人民大学出版社．2014（招行））

思考与讨论：

1. 招行的二次转型意图何在？涉及哪些方面的改革？
2. 招行的柜员职位设计是何思路？其结构设计又是何思路？

第8章 人力资源管理

【学习目标】

1. 了解人力资源管理的重要性，掌握人力资源管理的过程。
2. 掌握人员选拔的过程、途径与方法。
3. 了解人员培训的基本过程，熟悉培训的对象与形式。
4. 了解人员考评的目的，熟悉人员考评的内容与方式，了解考评的程序。

【本章结构图】

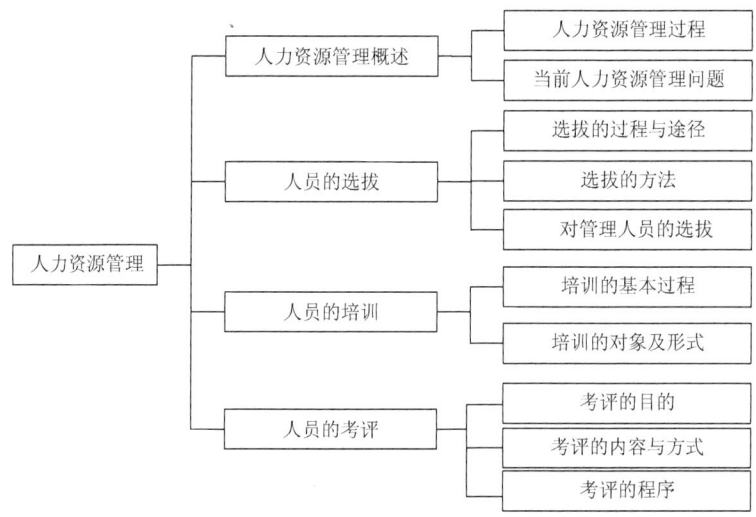

【引导案例】

以服务著称的海底捞，核心竞争力从来都不是服务？

记者：海底捞的确非常注重员工的感受，为员工的生活和工作做出了人性化的安排。那么，海底捞的成本在同行业里是不是高一些？您认为员工不是第一重要，那您的核心竞争力到底是什么？

张勇（海底捞创始人）：我一直在琢磨餐饮业的核心竞争力究竟是什么？是环境、口味、食品安全还是服务品质？我想了很多，发现这些到最后都不能形成核心竞争力。我觉得人力资源体系对餐饮企业是至关重要的。如果我们能把这个人力资源体系打造好的话，它会形成一种自下而上的文化。我认为这个可能成为海底捞未来的一个核心竞争力。……（略）

（摘自"北大纵横"2016年1月12日）

随着组织结构的不断完善,管理者必须找到合适人员来填补那些空缺的职位,或者按照组织的需要将合适的人员调配到合适的岗位上,或者将组织不需要的人员淘汰。除此之外,现代企业的管理者在人力资源管理领域面临的一项主要挑战是确保公司拥有一支高质量的员工队伍。获得和留住有才华的优秀员工,对于每一个组织的成功都至关重要。本章的主题是研究管理者如何吸引、开发和保持优秀的人力资源。

8.1 人力资源管理概述

8.1.1 人力资源管理过程

人力资源管理之所以重要,原因在于人力资源已经成为组织竞争优势的一个重要来源,成为组织战略的重要组成部分。此外,人们发现,组织对待其员工的方式会对组织绩效产生显著影响。很多研究结果显示:企业越来越重视人力资源,高绩效工作实践的共同之处似乎都在强调以员工为中心,提高员工的知识、技能和能力,提高员工的工作动力,减少磨洋工现象,在鼓励低绩效员工离开的同时更好地留住优秀员工。

人力资源管理(Human Resource Management,HRM),是在经济学与人本思想的指导下,通过招聘、甄选、培训、奖酬等一系列活动对组织内外相关人力资源进行有效运用,以满足组织当前及未来发展的需要,以保证组织目标的实现与组织成员的发展。

人力资源管理主要包括以下几个环节。

(1)工作分析。是指在调查分析所获取相关信息的基础上,对企业各个工作职位的性质、结构、职责、流程,以及胜任该职位工作人员的素质、知识、技能等内容,编写出工作说明书。

(2)人力资源规划。是把人力资源战略转化为中长期目标、计划和政策措施,包括对人力资源现状分析、未来人员供需预测与平衡,确保企业在需要时能获得所需要的人力资源。

(3)员工招聘与选拔。根据人力资源规划和工作分析的结果,为企业招聘、选拔合适的人员,并录用安排到一定岗位。

(4)绩效考评。对员工在一定时间内对所作的贡献和工作中取得的绩效进行考核和评价,及时作出反馈,以便提高和改善员工的工作绩效,并为员工培训、晋升、奖酬等人事决策提供依据。

(5)薪酬管理。包括对基本薪酬、绩效薪酬、奖金、津贴以及福利等薪酬结构的设计与管理,以激励员工更加努力地为企业工作。

(6)员工激励。采用激励理论和方法,对员工的各种需要予以不同程度的满足或限制,引起员工心理状况的变化,以激发员工向企业所期望的目标而努力。

(7)培训与开发。通过培训提高员工个人、群体和整个企业的知识、能力、工作态度和工作绩效,进一步开发员工的智力潜能,以增强人力资源的贡献率。

(8)职业生涯规划。鼓励和关心员工的个人发展,帮助员工制订个人发展规划,以进一步激发员工的积极性、创造性。

（9）人力资源核算。与财务部门合作，建立人力资源会计体系，开展人力资源投资成本与产出效益的核算工作，为人力资源管理与决策提供依据。

（10）劳动关系管理。协调和改善企业与员工之间的劳动关系，进行企业文化建设，营造和谐的劳动关系和良好的工作环境。

8.1.2 当前人力资源管理问题

随着知识化、信息化、经济全球化进程的不断推进，未来的竞争更加激烈，也给传统的人力资源管理带来强烈的冲击，主要表现在以下几个方面。

1. 人才管理

人力资源管理领域在经历了人事档案管理、人力资源管理、战略人力资源管理等几个阶段之后，人才管理开始作为人力资源管理的重要问题展开了广泛的讨论。中国企业开始思考如何建立并实施一套人才管理体系，包括如何招聘到合适的员工、如何提升招聘的成功率？如何建立员工继任和发展体系、如何培养后续的管理者？如何快速甄别管理者的能力差距，并通过培训、辅导以及其他发展项目来缩短差距？如何识别关键职位的高绩效员工以及继任者，如何支撑公司业务的快速发展和灵活变化？

人才管理是人力资源管理按其自身逻辑进一步发展的结果，人力资源管理包含人才管理、关注功能模块，包括招聘、薪酬、培养和评价，而人才管理的出发点是"人"，关注人的"才干"。美国的人才管理研究机构 BerSin & Assocates 将人才管理划分为人才战略与规划、吸引与招聘、绩效管理、学习和发展、员工继任、领导力开发、薪酬等七大模块。

2. 对工作—生活的平衡

越来越多的管理者意识到员工除了努力工作，还有他们的家庭和个人生活，员工有时候会有生病的孩子、需要悉心照顾的年迈的父母以及其他各种需要特殊处理的家庭事务。尤其是年轻的员工，他们更注重家庭，更关注生活质量，关注度甚至大于工作。因此，许多大的企业开始考虑到员工的工作与生活的平衡问题，他们为员工提供家庭友好型福利，以满足员工对工作—生活平衡的需求。例如，在工作场所设置幼儿园、体育锻炼设施、为员工子女举办夏令营和家庭野炊活动、与学校一致的上下班时间、远程办公以及兼职工作等。

所以，能为员工提供更多工作灵活性的组织，将在吸引人才方面获得一种竞争优势。同时，有研究指出，在公司获得家庭友好型福利的员工似乎对工作更加满意，因此，就有了这样的观点"通过营造一个有可能帮助员工实现工作—生活平衡的工作环境，组织可以从中获益"。

3. 知识型员工

现代企业中，知识型员工所占比例不断增加。知识型员工具有很强的独立性和自主性,他们非常重视自我价值的实现,对自己工作的成就更在意的是业内人士的看法而不是组织的看法,这就为职位设计、组织授权和控制加大了难度。知识型员工要求不断学习和技能更新,他们是企业的竞争力,但同时又具有较高的流动意愿,增加了企业人力资源投资的风险。不仅如此,知识型员工的工作过程难以监控,工作绩效也难以评定,这使得薪酬管理变得困难。

知识型员工的这些新特点要求企业领导方式必须从根本上改变,一方面应坚持以人为本、充分授权、委以重任、人尽其长,提高知识型员工的参与感。另一方面,要关注知识型员工在精神和情感方面的需求,并设计科学合理的职业晋升通道,积极创造发展空间。

8.2 人员的选拔

人员选拔,是从组织内外的候选人中为组织的当前或未来职位挑选最适当的人选的过程。高效的选拔建立在对组织人力资源供需状况进行深入分析的基础上,根据工作分析收集到的信息来明确这些职位候选人应当具备的资质或者条件,然后通过科学的方法对候选人的资质或条件进行审查、测试和遴选,做出采用或不采用的决定。

8.2.1 选拔的过程与途径

1. 选拔的过程

选拔过程中的具体步骤因职位层级和工作性质不同而有所不同。例如,对基层主管候选人进行的面试与对高层经理候选人的面试相比较,就可能相对简单一些。但基本的步骤大致如下。

(1) 根据职位说明书确定选拔标准。
(2) 人力资源部门准备招聘材料。包括拟定招聘广告和组织宣传材料。
(3) 选择招聘渠道并发布招聘广告。招聘渠道主要包括内部推荐或选拔、社会招聘、校园招聘、人才中介机构等。
(4) 简历筛选,确定初试人选。
(5) 进行测试以获得候选人的进一步信息。
(6) 由未来的上级主管及其他人员对候选人进行正式面试。
(7) 对候选人的各种信息进行查对和核实。
(8) 候选人体格检查。
(9) 根据上述步骤的结果决定是否录用。

2. 选拔的途径

为企业配备合适的人员,可以从组织内部选拔和调整,也可以从组织外部吸引和遴选。

内部招聘是将当前的员工作为空缺职位的候选者。内部工作晋升有助于提升士气,保留高品质的员工。对于高层职位,很多企业倾向于采用内部选拔的方式来补充,原因在于:内部被提升的人员与组织之间相互都比较熟悉,被提拔人员能够迅速投入工作,同时也能够保证选聘工作的正确性。此外,内部选拔使员工感到有被提升的可能,从而提高员工工作士气,降低人才流动。但内部选拔也有弱势,例如,组织中没能得到某项职务或没被提升的人会产生不满情绪,工作热情会受到挫伤;易导致"近亲繁殖";组织内缺少"新鲜血液"的输入,不利于引进新思想和新的工作方法;当组织所需人才在组织内部找不到合适的人选时,如果仍坚持内部提升和培养,则会影响组织的绩效。

外部招聘是吸引组织外部的人员申请工作职位。外部招聘的方法包括网络招聘、校园招聘、招聘代理、人才中介机构,如猎头公司。外部招聘的优势在于:被聘者具有外来优势,能够为组织带来新鲜血液;有利于平息和缓和内部竞争者之间的紧张关系;人员来源广泛,有选择余地,有可能找到一流的、有潜质的人才。缺点在于:外部招聘需要花费相对较多的人力、财力;缺乏对求职者的全面真实的了解,要确定某一职务的最佳人选不易;被聘者需要有试用期;"空降"高管,还有可能打击内部员工的积极性。

必须强调的是,第一,招聘决策都是双向的,即组织在挑选候选者,候选者也在挑选职位。第二,无论采用何种招聘途径,都要遵循"人职匹配"的原则。

8.2.2 选拔的方法

在获得大量职位申请者资料之后,人力资源管理者必须对候选者的资质进行考察和筛选,通常会采用职位申请表、笔试、面试、评价中心等方法。

1. 职位申请表

人们往往不重视申请表,但是一张申请表所提供的信息,恰恰是我们进行初次筛选的依据。因此,我们要尽可能使申请表为我们提供必要的信息。大部分企业都采用申请表来获得候选人的个人资料,以及过去的工作经验、教育背景及其他个人信息。

一张申请表应能提供以下信息:个人基本信息、工作经历、教育与培训、个人健康情况等。对于应聘较高职务的候选人,还应要求提供较为详细的个人传记资料,以提高初次甄选的可靠性。

2. 笔试

笔试是对与职位有关的能力、技能、知识的测试,通常是判断候选人是否能够胜任未来职位的最好依据之一。笔试的方法有很多,包括对专业知识的考试和利用标准化的测验。考试可以根据公司或工作的要求,由专业人员设计考卷。标准化的测验必须有信度和效度的证明资料,应该由经过专门训练的专家来主持。在人员招聘录用中,常用的测验包括英文测验、专业知识测验、智力测验、个性测验等。

3. 面试

面试是要求被试者以口头语言回答主试的提问,以便了解被试者心理素质和潜在能力,了解到笔试和测验无法获得的信息。面试的基础是面对面地进行口头沟通,主要的效度取决于面试的经验,如果主试的经验比较欠缺,信度和效率就会很低。

面试是提问和观察相结合的过程。其中,观察在面试中起着举足轻重的作用,很多信息是通过观察获得的,例如,候选人的仪态仪表、非语言行为。从某种意义上讲,观察所获得的信息更真实可靠。

4. 评价中心

评价中心是一种或多种测评方法的组合,较多地用于选拔管理者。评价中心通过对管理工作的主要部分进行的情景模拟,根据候选人的情境中表现来考察候选人的综合素质,通常需要 2～3 天的时间完成。测评方法通常包括下列内容中的部分或者全部:心理测验、自我介绍、无领导小组讨论、管理游戏、公文处理、演讲等。所有测评结束之后,评审人员要根据候选人在整个过程中的表现做出评价,然后通过比较各位评审员所做的评价,共同对一个候选人是否适合该职位得出结论,并给出书面总结报告。这些报告可作为是否选聘的指导性文件,也可作为未来培养的指南。

8.2.3 对管理人员的选拔

成功的管理者需要具备各种技能:技术技能、人际技能和概念技能。正如本书第 1 章所讨论的,这些技能的相对重要性根据组织的层次而有所不同。另外,管理人员还需要具备一些特定的个人特点,例如,要有管理的愿望、富有感情的人际沟通能力、正直和诚实、管理工作的经验。

管理人员的选拔基本上有两个来源:一是从企业内部晋升或调配。很多大型企业都倾向于首先从组织内部寻找候选人,如通用汽车公司。通常在组织内部没有合适人选时,就会转向第二个来源:从企业外部聘任。

内部晋升,应注意对候选人管理能力的考察和培养。而外部聘任则要着重对候选人的背景、工作经验等进行考察,必要时需要对候选人做一定的背景调查,以保证选聘的准确性。

选拔管理人员的特别之处在于,如何对其管理能力进行较为准确的判断。人力资源管理中强调可采用心理测验、公文测验、角色扮演、公开演讲等方式来考察其管理能力。

此外,管理者必须要道德高尚、值得信赖。管理者以往的工作绩效也是对其今后工作表现的最可靠的预测基础。

8.3 人员的培训

培训又称为"人力资源开发活动"或"能力开发活动",是指组织通过对员工有计划、有针对性的教育和训练,使其能够改进目前知识和能力的一项连续而有效的工作。通常我们所说的培训包含着训练和开发两个概念。

培训是一个通过改变员工现有的行为、知识和动机以使员工的特性符合工作要求的系统化的过程。组织通过学习、训练的手段提高员工的工作能力、知识水平和潜能发挥,最大限度地使员工的个人素质与工作需求相匹配,进而促使员工现在和将来的工作绩效提高。

8.3.1 培训的基本过程

企业要根据本组织的实际情况设计培训操作程序,一般应包括以下四个阶段。

(1) 对培训需求进行分析与评价。当组织、工作任务和人员任何一种因素在需求上出现变化时,都会提出培训的要求,需要通过培训来满足这一需要。可以说,这是使培训工作达到准确性、及时性和目的性效果的基本动力。在培训的需求分析和评价明确后,也就相应地确定了培训的目标。

(2) 培训开发和实施阶段。针对培训需求的特点,设计出培训计划,制订出具体的实施办法和手段,并付诸行动。这一阶段的主要特点就是员工培训的技术性要求较强,也很具体。培训的结果和效率如何,取决于这一阶段工作完成的质量和数量。所以,这一阶段是整个培训过程中最关键、最主要的环节。同时,这个阶段还要求在时间上得到保证。

(3) 培训目标的达成阶段。这一阶段主要从四个方面进行考察:是否达到了培训的总体目标;接受培训的人员是否明显地提高了工作绩效,工作能力是否有明显的改变;培训对组织内部产生了什么影响;培训给相关的组织带来了哪些影响。

(4) 培训评估总结阶段。任何有目的的行为,都必须将其结果反馈到初始状态以考察期目的是否达到。这一步骤不但是这次培训的收尾工作环节,也是找出培训过程各方面的不足、归纳出经验教训、发现新的培训需求的过程,这也将是下一轮培训的重要依据。

8.3.2 培训的对象及形式

1. 培训对象

(1) 新员工教育。对新员工的培训包含两个方面:一是使新员工尽快适应新环境,可对其进行组织历史、产品和服务、机构构成、福利待遇、保密规定、安全条例、行为准则和价值观的培训;二是使新员工尽快适应新角色,可按其职位不同,进行工作技能、工作内容、工作要求、绩效考核等培训。通常,人们进入新环境后的最初体验对其今后行为的影响很大,因此,管理者应对新员工进行一段时间的传、帮、带,有利于新员工今后的成长。

(2) 专业技术人员培训。专业技术人员的培训,属于继续教育,一般是进行知识更新和补缺的教育。专业技术人员的培训要有计划性,每隔几年都应该有进修机会,可以采取进入高等院校进修、参加各种对口的短期业务学习班、组织专题讲座或者报告、参加对外学术交流活动或者实地考察等都是提高技术人员业务水平的有效途径。

（3）管理人员培训。管理人员的培训主要有三个目标：第一个目标是掌握新的管理知识；第二个目标是训练担任领导职务所需要的一般技能，例如，做出决定、解决问题、分派任务等，以及其他一些管理能力；第三个目标是训练处理人与人之间关系的能力，使管理者与员工的关系融洽。培训方法有管理手段学习培训、研讨会培训、参加短期学习班、工作轮换、设立助理职务、临时职务和彼得原理等。

（4）高层管理人员培训。高层管理人员的培训目的在于开发经营能力。具体来说有以下四点：第一，对未来的洞察力；第二，以此为前提的经营战略思想、决策能力；第三，经营指挥能力；第四，培养后继者的能力。

2. 培训的形式

培训的形式主要有脱产培训、在职培训和业余学习等。

（1）脱产培训。是指培训者集中一段时间离开工作岗位接受专门训练。培训地点可以在本组织内，也可以是大学或者培训机构。这种培训侧重于理论知识的学习，是一种"充电式"的学习，一般限于高层管理者和技术骨干员工。

（2）在职培训。是指员工在本单位通过生产实践进行的培训或利用工余时间进行的培训，是企业培训的主要形式，适用于从高层管理者到一般员工的所有人员。

（3）业余学习。是员工利用工作之外的业余时间，通过各种方式进行的学习。

8.4 人员的考评

人员考评是对员工工作情况的正式的、定量化的评估。组织投入了高昂的费用招聘和甄选员工，并且对他们进行上岗培训和在职培训，希望能够留住这些员工，尤其是高绩效的员工。

8.4.1 考评的目的

组织必须经常性地对员工绩效进行评估，有的组织对新员工在试用期间的工作情况进行考评，以判断是否转为正式员工。

通常，考评的目的一是作为决定员工提拔和调整奖酬的依据，二是作为激励和改进的手段。前者决定了被考评者的升迁和待遇问题，要求上级管理者有较为透明、公平和科学的绩效考评系统；而后者对被考评者的工作和业务起到指导和帮助的作用，要求上级管理者必须对被考评者进行有效的考评结果反馈，一般应当集中于事实——绩效的水平、为什么被评估、如何评估、未来改善的方向等。

8.4.2 考评的内容与方式

1. 考评的内容

一般地讲，考评的内容有两大方面：一是工作业绩，即员工和管理人员通过自己的活动对实现组织目标做出贡献的程度；二是工作能力，即员工和管理人员在活动中呈现出来的能力是否能保证或促使组织目标的实现。这两个方面的内容相辅相成，作为组织考评的内容，是比较客观和合适的。

由于考核的目的不同，考核的侧重点也不一样。例如，如果考核结果是用来确定工资和奖金，那么考核的重点应该是工作业绩；若考核结果是为了决定职务的晋升与否，则除绩效外还应重点考察工作能力。表8-1是一个秘书工作绩效的实例样表。

表8-1 绩效标准实例样表

职位：秘书	
工作要项：打字	绩效标准
一般性工作	1. 依据听写或手稿打字 2. 擅打文件不得看出涂擦痕迹 3. 无字词或语法错误 4. 按时完成工作
信件、报告	1. 黄色副本交撰稿人，绿色副本归档 2. 如有他人索取，擅打白色副本供应
复制资料	1. 复制前主管先校阅 2. 擅打资料所阅表格
表格、分发资料、请购单	1. 依指标擅打此等文件 2. 请购单须亲自送交采购部门，交代清楚需用时间并掌握回复的时间

2. 考评的方式

传统的考评是由上级考核下级，管理者考核员工。显而易见，这种考评方式不利于组织整体绩效水平的提高。常用的人员考评方式主要有：员工自我考评、员工相互考评、主管考评、员工对上司的考评及客户考评等。

（1）员工自我考评。这是员工对自己的实际工作表现予以评价的一种方式。员工本身是最了解自己工作情况的人，工作的努力与否自己最清楚，自我考评可以避免由他人考核带来的偏见和不公平。员工自我考评的优点在于可以减少其对考评制度的抵制，增加工作的参与感；了解组织对自己的期望和要求，鼓励自我改进和自我发展；其不足之处在于员工可能出于对私利的考虑夸大自己的工作业绩，不能保证考评结果的客观性。

（2）员工相互考评。由在一起工作的同事彼此相互考评，以了解员工在团体内为人处世的态度及表现。其优点在于可得到有信度的考评结果，增加员工的协作精神。不足之处是容易引起员工之间的相互勾结或报复现象，若员工之间工作上的联系不多，考评结果容易失去准确性。

（3）主管考评。这是传统的考评方式，由分派工作任务的上司直接考评其下属的工作表现。其优点是主管人员比较了解下属，可以保证考评结果的准确性；考评标准容易把握。其缺点是主管个人的好恶容易影响考核结果；容易使主管与下属的关系产生矛盾。

（4）下属对上司的考评。下属要接受上司的指导和监督，比较了解上司的工作情况。其优点在于增加员工的参与感；多个下属考评一个上司，可以保证考评结果的客观性。其缺点是"人多嘴杂"。

（5）客户考评。例如，有些公司对市场销售人员采用客户考评的办法，让客户评价公司员工的绩效。其好处是强化"服务观念"和"客户是上帝"的意识，直接了解客户对公司的看法。不足之处是客户往往从个人的立场和角度，而不是从公司或工作的角度来评价员工的工作。

（6）二级考评和360度考评。为了避免上述考评方式的缺陷，有的公司采用了二级考评和360度考评的方式。二级考评是指上司考核后，再由上司的上司进行复核，以保证考评结果的客观和公正性。360度考评是指由员工的上司、下属、同事及服务对象同时进行考核，把各方面的考评结果综合起来，作为对这个人的考评。这样可以保证考评结果的全面、客观和公正，但操作起来很复杂。

8.4.3 考评的程序

（1）收集考评资料。这主要从以下几个方面收集资料：第一，工作表现的记录。例如，生产数量、产品质量、是否按时完工、安全情况、预算成本与实际成本比较、旷工情况、顾客或同事抱怨次数等。第二，经由其他与被考评者有来往的人。包括直接主管、同事和该人员服务对象等。第三，关键时间的记录。对职工表现特别优秀或恶劣事件的记录。对收集的资料应慎加选取，保持客观性，尽量避免引进与标准无关的信息，减少对考评工作的干扰。

（2）设计考评的指标体系。绩效考评结果客观与否的首要问题是要建立和考核项目相适应的评价指标体系和相应的权重体系，正确地反映工作的要求以及各项工作的相对重要性。

（3）业绩的综合评价。把收集的有关资料，通过指标体系加以综合地分析，得到综合评价的结果，进一步寻找实际成果和标准的差距。

（4）考评结果反馈。主管将考评结果和下属进行讨论，在讨论过程中，需正确掌握谈话技巧，巧用一些心理学原理，能使得考评工作起到激励作用。否则，整个考评工作难以达到预期的目的。

【复习思考题】

1. 什么是人力资源管理？
2. 人力资源管理的过程都包括哪些环节？
3. 什么是人员选拔？
4. 人员选拔的过程包括哪些步骤？
5. 内部招聘与外部招聘的优缺点各是什么？
6. 选拔的方法有哪些？
7. 管理人员的选拔应注意什么问题？

8. 人员培训的基本过程是什么？
9. 请简述培训的对象及形式。
10. 对管理人员的培训主要有哪些方式？
11. 请简述人员考评的程序。
12. 请简述人员考评的内容和方法。

【技能训练】

1. 请以您所在的组织为对象，选择一个职位，尝试准备一套问题来向该职位的所有求职者提问。通过事先准备一套问题，可以更好地获得你想要挖掘的信息。

2. 将你准备的面试问题打印出来，与班级同学展开一次模拟面试吧！

【职场案例 8.1】

星巴克伙伴法则：1800 名店长如何保持个位数流失率

在员工流失率居高不下的零售行业，星巴克骨干的门店经理是"出了名的难挖"。中国近 1800 家门店，店长的年流动率竟维持在个位数。

慷慨的"全员股票奖励"，贴心的"伙伴回家计划"……星巴克是如何成为"全球最佳雇主"的？

1. 星巴克搭建品牌平台

从公司角度来讲，我们如何将体验感落到实处？星巴克把它们分三类。第一，为年轻人创造机会；第二，引导他们分享成功；第三，激发我们的人文精神。

1）职业发展很重要

在传统零售行业入职的初期，员工不可能有很高的工资或者是很强的 IT 技术。这个对于星巴克的伙伴来讲是一步步做起来的，在这种情况下如何让他们看到未来？让他们在星巴克工作的时间里学到本领，就算员工以后离开星巴克，他的市场价值也是增加的。

星巴克针对职业发展，设立了门店员工的职场发展路径，从咖啡师到主管、店铺经理、区域经理，有一系列的发展路线。对我们门店伙伴来讲，他们职业发展不仅是零售行业内部的发展，星巴克办公管理岗以及后期的支持中心，很多职位都是向他们敞开大门的。因为他们是在基层做过的，他们最清楚公司制定的规定执行到门店是否有效。

大家可能会好奇星巴克如何培训员工？星巴克有几万的员工需要培训。众所周知，星巴克有星巴克大学，但是星巴克大学所有人加一起才 20 多个，不可能一一培训。我们的伙伴里面有一个培训体系，就是专门培训咖啡师，还有 MCM（店经理导师）和 DCM（区经理教练）。后面这一层级意味着每一个伙伴自己工作的同时，还身兼另外一个职位，将自己的知识分享出去。相当于师傅带徒弟的方式，实际上真正拥有这样大批强悍的团队，才能够让我们新伙伴进来的时候，第一时间学习到咖啡怎么制作，并且熟悉店内流程等事宜。

2）加速高潜力店经理发展计划

星巴克的发展被誉为零售业的黄埔军校。我们每年要开400~500家店，更要储备好门店经理。门店经理相当于一个GM（管理者）。他不仅要招聘员工、培训员工，还要关注生意、客人关系处理维护、库存量多少。

所以，星巴克的文化，是通过店长作为载体来传达的。他相当于一个家长，负责培育下面的员工。因此，店经理发展计划是我们非常重要的一部分。我们已经做了好几期，已形成了一种品牌效应。入选者已经是一个明星产品了，其他伙伴们会觉得很向往，对他们来讲加入这个计划，是非常大的荣耀。即使今年不能加入，明年、后年还会坚持参加。从来没有人因为选不到就很沮丧，反而都会为之而努力。

3）有一个机会连接更广阔的世界

星巴克制定所有人力资源政策，涉及各种各样的项目，不是仅靠我觉得好玩就做了。第一步分析他们想要什么？他们在意的是什么？怎么用星巴克情怀留下员工？这点最重要。

"伙伴是天下"计划。90后有很多伙伴喜欢旅游，种种原因，他们也没有出国的机会。我们团队考虑到星巴克有那么多店，全球那么多资源，为什么不做得好玩一点？我们就跟其他星巴克国家进行人才交流计划，让这些伙伴既满足了旅行的需求又可以好好工作，还可以让他们对其他区域的星巴克文化有所了解。

除此之外，因为不是每一个伙伴的英文水平都很好。我们在全国90多个城市里，让他们选出心目当中最想工作的城市，这样就不会产生要辞职去看世界的想法了。

伙伴们不需要辞职，就可以继续在公司里面发展。整个过程中，我们最需要解决的是如何有效沟通，且在后续的过程中解除后顾之忧？伙伴去新加坡的时候，我们帮助其考虑，保险怎么样、房子怎么样、住得怎么样等细节方面的问题。伙伴的体验怎么样？他的感受怎么样？这是我们为他们创造的连接广阔世界的机会，更是一场说走就走的旅行。

这个计划时间为期6个月到1年。他们有一个非常完整的培训流程，专门有人带领他们。第一批，6位主管级别的员工赴新加坡学习。他们下飞机的时候惊奇地发现中国区域副总裁就在机场迎接他们，加上新加坡的MD和人力资源伙伴，让他感觉虽然离开了家，但又到了另外一个家，还是在星巴克这个大家庭里最温暖。

2. 学习成长

星巴克一直是通过价值观领导力来传承品牌文化的。我们没有印刷很多东西，也没有做很多漂亮的宣传品。我们是把它变成你自己，或者是人性化的东西。很多时候公司做一个战略，从上往下就开始全方位执行，走过一场大家都忘记了。我们唯独没有这样做。

首先，星巴克价值观出来以后，所有的领导高层到全世界各地宣传。他们不讲豪言壮语，而是用一个又一个故事，把这个价值观意味着什么表达出来，并结合现实生活中的例子进行连接。让每一个人看到这个流程的时候，看到这个故事的时候，就会感觉到什么是温暖、什么是归属感、什么是挑战现状。然而这些全部是由一个个故事连接起来的。只有当我们的第一层领导人把它内化了，理解变成自己的东西，然后才把这个传递给下面的团队。所以，你们可以在适当的时间，把你的故事传递给下面的人。

领导让员工看到自己有在学习，真正用这种方式表达价值观是最强大的印证。对于激励员工，我们员工入职的时候会发很多卡片。这个卡片可以写上你生活中的点点滴滴，在适当的时候，感谢你周围的伙伴。每一个区域、每一家门店都会选择一个最佳伙伴，通过这种方式传播你的文化，传播你的故事。所以，这就是星巴克的价值观领导力，也是非常重要的。

星巴克中国大学是3年前成立的，现在发展成为4个学院，有咖啡学院、零售学院、领导力学院、职能学院。这4个学院是一个虚拟的院系，通过这样一个大学，把公司所有的资源调动起来。

真正的教授是谁呢？不是请外面人讲课，我们有3万多人才，每一个人都有自己闪光的地方。我们有任聘的伙伴教授，只要你是这方面的专家，星巴克就提供这个舞台，让你做讲师。星巴克大学实际上是培养中国零售管理精英的地方，不管你是什么层级，你都可以在这里面找到你的位置。

一个员工如果能够除了掌握自己的知识，他还可以用另外的能力分享传播他的职业发展。这对他自己能力的提升是非常大的。学习生态系统是快速发展的根基。

这就是怎么让我们1800多家店（再过5年可能是5000多家店），让伙伴用方便有趣的方式，游戏的方式学习知识。这就是我们在星巴克大学里面建设的系统。

3. 连接彼此

当你到星巴克门店的时候，我们员工会主动跟你聊天。其实这不是一种聊天，这是一种连接。

讲一个真实的门店故事，很多的顾客因为跟门店员工熟悉，所以会专门兜一个圈子跑到这家店喝咖啡。员工可以一下子就认出这个人，他喜欢喝什么咖啡，什么样的分量。所以，这种连接就是星巴克的咖啡文化。

不是只在柜台后面做咖啡，我们是一个从事与人相关的事业。新近伙伴入职的时候，他们会去门店工作几天，然后跟所有人面对面交流。第2个月了解工作内容，第3个月融入，并对文化这门课程进行培训。所以，星巴克花了很多时间，才形成这样的一种文化。

我有机会有责任有热忱，传授、训练、指导与我共事的伙伴。我们实际上是自己伙伴内部的分享，每一次我们在上这个课之前，我们都有这样的Logo，这是一种精神。

所以，如果伙伴愿意付出、乐施或者是愿意分享的时候，我们是很愿意跟他一起提高的。

4. 造星舞台

星巴克店里的伙伴，75%以上是大学生，他们的背景来自于不同的地区。有清华大学的，有美国康奈尔大学的，也有家境贫寒的，当然也有富二代。这里有很多专业人士，如画家、钢琴家、舞蹈家等。他们来自不同的地方，但是在这个店里面，他们都是一样的。伙伴们多才多艺，甚至超乎你的想象。到门店里看到粉笔画很漂亮，这些不是请人来画的，而是我们员工自己画的。

星巴克会不定期发展咖啡大师。实际上在我们的门店里，或者是办公室里，都会有很多咖啡大师，我的同事们也是咖啡大师，这个文化考核在公司里面经常会发生。

星巴克会从整个咖啡调制流程进行培训，有人帮助你做演示，之后考试做展示，最后才认证为咖啡大师。当每一个伙伴穿上黑围裙的时候，都是很自豪的。这是我们咖啡大师的一个培养计划，入职 6 个月之后就可以申请，而且是每年认证，今年认证完了，到明年还需要重新认证。熟能生巧，要不断培养学习氛围。

拿铁艺术、手冲咖啡大赛，这些是员工自己做的，怎么把这个做到极致？这是他们最喜欢的事情。"星未来畅想"大赛，孕育未来之星，星巴克每年都会举行，每一个伙伴都有机会报名参与。

作为管理人员，我们在办公室里面，很多事情是不知道的，只有真正一线做事情的员工，才知道门店里最需要解决什么问题。所以，我们非常愿意倾听来自一线的声音。有时候问题就在这边，我们邀请所有的伙伴参与，之后他们会拿一些工作中看到的、听到的事情做改善。这些流程帮助公司节省了很多营运方面的成本，有一些是我们没有注意到的小细节，但只要做一个小的修改就可以变得很有效。

"寻找星未来"计划。全国各地门店小伙伴们会在业余之际参加这个活动，公司高管们每年都做他们的评委，就像参加训练营一样，每年都会有感悟。他们从问题出发，提出解决方法，到最后怎么实践，做得非常简单，而且都可以听得懂。反馈之后我们将一个个建议都记下来。我们的目的不是谁讲得好，而是通过这个活动，让管理者了解到基层的想法。

有一个南区得奖者，最初是在星巴克做兼职，他也参与了这个项目，分享之后感觉他很有想法，当时上海市场部有一个机会，需要做一个项目，就邀请他毕业之后直接参与这个项目。他在还没有毕业的时候就跟星巴克全球著名总裁一起工作，这就是他展示才华所得到的机会，更是我们"寻找星未来"计划的目的。

要激发并释放伙伴的才能与热情。在星巴克的门店里有一个 SK 组合，这是一个什么典故呢？星巴克有一位伙伴，他以前是学习舞蹈的，后来到星巴克工作。一次偶然的机会，发现他有舞蹈天赋，而另外一个小伙伴克里斯丁很喜欢音乐。我们晚上有文艺沙龙，就让他们两位驻唱，效果非常好。他们平时还有画画的才能，这两个杯子就是他们画得，很有创意。我们把他的画展示在门店里，客人也很喜欢，闲暇时也会参与绘画。这个互动不是刻意的，而是创造小的机会让他们展示自己的乐趣。他们用心做这个事情，就会觉得很开心。

所以，在星巴克里面会发现很多这样的年轻人，并给予他们的职业发展通道。只要他们愿意，就可以到上海或者是北京办公室工作，这个大门永远是为他们敞开的。

5. 薪酬计划

星巴克提供很多机会给年轻人，充分释放他们的才华，让他能够在星巴克成长。同时也分享一下我们的薪酬计划，星巴克一直认为最好的成功就是彼此分享。

这里分享两点。

1）如何让我们的合作伙伴觉得平等

我们的伙伴很喜欢旅游，他们的年假制度跟我们办公室管理人员，或者是高层年假制度是一样的。门店员工最高 20 天年假，年假增长的速度跟我们也是一样的。

从这个方面来讲，零售行业里很少有公司可以做到这样。我们伙伴一年有 12 天带薪病假。我们还有股票奖励，在我们的直营门店里面，所有的伙伴从高层到基层，每一个人比例都不一样，但每个人都有。对门店基层伙伴的股票奖励，星巴克更加慷慨。伙伴们的股票不是期权，工作时间满一年就可以兑现一半，高层管理人兑换期限稍微长一点。

所以，星巴克通过做这些事情告诉我们，这就是伙伴的文化，这就是承诺。除了物质上，我们还有精神上的共鸣。

每当门店开业，我们不光邀请高层领导到门店里面参与活动，还会邀请伙伴的家人一起。这些小小的举动让他们感觉到我们一直在一起。在 VCR 中我们看到，大家在分享喜悦、成功的时候，他们伙伴们的真心话。怎么激发我们的人文精神，这是最难的。你怎么做出来让人家感觉到，才是真正的文化。

2）伙伴回家计划

大家都知道中国是移民化城市，很多年轻人离开家乡到了广州、深圳等地方打工，寻求他们的职业梦想。随着时间慢慢推移，家乡也发展了，现在很多年轻人要回到自己的家乡。因为父母亲老了，需要成家立业了。在这种情况下我们 HR 团队就想，星巴克有很多的员工，他们已经离乡背井好几年。如果他们的家乡开了星巴克，我们要第一时间告诉他们："你的家乡开星巴克，你要不要回去？"我们把他所有的东西全部安排好，他可以在父母身边继续星巴克的职业生涯。如果不去看，你可能感觉不到，只有当我们细致体会的时候，才发现原来我们可以做很多事情。我们有 200 多个故事一直在延续，这个伙伴回家计划，也一直在发生。

星巴克"中国伙伴家属论坛"。这个家长会级别很高，每年都会做，是我们全球 CEO 非常重视的一个活动，每次都要亲自飞过来演讲。他出生在美国纽约一个穷人家庭，父亲是卡车司机，后来脚受伤了，家里便失去了经济来源。他在这样一个环境里面成长，之所以发展得这么成功，是因为他一直信奉草根文化，一直将伙伴感受放在第一位。

他了解到，在中国很多家长并不理解孩子去零售行业做服务员这个现象。因为大家都觉得零售业很辛苦而且还要倒班，很多中国家长是反对的。但通过"中国伙伴家属论坛"这个机会，星巴克总裁以亲身体验告诉这些家长："我也是两个孩子的父亲，你们的小孩子跟我的一样，在星巴克企业里，我一定会像父亲一样对待你们的子女，让他们在一个有企业文化、正直的公司发展。请放心。"

这样的家属论坛使文化重新融入，家属论坛成为了一种风气。除了每年的大型论坛，还有很多店经理从小规模开始做，邀请店里小伙伴父母亲来做客。他们吃住在一起，他们变成好朋友，讲讲星巴克的故事，这是非常温馨的家文化。

"咖啡原产地之旅。"我们知道咖啡豆其实是很贵的，星巴克所使用的咖啡豆是全世界最好的。通过这次活动，我们到苏门答腊看咖啡是如何种植的，是如何采摘的，是如何挑选的，最后变成能使用的咖啡豆。参加过这类活动后，每次再看到咖啡的时候，都倍感珍惜，一个咖啡豆要经过4000多公里才能到达我们的杯子里，所以，这是对咖啡的认知，不仅是咖啡，它还有社会责任在里面。

"让每一天都充满意义地连接彼此。"这是星巴克奉行的一句话，星巴克店里贴墙上很多伙伴分享的故事，这个是全球服务员都会参加的环节。

为了吸引更多的小伙伴参加，我们还设立了公益奖，特别鼓励中国的年轻人把精神融入到他个人的价值观体系里面。有一个故事，星巴克门店有一个伙伴，他父母亲反对他来星巴克工作。他就和父母分享星巴克是什么公司，分享他参加的社会公益活动。他讲了很多东西，父母很震惊，觉得小孩一下子懂那么多道理，最终得到了家长的支持。

如果伙伴们觉得体验好了，就会进行分享从而感染到顾客，顾客很开心他们就会再回来。所以，星巴克整个公司的品牌，是由内而外展现出来的。这是被认定为"最佳雇主"的原因。

总结一下，很多人说星巴克是一家咖啡公司，我们CEO说，我们是通过咖啡，从事着与人有关的工作，而不仅是一个为人们提供咖啡的公司。

（资料来源：笔记侠；ID：Notesman；摘自公众号"北大纵横"2016年1月18日（部分内容有删减））

思考与讨论：从人力资源管理的角度，说说星巴克的员工管理对你有何启示？

第9章 领　　导

【学习目标】

1. 理解领导的含义，理解领导的权力划分。
2. 熟悉和理解三类领导理论，理解领导艺术。

【本章结构图】

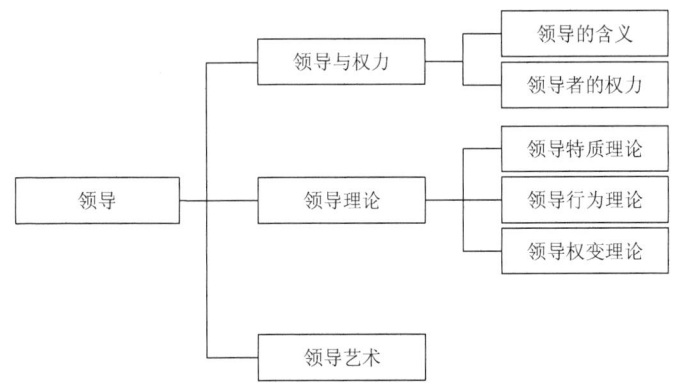

【引导案例】

阿里巴巴中高层管理者的"三板斧"

阿里巴巴管理的"三板斧"，指的是中高层管理者在组织中发展与成长的方法与思路，分别是"揪头发""照镜子""闻味道"，分别代表着一个中高层的管理者，需要具备的三项最核心的能力：眼界、胸怀、心力。

"揪头发"：锻炼一个管理者的"眼界"。培养向上思考、全面思考和系统思考的能力，杜绝"屁股决定脑袋"和"小团队"，从更大的范围和更长的时间来考虑组织中发生的问题。

"照镜子"：修炼一个管理者的"胸怀"。管理者是需要孤独的，因为要面对自我内心的强大；管理者是需要融入的，因为需要通过"上通下达"来推动组织的发展。以自己为镜，做别人的镜子，以别人为镜，将自我完善。

"闻味道"：修行一个管理者的"心力"。任何一支团队的氛围，其实就是管理者自我味道的一种体现与放大。一个管理者的味道，就是一个团队的空气，无形无影，但无时无刻不在影响每一个人思考和做事的方式，尤其影响团队内部的协作以及跨团队之间的协作。

（作者：天机，曾任天猫智囊团负责人，阿里学院培训负责人。11star创始人；节选自"北大纵横"2016年3月11日）

9.1 领导与权力

9.1.1 领导的含义

领导作为一项管理职能，显然是一个动词，是指组织中的领导者对组织内群体或个体施加影响的过程。领导活动的目的在于使组织内个体或群体能够自觉自愿并充满信心地为实现组织的目标而努力。

人们口中常说的"给领导汇报""向领导请示"等，这里的领导其实是指领导者或管理者。此外，通常把领导者或管理者影响他人的能力或者在影响他人方面所发挥的作用，称为领导力，它涉及如何才能成为一个有效的领导者方面的问题。

所有的管理者都是领导者吗？从理论上来说，由于领导是管理四职能之一，因而所有的管理者都是领导者。但就管理学的术语来说，领导的范围相对小一些，主要指对人们施加影响的过程，而管理还包括计划、组织和控制。另外，也有不少实践者和学者认为领导较多地倾向于为组织的活动指出方向、创造态势、开拓局面的行为；而管理则侧重于为组织的活动选择方法、建立秩序和维持运动的行为。

此外，我们知道群体中常常会产生非正式的领导，他们也能够影响其他人，但他们并不是大多数领导研究关注的重点。本章将讨论的领导者是能够影响他人并拥有管理职权的人员。

9.1.2 领导者的权力

领导就是要对他人施加影响。这种影响之所以形成是因为领导者拥有能够影响他人的权力。在组织内，通常存在着五种类型的权力：合法权力、奖励权力、强制权力、参考权力、专家权力。

（1）合法权力（legitimate power）。合法权力来自组织层级，由组织根据具体的职位定义。管理者拥有了合法权力，就可以向下属安排工作，拒绝安排的下属可能受到惩罚，甚至被解雇。合法的权力就是权威。所有的管理者对自己的下属都拥有合法权力。

（2）奖励权力（reward power）。奖励权力是给予和撤销奖励的权力。管理者控制的奖励包括加薪、推荐升职、表扬、认可和灵活的工作安排。一般来说，管理者控制的奖励数额越大、越重要，其奖励权力就越大。

（3）强制权力（coercive power）。强制权力是通过心理、情绪或身体威胁要求服从的权力。过去，曾用过身体强制的方法。而现在，组织通常用口头申斥、书面申斥、纪律性停职、罚款、降级和停职合同的方式进行强制。

（4）参考权力（referent power）。上述三种权力都是相对具体的并且同组织生活中的客观方面相结合，而参考权力是抽象的。它以身份、模仿、忠诚或魅力为基础，追随者可能作出友好的反应，因为他们在某种程度上认同领导者。例如，追随者会模仿其着装、工作时间或者支持同样的管理哲学等。参考权力还可能是呈现领袖魅力的形式，这是一种能够激发忠诚和热情的无形的领导特征。

（5）专家权力（expert power）。专家权力是以信息与专长为基础的权力，它是知识化的权威。物理学家、律师、大学教授在各自的领域内可能对别人有相当大的影响，这是由于他们拥有专门知识而受到尊敬。

9.2 领导理论

领导理论是研究领导本质及其行为规律的科学。自20世纪30年代以来，人们对有关领导问题的研究大体上说主要集中在三个方面：研究领导者的性格特征；研究领导者的行为；研究领导环境对领导方式的作用。

9.2.1 领导特质理论

最早的领导力理论对优秀领导个人的心理、生理以及特质进行了分析。特质理论假定某些基本的人格特质将领导与非领导区分开来。只要定义出这些特质，我们就可以挑选出潜在的领导者。研究人员列举了领导者所应具有的多种个性特征，这些特征大致可以分成以下几类。

（1）身体特征：包括体力、年龄、身高等。
（2）背景特征：包括教育、经历、社会地位、社会关系等。
（3）智力特征：包括知识、智商、判断分析能力等。
（4）个性特征：包括热情、自信、独立性、外向、机警、果断以及与工作有关的特征（如责任感、首创性、强烈的事业心等）。
（5）社会特征：包括指挥能力、合作、声誉、人际关系、老练程度等。

但是，在绝大多数情况下，结果是令人失望的，因为总是可以找出一长串例外。而且选拔出来的领导特质越来越多，失去了实际意义。领导者特质理论对领导行为和现象的解释显然是不完善的。这表现在：第一，对有效领导者所应具备特质的内容及相对重要性的认识很不一致，甚至相互冲突。第二，认为领导者是天生的，这具有片面性。现代的领导理论学者普遍认为，有效的领导者行为是一种后天的习惯，是一系列实践的综合，而实践总是学会的。第三，忽视了被领导者及其他情境因素对领导效能的影响。

9.2.2 领导行为理论

领导行为理论研究的真正萌芽开始于19世纪40年代，许多管理心理学家在调查研究中发现了领导者在领导过程中的领导行为与他们的领导效率之间有密切的关系，基于此，为了寻求最佳的领导行为，许多研究团队和机构对此进行了大量的研究。

1. 爱荷华大学的三种领导方式

爱荷华大学的科特·温勒（Kurt Lewin）、罗纳德·李皮特（Ronald Lippett）和拉尔夫·K·怀特（Ralph K.White）在 1939 年发表的一项研究中将领导方式分为三种类型，即权威式、民主式及放任式。

（1）权威式领导。这种领导方式的特征是：领导者单方面制定决策，并限制员工参与。所有政策均由领导者决定；所有工作进行的步骤和技术，也由领导者发号施令；工作分配及组合多由领导者单独决定；领导者与下属较少接触，如有奖惩，往往对事不对人。

（2）民主式领导。这种领导方式的特征是：领导者在决策时会考虑下属意见，并给予反馈意见的机会。主要政策由组织成员集体讨论决定，领导者采取鼓励与协助的态度；通过讨论使其他人员对工作全貌有所认识，在所设计的完成工作的途径和范围内，下属人员对于工作的步骤和所采用的技术有相当的选择机会。

（3）放任式领导。这种领导方式的特征是，群体以它自认为最合适的方式制定决策和完成工作。组织成员或群体有完全的决策权，领导者放任自流，只负责给组织成员提供工作所需的条件和咨询、尽量不参与、也不主动干涉、只偶尔表示意见。工作几乎全部依赖组织成员，个人自行负责。

2. 俄亥俄州立大学的二维构面理论

美国俄亥俄州立大学的研究团队从 1945 年起，对领导问题进行了广泛的研究。他们发现，领导行为可以利用两个维度加以描述：①关怀（consideration）维度；②定规（initiating structure）维度。一般称为"俄亥俄学派理论"。

所谓"关怀"，是指一位领导者对其下属所给予的尊重、信任以及互相了解的程度。从高度关怀到低度关怀，中间可以有无数不同程度的关怀。而所谓"定规"，也就是指领导者对于下属的地位、角色与工作方式，是否都制定有规章或工作程序。这也可以有高度的定规和低度的定规。因此，二维构面可构成一个领导行为坐标，如图 9-1 所示，大致可分为四个象限或四种领导方式。

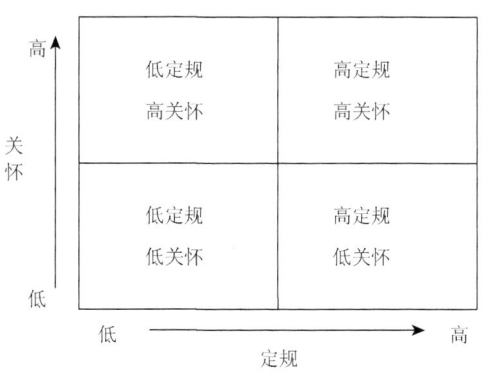

图 9-1 二维构面理论的领导行为坐标

这些学者企图发掘这些领导方式与一些绩效指标，如旷工、意外事故、申诉、流动率等之间的关系。他们发现，在生产部门内，工作技巧评定结果与定规程度呈正相关；而与关怀程度呈负相关。但在非生产部门内，这种关系恰恰相反。

3. 利克特的"工作中心"与"员工中心"理论

1947年，美国管理学家利克特（Rebsus Likert）及密歇根大学社会研究所的有关研究人员，进行了一系列的领导研究，其对象包括企业、医院及政府各种组织机构。

他们把领导者分为两种基本类型，即"以工作为中心"的领导与"以员工为中心"的领导。前者的特点是：任务分配结构化，严密监督，工作激励，依照详尽的规定行事；而后者的特点是：重视人员行为反应及问题、利用群体实现目标，给予组织成员较大的自由选择的范围。

据此利克特倡议员工参与管理。他认为有效的领导者是注重于面向下属的，他们依靠信息沟通使所有各个部门像一个整体那样行事。群体的所有成员（包括主管人员在内）实行一种相互支持的关系，在这种关系中，他们感到在需求价值、愿望、目标与期望方面有真正共同的利益。由于这种领导方式要求对人采取激励方法，因此，利克特认为，它是领导一个群体的最为有效的方法。

4. 管理方格理论

美国管理学家罗伯特·R·布莱克（Robert R.Blake）和简·莫顿（Jane Mouton）于1964年设计了一个巧妙的管理方格理论图。如图9-2所示，横坐标与纵坐标分别表示对生产和对人的关心程度。每个方格就表示"关心生产"和"关心人"这两个基本因素以不同程度相结合的一个领导方式。"对生产的关心"是指主管者对各种事物所持的态度，例如，政策决定的质量、程序与过程、研究的创造性、职能人员的服务质量、工作效率及产品产量等。"对人的关心"含义也很广泛，例如，个人对实现目标所承担的责任、保持职工的自尊、建立在信任而非顺从基础上的职责、保持良好的工作环境以及只有满意感的人际关系等。

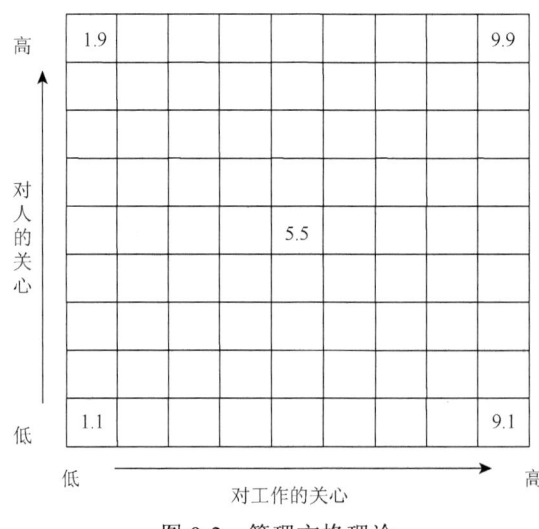

图9-2 管理方格理论

这和上述俄亥俄学派理论极为相似：①它也是采取二维坐标来说明领导方式，即对人的关心程度和对工作的关心程度；②它也以坐标方式表现上述二维坐标的各种组合方式，各有9种程度因此可以有81种组合形成81个方格。这就是所谓"管理方格"，其中有5种典型的组合，表示典型的领导方式。

1.1型方式：表示对工作和人都极不关心，这种方式的领导者只做一些维持自己职务的最低限度的工作，也就是只要不出差错，多一事不如少一事，因而称为"贫乏型的管理"。

9.1型方式：表示对工作极为关心，但忽略对人的关心，也就是不关心工作人员的需求和满足，并尽可能使后者不致于扰工作，这种方式的领导者拥有很大的权力，强调有效地控制下属完成各项工作。因而称为"独裁的、重任务型的管理"。

1.9型方式：表示对人极为关心，也就是关心工作人员的需求是否获得满足，重视搞好关系，强调同事和下级与自己的感情，但忽略工作的效果。因而称为"乡村俱乐部型的管理"。

5.5型方式：表示既对工作关心，也对人关心，兼而顾之，程度适中，强调适可而止。这种方式的领导既对工作的质量和数量有一定要求，又强调通过引导和激励驱使下属完成任务。但是这种领导往往缺乏进取心，乐意维持现状。因而称为"中庸之道型管理"。

9.9型方式：表示对工作和对人都极为关心。这种方式的领导者能使组织的目标与个人的需求最有效地结合起来，既高度重视组织的各项工作，又能通过沟通和激励，使群体合作，下属人员共同参与管理，使工作成为组织成员自觉自愿的行动，从而获得较高的工作效率，因而称为"战斗集体型管理"。这种管理方式充分显示在管理过程中，领导工作的作用表现为使组织更有效、更协调地实现既定目标。也就是说，充分调动组织成员的积极性，把个人与组织目标结合起来，形成人人为组织目标的实现而努力的生动活泼的局面。其关键在于如何协调个人与组织的目标。

应该指出，管理方格并没有告诉我们为什么一个管理者会落在方格这个区域或那个区域。布莱克和莫顿也承认要知道这些必须追究其基本的原因，例如，领导者和追随者的人格、管理者的能力和所受的训练、企业环境以及其他影响领导者和追随者的行为的情景因素等。上述五种典型，也仅仅是理论上的描述，都是一种极端的情况。在实际生活中，很难会出现纯之又纯的典型领导方式。

在实际管理工作中应用二维构面理论和管理方格理论，应特别注意以下几点。

（1）人与工作并重。也就是说，既要关心人，又要关心工作，两者均不可偏废，一般至少应维持在一个基本满意的水平，例如，管理方格理论中的5.5型方式。

（2）权变管理。也就是说，到底是关心人多一点，还是关心工作多一点，不能一概而论，应根据不同工作时期或阶段，针对不同的目标、任务，结合各种主客观条件，适度地强化某一因素。

（3）动态平衡，谋求最好。完全理想的"高关系导向、高工作导向"以及9.9型领导方式在现实中很难达到，管理者只能是以5.5型为下限，各有侧重地动态平衡，并向"高工作导向、高关系导向"或9.9型领导方式努力。

5. 领导连续流

加州大学的罗伯特·坦南鲍姆（Robert Tannenbaum）和沃伦·施莱特（Warren Schmidt）于1958年提出的领导连续流（leadership as a continuum）。该理论认为，领导方式是多种多样的，是一个连续变量，从"独裁式"的专权型领导方式到极度民主化的"放任式"领导方式之间存在着多种的领导方式。

坦南鲍姆和施莱特在这一领导方式连续流中列举了七种典型的领导方式，如图9-3所示。

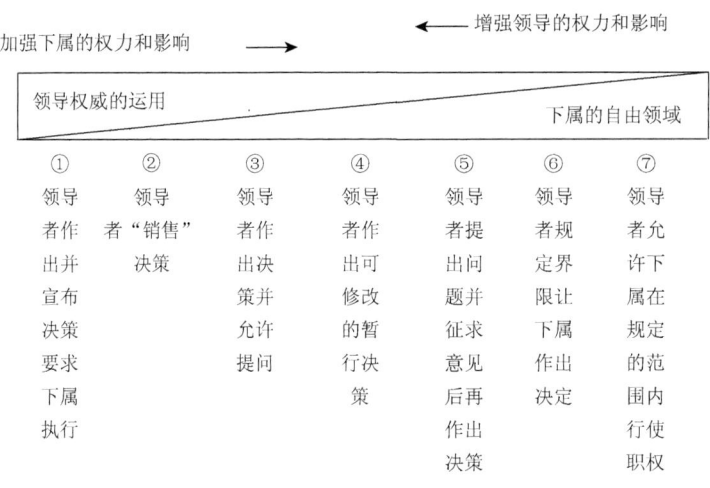

图9-3 领导连续流理论

（1）经理做出并宣布决策。在这种方式中，上级确认一个问题，考虑各种可供选择的解决方法，从中选择一个，然后向下属宣布，以便执行。他可能考虑、也可能不考虑下属对他的决策的想法，但不管怎样，他不给下属参与决策的机会。下级只有服从他的决定。

（2）经理说服下级接受决定。在这种方式中，经理承担确认问题和做出决定的责任，但他不是简单地宣布这个决策，而是说服下属接受他的决策。这样做是表明他意识到下属中可能有某些反对意见，他企图通过阐明这种决策给下属带来利益以消除这种反对。这种方式同前一种相似，由经理作出决策并向下级宣布。

（3）经理提出计划，但征求意见。在这种方式中，经理做出了决策，并期望下属接受这个决策，但他向下属提供一个有关他的想法和意图的详细说明，并允许提出问题，征求大家对计划的意见。这样，他的下属可以更好地了解他的意图和计划。这个过程使经理和他的下属能深入探讨这个决策的意义和影响。

（4）经理提出初步的决策方案，同下级交换意见。在这种方式中，经理先对问题进行考虑，并提出一个计划，但只是暂定的计划，然后把这个计划交给有关的下级征求意见，允许下级对决策发挥某些影响作用，但确认问题和决策的主动权仍操纵在经理手中,他可以按下级的意见修改计划,也可以不接受这些建议和意见。

(5) 经理提出问题,征求建议,做出决策。在这种方式中,虽然确认问题和进行决策仍由经理来进行,但下属有建议权。下属可以在经理提出问题后,提出各种解决问题的方案,经理从他自己和下属提出的方案中选择满意的一种方案。这样做的目的是充分利用下属的知识和经验。

(6) 经理规定界限,让小组做出决策。在这种方式中,经理把决策权交给团体。在这样做以前,他解释需要解决的问题,并给要做的决策规定界限。例如,经理要对某项设备进行技术改造,为此,经理提出这一项目,并规定了该项目应达到的目标、实现项目的资金限额和完工日期,以及应遵守的原则等,然后授权某一科室或某个车间去作出具体的决定。

(7) 经理允许下级在规定的界限内行使职权。在这种方式中,团体有极度的自由,唯一的界限是上级所作的规定。如果上级参加了决策过程,也往往以普通成员的身份出现,并执行团体所做的任何决定。

坦南鲍姆和施莱特认为,上述方式孰优孰劣没有绝对的标准,成功的经理不一定是专权的人,也不一定是放任的人,而是在具体情况下采取恰当行动的人。当需要果断指挥时,他善于指挥;当需要职工参与决策时,他能提供这种可能。只有这样,才能取得理想的领导效果。

9.2.3 领导权变理论

领导权变理论,也称情境理论,是假定适当的领导行为随情境不同而改变。从这一角度研究领导,其目标是找到关键的情境因素,研究它们如何相互作用决定着适当的领导行为,每一种理论都致力于界定领导风格和情境,并且尝试回答"如果……那么……"式的权变问题(如果情境是这样,那么应当采用的最佳领导风格是那样)。

1. 费德勒模型

费德勒权变模型认为,有效的群体绩效取决于两种因素的恰当匹配:一种因素是领导者的风格,另一种因素是对情境的控制和影响程度。该模型立足于如下的前提假设:在不同类型的情境中,总有某种领导风格最为有效。关键是要:①界定这些领导风格以及不同的情境类型;②确定领导风格与情境类型的正确组合。

费德勒模型认为,领导者的风格要么是任务导向,要么是关系导向;而情景类型,则由职位权力、任务结构和上下级关系三个关键因素来衡量。

关于情景类型的三个关键因素,其中,职位权力,是指领导者所处的职位具有的权威和权力的大小,或者说领导的法定权、强制权、奖励权的大小。例如,如果一个基层单位的工长被赋予有权雇佣或开除工人,那么他在那个组织中就比企业董事长在某种意义上有更大的职位权力,因为董事长一般并不能直接来雇佣或开除一个工人。权力越大,群体成员遵从指导的程度越高,领导环境也就越好;反之,则越差。

任务结构是指任务的明确程度和部下对这些任务的负责程度。如果这些任务性质越清晰明确而且例行化,并且部下责任心越强,则领导环境越好,反之,则越差。例如,如果实行目标管理,对下级的工作有明确的要求和规定,则领导者的影响力就大。

上下级关系,即领导者同组织成员的相互关系,是指组织的成员对其领导者的信任、喜爱或愿意追随的程度。如果下级对上级越尊重,群众和下属越乐于追随,则上下级关系越好,领导环境也越好;反之,则越差。研究表明,这是最重要的因素。

根据上述三个关键因素,领导者所处的情境类型被分为从最有利到最不利的八种类型,如表9-1所示。费德勒对1200个团体进行了调查分析,结果表明在最有利和最不利的两种情况下,采取任务导向的领导方式效果较好,而处于中间状态的情境类型时,采用关系导向的领导方式效果较好。

表9-1 费德勒模型

环境类型	有利			中间状态			不利	
	1	2	3	4	5	6	7	8
上下级关系	好	好	好	好	差	差	差	差
任务结构	明确	明确	不明确	不明确	明确	明确	不明确	不明确
职位权力	强	弱	强	弱	强	弱	强	弱
领导者风格	任务导向型			关系导向型			任务导向型	

2. 路径—目标理论

路径—目标理论(path-goal theory)是由罗伯特·豪斯(Robert House)于20世纪70年代早期提出的,是目前最受人们关注的领导观点之一,这一理论源自弗鲁姆的期望理论。

该理论认为,领导者的工作是帮助下属实现他们的目标,并提供必需的指导或支持来确保这些目标与群体或组织的目标兼容。路径—目标(path-goal)这个术语来自这一个理念:有效的领导者能够清楚地认识到各种障碍和陷阱,从而为下属指明一条更清晰的路径来帮助他们实现工作目标。

豪斯确定了四种领导行为。

(1)指示型领导者。领导者对下属指导工作任务并对他们的期望,为需要完成的工作编制进度计划,并且对如何完成工作任务提供指导。

(2)支持型领导者。领导者关注下属的需求,并友善地对待他们。

(3)参与型领导者。领导者在制定决策之前向群体成员咨询意见并听取他们的建议。

(4)成就导向型领导者。领导者设置有挑战性的目标,并期望下属发挥出自身最佳水平。如图9-4所示。

上述四种类型的领导行为能够得到较好的效果,受到两类情境变量的影响,即处于下属控制范围之外的环境变量(如任务结构、正式职权系统以及工作群体)、下属个人特征中的情境变量(如控制点、经验以及认知能力)。

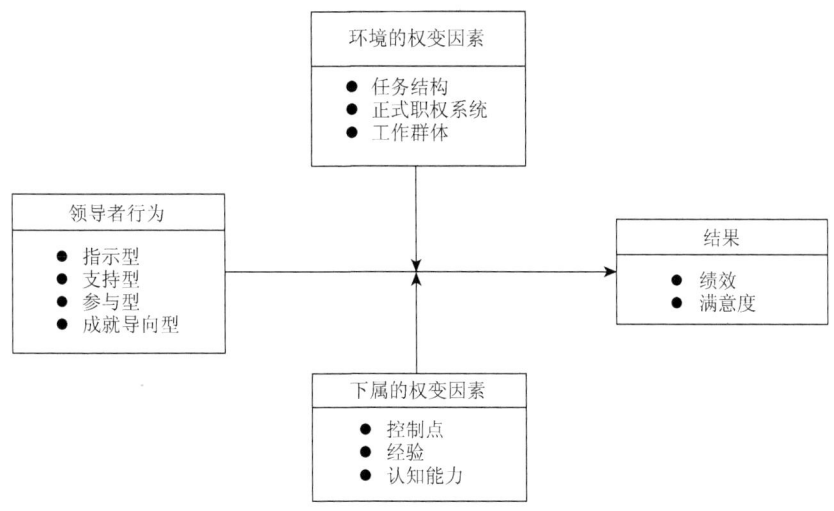

图 9-4 目标—路径理论

根据路径—目标理论可预测以下几点。

第一，与高度结构化、程序化的工作任务相比，当任务模糊或者给员工带来心理压力时，指示型领导会导致更高的员工满意度。下属不确定自己该做什么，因而领导者需要向他们提供一些指示。

而当下属正在从事结构的任务时，支持型的领导者会导致高水平的员工绩效和满意度。在这种情况下，领导者只需要支持下属，而不用告诉他们该做什么。

对于高智力或者经验丰富的下属来说，指示型领导者可能会被视为累赘多余。这些下属相当能干，不需要领导者告诉他们该做什么。

第二，组织中的正式职权关系越明确、等级越森严，领导者就越应当展现出支持行为，并减少指示行为。这种组织情境已经对下属的行为提出了明确期望，因而领导者的角色只是为他们提供支持。

第三，当工作群体内部存在实质性的冲突时，指示型领导会带来更高的员工满意度。在这种情境下，员工需要一位领导者来驾驭局面。

内控型的下属对参与型领导者更为满意。因为这样的下属认为自己能够掌控自己的命运，因而更喜欢参与决策。

外控型的下属对指示型领导风格更为满意。这样的下属认为自己的命运是外部环境的结果，因而他们可能更希望领导者告诉他们该做什么。

3. 情境领导理论

情境领导理论（Situational Leadership Theory，SLT）是由保罗·赫塞（Paul Hersey）和肯·布兰查德（Ken Blanchard）提出的，该理论聚焦于下属的成熟度。成熟度是指员工完成某项具体任务的能力和意愿程度。

如表 9-2 所示，情境领导理论使用费德勒模型确定了两项领导维度，并认为每个维度都有高水平与低水平之分，因而确定了告知型、推销型、参与型和授权型四种类型的领导方式。对于下属的成熟度，情境领导理论将其分为四个阶段。

表 9-2　情境领导理论

下属成熟度的四阶段		相对应的四类领导方式	
R1 阶段 没能力没意愿	下属没有能力和意愿去完成某项工作职责。他们缺乏能力或者缺乏信心	告知型 （高任务—低关系导向）	领导者界定各种角色，向下属明确告知工作内容、方式、时间和地点
R2 阶段 没能力有意愿	下属没有能力，但是有意愿去从事必要的工作任务。他们具有积极性，但缺乏足够的技能	推销型 （高任务—高关系导向）	领导者同时采取命令和支持行为
R3 阶段 有能力没意愿	下属有能力，但是没有意愿去从事领导者希望他们去做的事情。他们能够胜任工作但是不想做	参与型 （低任务—高关系导向）	领导者与下属共同决策；领导者的主要角色是促进和沟通
R4 阶段 有能力有意愿	下属有能力而且有意愿去做领导者要求他们去做的事情	授权型 （低任务—低关系导向）	领导者很少提供命令或支持

情境领导理论具有一种直觉上的吸引力。它承认下属的重要性，而且"领导者可以弥补下属在能力和意愿方面的欠缺"的观点也有其逻辑基础。

除了上述我们详细介绍的领导特质理论、行为理论和权变理论，还有领导者—成员交换理论、交易型—变革型领导、魅力型—愿景型领导、团队领导、不成熟—成熟理论等。

9.3　领导艺术

领导艺术是指在领导的方式方法上表现出的创造性和有效性，主要包括决策的艺术、创新的艺术、应变的艺术、指挥的艺术、抓总的艺术、统筹的艺术、协调的艺术、授权的艺术、用人的艺术、激励的艺术。但无论哪一种领导方式，只要能够产生更好的领导效果，就都是好的领导艺术，因此，领导的有效性是检验领导艺术的唯一标准。

当前随着经济全球化进程不断加快，知识型员工开始占到人力资源的大多数时，领导者的领导艺术也面临更多的挑战。

1. 创建信任

信任是人们之间建立关系的基础，没有信任，管理者将无法带领团队。管理者要考虑的一个重要问题就是如何创建信誉和信任。

信誉的主要内容是诚实。信任是对对方的正直、品质和能力所持的信心。建立信任的过程，始于双方中的一方首先愿意冒险、诚实地开放自己，暴露弱点、放弃控制。同时，有信誉的管理者还应该能干和能够鼓舞人心。他们能够有效地传递自己的信心和热情。下属能够根据上级管理者的诚实、胜任力及处事能力来判断该管理者的信誉。

因此，管理者需要通过正直、胜任力、一致性、忠诚以及开放性等五个维度来展现自己的信誉，赢得下属的信任。其中正直是指诚实与真诚，胜任力是指技术和人际关系方面的知识和技能，一致性是指在处理各种情况时的可靠性、可预测性以及良好的判断力，忠诚是指保护他人（生理上和情感上）的意愿，开放性是指自由地分享观点和信息的意愿。

2. 员工授权

现代管理者越来越多地通过向员工授权来领导他们。这里的授权是指增加员工的自主决策权。授权，一方面是组织的需要，因为员工才是对这些具体业务最了解和最精通的人，他们才能进行快速决策和实施变革；另一方面也是组织信任的表现，是肯定员工能力的一种方式，当员工有足够的知识、技能和经验来圆满完成工作任务时，员工授权对组织大有裨益。

授权给员工，就意味着要提供给员工四个因素，以保证他们更加自由地行动，最终完成工作。首先，要提供给员工足够的信息，使他们能够清楚地了解工作的全部内容；其次是知识和技能，使下属能够为公司作最大的贡献；再次是权力，权力要以责任为前提，因此，授权的同时要明确其职责，使下属明确自己的责任范围和权限范围；最后是奖赏，利润分享和员工持股计划都是不错的奖励形式。

3. 跨文化领导

经济全球化要求管理者不能仅采用某一种领导风格，他们需要根据具体情境来调整自己的风格。在中国行之有效的领导风格在加拿大或者法国未必适合。民族文化是跨文化领导的一种重要情境变量，它之所以影响到领导风格，是因为它会影响下属的应对方式。领导风格受到文化条件的约束，因为下属的期望是基于自己的文化背景。

有研究发现，领导具有一些普遍适用的要素，如愿景、远见、进行鼓励、值得信任、充满活力、积极性以及主动性，这些要素使得变革型领导在不同的情境中都会产生较好的效果。

【复习思考题】

1. 领导的含义是什么？
2. 领导者与管理者有何不同之处？
3. 领导者的权力可分为哪些类型？
4. 什么是领导特质理论？它有哪些局限性？
5. 爱荷华大学的三种领导方式理论的内容是什么？
6. 俄亥俄州立大学的二维构面理论的内容是什么？
7. 密歇根大学的"工作中心"与"员工中心"理论的内容是什么？
8. 什么是领导连续流？
9. 布莱克和莫顿的管理方格理论的内容是什么？
10. 什么是路径—目标理论？
11. 费德勒的领导权变理论的内容有哪些？

12. 赫塞和布兰查德的情境领导理论的主要内容有哪些？
13. 请谈谈领导的艺术。

【领导力训练】

1. 请观察您所在学校的体育队伍（篮球队、足球队等），挑选一支您认为非常成功的队伍和一支您认为并不成功的队伍。思考在这两支队伍中使用了什么类型的领导风格？用您观察到的一些具体例子来描述这两支队伍的领导风格。您如何评估每种领导风格？它是否适合这支队伍？为什么？您认为领导风格在多大程度上影响了这支队伍的成绩？

2. 请选择您曾经或者当前所属的某个群体或者团队。考察该群体的领导者展现出哪种类型的领导风格？提供他使用这种领导风格的一些具体例子。评估他的这种领导风格是否适合该群体？为什么？如果你是该群体的领导者，你是否会采取不同的方式？为什么？

【领导力小测试】

你有做领导者的才能吗？你的性格是否适合担当一个领导者呢？测试一下你的能力吧！

1. 下面这些情境中，您会做出什么样的行为？请根据您的想法选择比较近似的选项。

（1）一个客户来到办公室又踢又嚷，想把每个人的头发揪下来。你怎么办？

A. 你想是否该打电话给精神病院或公安局。最后，你情愿让其他人来提出解决方法。你可不想因为别的事出了岔子而引火上身。

B. 你判断出该由谁来应付这情况。如果别人都不在，你会镇静地走向那个可能精神错乱的客户。总得有人出面，不是吗？

（2）团队工作需即时确定一个召集人。目前的问题是："那么，谁将代表你们团队呢？"有人这样问。此时会出现的情况最可能是什么？

A. 你马上将食指指向离你最近的人。最好是他或她，反正不要是我，对吗？

B. 你的同级别的同事纷纷推举你来领导这个小组，你取得了压倒性的胜利。

（3）某大学职业顾问与你的上司接洽，需要请你单位某人作为嘉宾发言人，前往他们的职业讲坛介绍你们的行业。你怎么办？

A. 顷刻间将自己藏于桌子后。你的事情已经够多了。你肯定你的上司不会介意让别人去做这种事情。

B. 立刻将手举得比房间里任何人都高。

（4）上司忽然决定将一个 VIP 项目委派给你，你将做的第一件事情是什么？

A. 马上要求一套规章，然后排除万难竭尽全力地按章行事。

B. 你向上司问一个最后期限，请他作一些必要的说明，然后列出一系列自己该做的事情。

（5）当你在办公室的用餐区用餐时，发现你的两位同事正吵得面红耳赤。你怎么办？

A. 事不关己，高高挂起。

B. 找机会与他们谈一谈。

（6）每天当你决定穿什么去上班时，你怎么办？

A. 用最新潮的服饰将自己打扮得最时尚。

B. 穿得像你的上司。

（7）对于你，一个典型的工作日怎样度过？

A. 你到办公室，差不多刚好准时。你冲到自己桌前，处理目前看起来最紧急或最重要的事情。

B. 对你的工作日如何安排有个大致的概念。你有一个工作清单，一系列的目标，计划到每天、每月、每年。

（8）无论你如何卖命地工作，但结果是什么？

A. 你永远落在计划之后。你经常到了最后期限还未完成工作，不断要求延长期限。

B. 似乎永远觉得不够你干的。

（9）在会议中，你常常是什么状态？

A. 心不在焉。

B. 提问，作报告或提出建议。

（10）当你接电话、作报告、回电子邮件及准备别的商务文件时，你怎么办？

A. 尽量使它像对话似的自然。你与人讲话和通信时随心所欲。

B. 使它尽可能清晰明了、准确无误，并检查语法和礼仪是否规范。

2. 试计算标准

根据您选择的结果，选 A 得 5 分，选 B 得 0 分，请计算您的最终得分，并参照下面的测试结果。

3. 测试结果解释

测试结果。

0～15 分：你天生是块做领导的料。你的领导商数（Leadership Quotient，LQ）在职场里高高在上。你看起来是领导，感觉是领导，而且做着领导的事。你周围的人们也很清楚这一点。

20～35 分：你有领导的素质，但你崇尚在安全的范围内挥舞你的长袖。你能应付责任、你能做决策，但你不想天天做这些事。既然你已身在半途，你可能愿意作为某些项目的牵头人，但你必须确保该项目能让你有选择让贤的权力。

40～50 分：你向往稳定的生活，而非有风有险。因此，你更喜欢听从命令而不是发布命令。你可充分发挥你的能力，在同事的权力斗争中充当和事老。你是那个将你单位带向成功的部队中的一员。

【职场案例 9.1】

女性领导者的时代要来了？

随着 80 后成为职场主力军，职场氛围和环境也发生着微妙的变化。智联招聘 CEO 郭盛告诉钛媒体记者，在智联收集的大量案例中显示，女性已经从职场相对弱势的群体转向受欢迎的群体。"记得原来我如果批评女下属,对方动不动就哭,善于博得同情。但是现在我们的80后女员工表现得都很理性、职业化了。"

尤其在企业的高管层中,涌现出的女性范本越来越多,无论是IBM董事长、总裁兼首席执行官弗吉尼亚·罗曼提、惠普前CEO卡莉·菲奥莉娜、Facebook COO谢莉尔·桑德伯格,还是中国的海尔集团总裁杨绵绵、格力集团董事长董明珠……越来越多的女性在世界管理的舞台上绽放出耀眼光芒。女性在领导和管理领域发挥着越来越重要且不可忽视的作用。过去那些看似不适合领导岗位的女性性格特质开始成为人们对新的领导者的要求和期待。

有调查显示,男性企业家更偏向任务导向型,自主、独立、竞争,而女性更偏向社会导向型,注重人际交流、相互依存、合作共事等。

1. 男性与女性领导者的风格差异

海尔集团的管理顾问杨鹏博曾经陪同海尔CEO张瑞敏和海尔总裁杨绵绵,一起视察海尔地产的一个高端楼盘青岛山海湾,两位国内顶尖管理者的迥异表现给杨鹏博留下了深刻的印象。

像很多男性管理者一样,视察的过程中,张瑞敏提出的问题比较宏观,例如,差异化问题、创新点、商业价值等,基本都是一些战略性的问题。而杨绵绵却一言不发地在小区现场走了一圈,样板间的每一个细节都仔细看过,结果拉开卫生间,眼光落到了转角的合页上。原来门上合页的螺丝钉的十字钮没有保持统一的方向,仔细看起来显得有些"各自为政",这个小小的不和谐竟然被杨绵绵注意到了。

对于杨绵绵有点"吹毛求疵"的质疑,海尔地产的高管们内心是有些许不服气的,但最终杨绵绵的一句话却让海尔地产的管理者心悦诚服。杨绵绵临走之前意味深长地拍着一位高管的肩膀说:别忘记了你们的名字叫海尔。

身为一个顶尖的女性管理者,杨绵绵的做法凸显的是女性在管理层面的细腻和对细节的关注,正是因为在细节上的敏锐把握和执行环节的优异表现,才造就了张瑞敏、杨绵绵和华为总裁任正非、华为董事长孙亚芳这样的黄金搭档,优势互补,相得益彰。

在研究了很多标杆企业的女性管理者后,杨鹏博归纳出女性管理者的优势所在,那些成功的女性管理者一般都具有卓越的沟通能力,不仅体现在表达能力出众,善于演讲,还在于出众的交际能力,在对外沟通方面有着男性管理者所不具备的性别优势;此外,女性管理者通常都具有细腻的风格,关注细节,追求完美,无论是执行力,还是把控局部的能力更胜于男性管理者。

当女性成为高管,要让女性所独有的个性魅力成为利器,成为提升领导力的捷径。女性高管魅力管理造就魅力成功女性,在与男性高管共同竞争的同时,千万不可丧失"女人味"。因此,作为女性高管,身处高位注定拥有不同于众人的影响力,而这种影响力更多地来自于高管的魅力,个人品格、个性、气质、思想都是构成领导魅力管理的重要因素。简而言之,女性高管的优雅气质决定了其影响力以及管理风格。

2. 女性领导者的优劣势

通过多年与多位女性领导者的近距离接触和了解，并结合国内外权威机构的调查研究成果，有研究者发现女性领导者与男性领导者相比，具有一些优势，主要表现在以下六个方面。

第一，直觉力强。直觉是指对事物进行基于经验和知识的直接判断。女性天性敏感，有十分敏锐的直觉力，女性运用直觉思维开展领导工作有着独特的优势，更容易把握商业契机，获得新的发展机会。

第二，亲和力好。相比男性领导者，女性领导者具有天然的亲和力。女性温柔体贴、善解人意，能设身处地地感受到他人的困难，这种柔性化的领导方式更容易被理解和接受，对形成和谐的组织文化有很大帮助。

第三，情感丰富。女性情感丰富，语言表达能力和形象思维能力较强。她们往往以与人交流为乐，懂得进退自如、委曲求全，并在长期的实践中形成了一套特有的沟通艺术，带动了信息在组织内部的畅通传送，进而提高了组织效率。

第四，心思细腻。女性心思较为细腻，考虑问题、制订计划和方案时更加具体、细致、周全、切合实际、易于操作，所以，也就更容易被理解、接受和执行，这对于很多对细节有特殊要求的工作和岗位而言，优势特别明显。随着现代社会对专业化和高品质化越来越重视，几乎在所有的工作岗位上都要求提升细节管理的能力，女性这一特质大有可为。

第五，善于协调。也许是受长期以来女性承担相夫教子责任的影响，女性的协调、平衡能力要比男性强，女性能够依靠自身亲和力和沟通能力强的优势，协调复杂的事情，有效地增强团队的凝聚力。

第六，韧性较强。由于女性同时承担着家庭、社会双重的负担，从而使女性与男性相比更具有忍耐力以及抗挫折力，特别是在一些较为枯燥、细致的重复性工作时往往比男性更有耐心。

这些优势，成为女性走向领导岗位的有利条件，但同时，女性领导者也具有一些劣势，例如，自信不足、依赖性强、优柔寡断、易情绪化、创新不足、目光短浅等。

3. 女性领导力的提升

劣势的存在，一定程度上成为制约女性事业发展的瓶颈。女性领导者若想在充满竞争的职业环境中少走弯路，获得成功，就必须不断地进行自我提升、克服劣势、发挥优势。然而令人遗憾的是，许多人却走进了这样的误区：一是过分强化男性化特征，一心想做"女强人"；二是过于强调女性化特征，主张回归家庭；第三是没有把工作与生活分开，最不明智的是用管老公的方法来管自己的员工，或者把生活中的情绪带到工作中来。这些显然都是不对的。女性应努力提升自己的领导力。

恰当地认同自己，而不是苛求自己；正确地对待成功和失败，经得起挫折的考验；正视自己的短处，既努力扬长，更注意补短；收起自己的柔弱，克服心理弱点，激发自身潜能等都是提升领导力的方法。

对于女性领导来说,要重点培养主体意识,增强管理活动中的独立性,减少依附性是非常重要的。一定要摒除眼界窄、依赖心强、小女人心理、胸襟不开阔、斤斤计较等弱点,做到有主见、有魄力、有胆识、有理智、敢决策、包容大度、不慕虚荣。女性领导者应该培养积极的情感,克服消极的情感,增加情绪体验。

女性领导者在尽显女性领导独特的风格和魅力的同时,努力学习现代管理知识,不断总结工作中的管理经验,提高科学决策能力,也有助于提升领导力。

总而言之,女性领导者首先是一个女人,然后才是一个领导者。女性拥有的特殊的细腻、温柔的气质特点,应该是女性在领导活动中能展现自己长处的重要品质。同时还应该学习男性独立、自信和大度的作风,使职业生涯更加完美。

(本案例改编自"世界经理人"网站2014年6月6日文章"女性领导力告别'爷'时代"与2016年3月8日文章"中国职场新趋势:女性管理者更受青睐?")

思考与讨论:女性领导者与男性领导者在领导特质方面有何异同?

【职场案例 9.2】

领导风格也要与时俱进?

罗琼临危受命,担任某全球食品饮料公司的一个分公司的经理。当时分公司正陷入一场严重的危机,连续6年没有完成指标,最近1年更是亏损严重。员工士气低落,管理层彼此抱怨,毫无信任。总公司给罗琼的指令非常明确:必须扭亏为盈。

上任伊始,罗琼意识到,必须在短时间内展示自己高效的领导能力,并且与现有的管理团队建立融洽与信任的关系。同时,他也明白,当务之急就是要有人告诉他问题出在哪里。因此,他的首要任务就是听取关键人员的意见和想法。

在上任的第1周,他与管理团队的每位成员共进午餐和晚餐,目的是让每一个人都理解公司目前的处境。当时他的用意与其说是理解每个人如何诊断问题,不如说是理解他们本人。

罗琼利用这个方式来探索管理层每个人的生活、梦想和志向,并且尽力帮助团队成员实现个人梦想。例如,有一位经理总是得到负面反馈,他向罗琼吐露了烦恼。大家对他的意见很大,抱怨他没有团队精神,但是他自己却不这样想。罗琼看出他是一位很能干的管理人员,对公司来说很有价值,于是就与他达成了一项协议:一旦他的行为看起来有些违背团队精神,罗琼会悄悄地告诉他。

在3天的外出会议期间,罗琼继续与员工们一对一地促膝谈心。他希望通过这种方式来建设团队,号召大家为当前出现的危机献计献策。因此,他不断地鼓励大家畅所欲言,表达各自的困惑与不满。

次日,罗琼要求团队成员集中精力解决问题,每个人都必须拿出3个具体方案,阐明应该采取的措施。当罗琼把大家的方案集中到一起,他惊奇地发现,大家对于公司当务之急已经形成了共识,例如,大家都意识到了应当立刻消减成本。

在大家献计献策的同时,罗琼感觉到他已经得到了他想要的东西——团队成员的奉献精神。

远景目标清晰了，罗琼开始将任务落实到人，要求每个管理人都对自己的任务负责。

在随后的几个月里，罗琼不停地阐述公司最新的远景目标，让每位员工牢记自己与这一目标紧密相连。特别是在计划开始的几个星期里，罗琼认为这是成败的关口，如果有人此时不能尽职尽责，那么他将有理由采取专制的方法。"在监督计划实施方面我必须毫不留情，用铁的纪律和全身心的投入来保证完成任务。"

最终，工作氛围焕然一新，员工不断创新，他们谈论公司的远景目标，也纷纷表示自己愿意为这一明确的新目标奋斗。

罗琼很快便赢得了胜利果实：他仅仅上任 7 个月，公司不仅扭亏为盈，还盈利了 5000 万美元，提前超额完成了全年利润指标。

（资料来源：百度资料库）

思考与讨论：案例中罗琼的成功与他的领导风格有何关系？

第10章 沟　　通

【学习目标】

1. 理解沟通的概念与过程，掌握组织中的沟通方式。
2. 理解管理沟通的策略。

【本章结构图】

【引导案例】

这次沟通缘何失败？

下面是一位美国老板与他的希腊员工的一段对话：

美国老板：完成这份报告要花费多少时间？

希腊员工：我不知道完成这份报告需要多少时间。

美国老板：你是最有资格提出时间期限的人。

希腊员工：10天吧。

美国老板：你同意在15天内完成这份报告吗？

希腊员工：没有做声。（认为是命令）

15天过后。

美国老板：你的报告呢？

希腊员工：明天完成。（实际上需要30天才能完成。）

美国老板：你可是同意今天完成报告的。

第二天，希腊员工递交了辞职书。

10.1 沟通概述

10.1.1 沟通的概念

沟通就是意思的传递和理解。首先要强调的是意思的传递：如果信息或者观点没有表达出来，就不会发生沟通；如果没有人听到讲话者讲话，或者没人阅读作者撰写的材料，沟通也不会发生。其次是意思的理解：如果讲话者没有准确表达自己的意思，那么沟通就不是有效的；如果听话者没有理解或者没有完整接收到讲话者要表达的意思，那么沟通也不是有效的。因此，沟通是发送者准确表达自己的本意，而且这些想法和关心被接收者原原本本地接收和理解。

必须强调的是，良好沟通的结果并不一定是双方对信息达成的一致意见，而是双方对信息都有了清晰的理解。换句话说，我能够清楚理解你的意思，但却并不一定同意你所说的话。

在引导案例中，对话双方都没有能够清楚地理解对方的意思，老板希望员工自己做出计划，而员工习惯于等待老板的命令。

沟通在人们的生活和工作中无处不在，常常发挥着控制、激励、情绪表达和信息的功能。当员工被要求遵循自己的工作说明书、遵守公司政策或者就某项工作申诉与自己的直接上司进行沟通时，沟通就发挥了控制的功能。管理者通过向员工明确阐述他们要完成什么工作任务、他们的工作表现以及当表现不达标时可以采取什么措施来改进绩效，沟通就发挥了激励的功能。员工在工作群体中发生的沟通是成员表达和分享失落感和满足感的一种基本机制，这是沟通就发挥了情绪表达和满足社交需要的功能。最后，个体和群体都需要信息来完成组织中的工作任务，沟通可以提供这些信息。

这四种功能无轻重之分。要使群体运转良好，就需要在一定程度上控制员工，激励员工，提供情绪表达的手段，并做出决策。在群体或组织中几乎每一次沟通都能实现这四种功能之中的一种或几种。

10.1.2 沟通的过程

一个完整的沟通过程，如图 10-1 所示，包括 7 个要素。

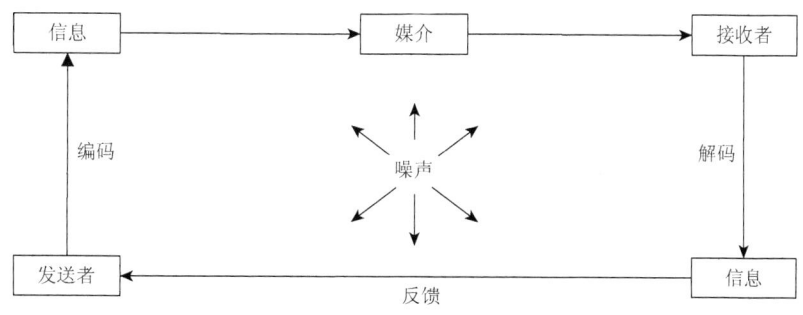

图 10-1 沟通的过程

（1）沟通主体，即信息的发出者或来源。

（2）编码，指沟通的主体采取某种形式来传递信息的内容。

（3）媒介，或称沟通渠道。

（4）沟通的客体，即信息的接收者。

（5）解码，指客体对接收到的信息所做出的解释、理解。

（6）做出反应，也即体现出沟通效果。

（7）反馈。

如图10-1所示，沟通的整个过程还受到噪声的影响。所谓噪声，就是指对信息的传送、接收或者反馈造成干扰的那些因素。噪声的典型示例包括难以辨认的字迹、电话中的静电干扰、接收者的疏忽大意，或者来自机器或同事的背景声音。

沟通的过程可以划分为以下四个阶段。

（1）信息的发出。信息发送者具有某种观点、想法或事实，并且有发送出去的意向。这一阶段很重要，必须谨慎行事，一个不正确的观点或未经证实的事情，若被轻率传送出去，可能会产生严重的后果。信息发送者将这些信息编译成易于理解的符号，如语言、文字、图表或手势等，力求表达准确完整，避免信息失真，这需要一定的知识和技能。

（2）信息的传递。信息发送者选择适当的媒介，如面谈、电话、语音、图像、邮件、信函、备忘录、非个性化的书面载体等。不同的媒介适用于传递不同的信息，如使用书面方式来传递火灾警报显然不合适。沟通过程有时候需要同时采用多种媒介，如对员工绩效的评价，管理者在做了口头评估之后可以再提供一份书面材料。如在演讲时，演讲者会采用口头表达、肢体语言、PPT投影等多种方式。沟通媒介选择不当，或者信息量超载，以及沟通手段本身出现故障，都可能导致信息传递中断、失真或者无法传递到接收者。

（3）信息的接收。从上述媒介传递过来的信息，信息接收者需要进行接收、解码和理解三个步骤。首先信息接收者必须处于接收准备状态才可能收到传来的信息，听而不闻会造成沟通的失败。其次在解码时，信息接收者将收到的信息符号理解、恢复为思想，然后用自己的思维方式去理解这一思想。信息接收者的理解取决于接收者的知识、技能、态度、经验，只有当信息接收者对信息的理解与信息发送者传递出去的信息的含义相同或近似时，才可能产生正确的信息沟通。缺乏共同语言、先入为主和心理恐惧等，都可能导致接收者对信息的错误理解。

（4）信息的反馈。为了检查、核实沟通是否达到预期效果，信息沟通过程往往还需要有反馈的环节。如在沟通中，"听懂了吗"所得到的答复就代表着反馈。

在引导案例中，双方在沟通过程中，没有注意到反馈。老板在给员工规定任务完成时间时，员工并没有做出回答。没有做出回答，也是一种反馈，但并不代表认同或同意，也许员工另有想法，不便开口。因此，信息发送者（美国老板），如果注意到这一反馈信息，双方继续沟通，也许就不会出现后面不愉快的结局了。

10.2 组织中的沟通形式

读者也许有过这样的经历：会议快要结束时，当上级、领导或者管理者询问谁还有什么问题时，全场鸦雀无声，无人应答。面对这样的情形，询问者会认为在座各位都已经清楚地理解和认同会议内容。可事实也许并不是。

沟通非常重要，尤其在组织中，但沟通是一条双向道。本节将讨论组织中常见的几种沟通形式，它们分别是人际沟通、网络和团队沟通、组织沟通。

10.2.1 人际沟通

人际沟通是两人或多人之间的沟通，通常采用口头沟通和书面沟通的方式。

口头沟通是面对面的交谈、群体讨论、电话交谈和其他环境下进行的以言说的词语传达意思的行为。口头沟通的优势在于能够促成立即反馈，并且以口头问题或协议、面部表情和手势来交流。但口头沟通往往会受到噪声、某一方忘记了部分信息或者没有时间进行仔细的思考、无法留下永久的记录等影响，而使沟通效果减弱。

书面沟通是以备忘录、信件、报告、便条和其他书面形式传达意思的行为。优势在于可以准确提供永久性的交流记录，在发送信息前还可以反复修改，收信人也可以仔细阅读和反复阅读。但书面沟通最大的问题在于会抑制反馈和交流。

因此，需要根据情境选择正确的沟通方式。口头或者邮件方式适用于个人的、非程序性的和简短的信息，而相反，信息如果是非个人的、程序性的和大篇幅的，则正式的书面方式更为合适。此外，管理者还可以利用媒体来结合两种方式的优点。例如，快速的电话会议，既便捷又可以获得即刻的反馈，会后可以再发出电子邮件或手写的便条，以保证与会者记住会上的内容并提供了会议的记录。电子沟通方式模糊了口头沟通和书面沟通的区别，有助于提高两者的效益。

10.2.2 网络与团队沟通

网络沟通是群体或团队成员沟通的模式。图 10-2 是几种典型的网络沟通模式。

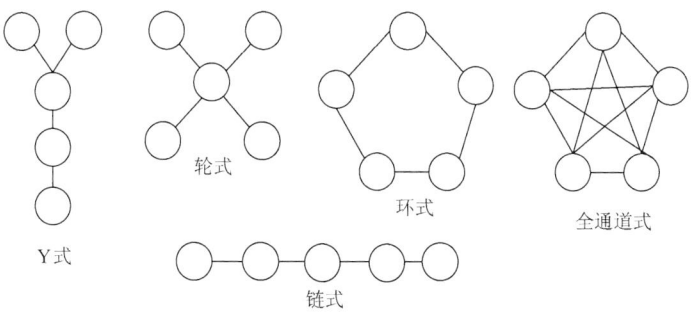

图 10-2 典型的网络沟通模式

轮式沟通是最集中化的网络，因为所有的信息是经由中心人物而向周围多线传递的，他可能是群体中的领导，所有的信息都是由他来发布的。Y式沟通是最不集中化的网络，有两个人居于网络的重要位置。链式网络则提供了平等的信息流动。环式网络可视为链式网络的一个封闭控制结构，组织成员间彼此地依次联络和传递信息。全通道式网络是最分权化的网络，其中每个成员之间都有不受限制的信息沟通与联系，每个人都能平等地参与，群体的领导则不拥有太多的权力。

上述种种沟通形态和网络，都有其优缺点。如果管理者注重解决问题的速度，那么使用轮式和全通道式是最好的；如果注重信息传递的精确度，那么链式沟通、Y式沟通和轮式沟通是最好的；如果注重领导者的权威，则需要用轮式沟通模式；如果注重通过信息沟通来增加组织的满足感，则最好使用环式沟通模式和全通道式沟通模式。

10.2.3 组织沟通

组织沟通是发生在组织单位或群体之间的。除了口头沟通，还扩展到更广泛的模式。

1. 正式沟通与非正式沟通

正式沟通是指通过正式的组织系统、沟通渠道、指挥命令链、规章制度等官方形式所进行的信息传递与交流，例如，组织规定的汇报制度、定期或不定期正式会议、股东（代表）大会、职工（代表）大会、组织之间的公函来往等。由于正式沟通带有强制性，比较规范，约束力强，沟通效果较好。因此，正式沟通渠道是管理沟通的主渠道，大量的沟通工作有赖于正式沟通渠道。但正式沟通渠道也有缺点，例如，传递线路固定、呆板，沟通速度较慢；中间环节较多，信息容易衰减；对人的素质要求较高等。

非正式沟通是指经由非正式的组织系统、小团体、个人渠道、秘密渠道等非官方形式所进行的信息传递，它不受组织监督，可自由选择沟通渠道，例如，员工私下交换意见、传播小道消息、议论某人某事等。非正式沟通网络往往以非正式组织为基础，成员之间由感情纽带联结，所以，信息传递迅速，但容易失真。由于人们往往在非正式沟通中更能表达真实的感情，所以，管理者也应重视和合理利用非正式沟通网络。一方面，可与非正式沟通网络中的人员多接触、交流，充分调动他们的积极性；另一方面，要设法发现谁在非正式沟通网络中处于"核心"地位，并利用他们更迅速地传递信息。

传闻在几乎所有的组织中都存在，它是渗透到整个组织中的非正式沟通网络。研究表明，传闻的准确率高达 75%~95%。传闻不可避免，但管理者可通过保持开放的沟通渠道和对不准确信息作出有力回应，将传闻的损害控制到最小。同时，管理者可了解传闻中的关键任务，对信息进行部分控制，并利用关键人物发布新动向的消息，例如，新的人事政策或福利。此外，管理者还可以通过传闻获得有价值的信息用于改善决策。

另一种日益流行的非正式沟通方式是走动式管理（management by wandering around），它是指管理者真正做到不断走动并且同人们——直接下属、低许多级的下属、送货员、顾客或者同公司业务有关的人员进行谈话，从而获得信息，以更好地经营企业。这类非正式沟通也经常发生在正常工作时间之外的组织成员的交流。例如，员工在户外活动中、公司班车上都不可避免会有一部分时间交谈工作，事先没有任何预定，话题也会随时变化。因此，社交聚会是很重要的，它们有助于促进强有力的文化和提高对组织工作机制的领会。

非言语沟通也是非正式沟通的一种。沟通环境的设置，例如，办公室的大小和位置、办公室的家具款式及摆放位置，在非言语沟通中起到很重要的作用。身体语言，例如，与交谈对方的距离、交谈时的目光、身体和手势运动、演讲中的衣着和停顿，都属于非言语沟通。

2. 水平沟通、垂直沟通与斜向沟通

垂直沟通是组织内上下层级之间的沟通，通常遵循正式的报告系统。垂直沟通可能涉及两人，也可能经过数个不同的组织层次。通常分为向上沟通和向下沟通。

向上沟通是下属向上级发出的信息。要强调的是，向上沟通中，下属可能会隐瞒或扰乱不好的信息。与向下沟通相比，前者通常较易营造参与式或民主式的组织环境，但影响这类沟通效果的因素更多。这是因为：第一，由于地位的差别，上级令人难以直接接近。组织规模大，层次多，下级的信息必须逐级上报，层层过滤，而达到最高层，信息就产生了很大的误差。第二，领导层的态度也有影响。例如，组织中的领导者不善于听取下层的汇报或意见，或不善于与下层人员交流，下层组织成员就会有所顾虑，下情或难以上达，或有所保留。所以，要达到有效的向上沟通，应尽量消除上下级之间的地位隔阂及其所造成的心理障碍，引导或鼓励组织成员及时、准确地与上层领导进行沟通。

向下沟通是由主管向下属发出的信息，常见的内容有如何完成工作、责任分配、绩效反馈等。但这种沟通易于形成一种实行专制式领导的气氛。此外，由于曲解、误解或搁置等因素，所传送的信息会逐步减少或歪曲。

水平沟通是发生在同事和同级之间的沟通。它可以协调独立单位之间的活动，用于两个部门的经理共同解决问题，例如，运营经理向营销经理通报库存不足，交货必须延迟2周。同时，通过同伴、朋友、同事之间的交流，会产生社会和情感的支撑。所有这些因素都能帮助提高士气和工作效率。

斜向沟通是横跨不同工作领域和组织层级的沟通。当信用部的一名信用分析师就某顾客的信用问题直接与地区销售经理沟通时，该信用分析师就是在运用斜向沟通，因为沟通双方属于不同的部门和组织层级。斜向沟通中的信息不是严格按照指挥系统的规定流动的，所以，组织必须采取相应的措施以避免潜在问题的发生。斜向沟通可能会造成麻烦，但运用得当则对组织大有裨益。

10.3 管理沟通策略

在沟通过程中，会出现各种各样的干扰，信息失真是广泛存在的，从而沟通难以有效进行。我们把影响沟通的各种干扰因素统称为沟通障碍。为了使意思得到有效的传递和理解，必须研究沟通障碍以及如何克服这些障碍，从而改善沟通。

10.3.1 常见的沟通障碍

所谓有效沟通，简单地说就是传递和交流信息的可靠性和准确性高，它表明了组织对内外噪声的抵抗能力。在信息沟通的过程中，由于存在着外界干扰以及其他因素，信息往往被丢失或曲解，使得信息传递不能发挥正常的作用。

影响有效沟通的障碍主要有：个人因素、人际因素、组织因素和技术因素等。

1. 个人因素

个人因素主要包括两种情况：一是信息接收者有选择地接受信息；二是信息发送者和信息接收者在沟通技巧方面的差异。

所谓有选择地接受，是指人们拒绝或片面地接受与他们的期望不一致的信息。心理学研究表明，人们往往喜欢听或看他们感情上有所准备的东西，或他们想听或想看的东西，甚至只愿意接受中听的，拒绝不中听的信息。例如，在公司的年终考核中，人们往往只听得到赞美或肯定，对于负面的批评却充耳不闻，直到上司责问他为什么不改进时，他才想起有那么一回事。

此外，人们在运用沟通的技巧方面也会有所不同。所谓沟通技巧的差异是由于人们知识水平、能力、性格等方面的不同，在运用沟通技巧方面的不同。例如，有的人不能用口头完美地表达，却能够用文字清晰而简洁地写出来；另一些人口头表达能力很强，但不善于听取别人的意见。所有这些问题都会妨碍有效沟通。

2. 人际因素

人际因素主要包括沟通双方相互信任、信息来源的可靠程度和发送者与接收者之间的相似程度。

信息传递不是单方面的事情，而是双方的事情。因此，沟通双方的诚意和相互信任至关重要。上下级之间的猜疑只会增加抵触情绪，减少坦率交谈的机会，也就不可能进行有效沟通。例如，当下级怀疑某些信息会给自己带来损失时，他在与上级沟通时常常会对这些信息做一些有利于自己的加工。大量研究表明，有些管理者自认为他们所听到的信息有偏见，为了防止"偏听偏信"，往往根据自己的想象对"偏见"进行纠正。同样，下级常常对损害自己形象的信息不屑一顾，对有利于自己的信息则大加渲染。

信息来源的可靠性由诚实、能力、热情和客观四个因素决定。信息来源的可靠性实质上是由接收者主观决定的,不一定要求发送者同时具备四个因素,有时只需要具备其中一个因素(如诚实)即可。例如,当面对不同来源的同一问题的信息时,员工可能相信他们认为的最诚实、最有能力、最热情、最客观的那个来源的信息。信息来源的可靠性对个人和组织的影响都很大。对个人而言,雇员对上级是否满意,很大程度上取决于他对上级可靠性的评价。对组织而言,可靠性较大的工作单位或部门比较能公开地、准确地和经常地进行沟通,他们的工作成绩也比较出色。

沟通的准确性与沟通双方之间的相似性有直接的关系。沟通双方的特征,例如,性别、年龄、社会地位、价值观、能力、兴趣、爱好等越是相似,沟通的有效性就越大;反之,如果沟通双方的上述特征差异较大,则信息沟通将很难有效进行。例如,"代沟"在沟通中就是一个常见的现象。

3. 组织因素

组织障碍是影响管理沟通的组织方面的因素,主要有以下六个方面。

(1) 过滤。过滤是指故意操纵信息,使信息显得更易接受。例如,当有人向上级的管理者陈述的都是该管理者想听到的东西,这个人就是在过滤信息。这种现象在组织中很常见。当沿着组织层级向上传递信息时,为了避免高层人员信息超载或其他目的,发送者需要对信息加以浓缩和综合。而浓缩信息的过程受到信息发送者个人兴趣和对哪些信息更重要的认识的影响,因而也就造成了信息沟通中的过滤现象。过滤的程度和组织的层级数目和文化两个因素有关。组织纵向层级越多,过滤的可能性越大。另外,组织文化通过奖惩系统,对这类过滤行为也会起到或鼓励或抑制的作用。

(2) 地位与权力的差异。在组织沟通中,地位高的、权力大的人往往对地位低的、权力小的人有一种威严,从而给后者造成心理障碍(如担忧、紧张或反感),使得后者缺失判断和理解,要么盲目接受,要么盲目抵制,从而影响正常的沟通。

(3) 部门间在需求和目标方面的差异。通常,组织中不同的部门有不同的需求和目标,每一个部门都以自己的观点看待问题并基于自身利益采取行动。例如,生产部门关心生产效率,而可能不会完全理解营销部门要将产品尽快交付给消费者的需求。这种差异在多业务公司中尤其突出,每一个事业部都有自己的需求和目标,并常常在公司总部争夺资源,从而导致事业部之间的横向沟通难以进行。

(4) 沟通流量可能不适合团队的或组织的任务。例如,如果用中央集权式的沟通结构处理例外任务,将会没有足够的信息交流来解决问题。又如,在矩阵型组织结构中,只有当项目部人员和职能部人员进行足够的沟通后,整个矩阵组织才会有效运转。所以,只有在员工间的信息交流总量适合团队或组织的任务时,整个组织、部门或团队才是最有效的。

(5) 缺乏正式的沟通渠道。在很多时候,组织中的沟通障碍是由于缺乏正式的沟通渠道造成的。由于没有正式的沟通渠道,沟通的效率和效果较低。组织必须以员工调查、门户开放政策、时事通信、备忘录、任务小组以及人员联络等方式,提供充足的上行、下行以及横向沟通。没有这些正式渠道,组织就无法作为一个整体进行沟通。

（6）组织结构不健全、不合理。良好的组织结构是有效沟通的逻辑框架。如果一个组织机构臃肿，部门设置不合理，部门之间职责不明、分工不清，形成多头领导或无领导状态；或因人设事、人浮于事；或结构混乱、缺失、不合适等，都会造成沟通障碍，导致信息失真或丢失，从而影响组织沟通的有效进行。

4. 技术因素

技术因素主要包括语言、非语言暗示、媒介的有效性及信息过量等。

大多数沟通的准确性依赖于沟通者赋予字和词的含义。由于语言只是个符号系统，本身并没有任何意义，它仅仅作为我们描述和表达个人观点的符号或标签。每个人表述的内容常常是由他独特的经历、个人需要、社会背景等决定的。因此，语言和文字常对发送者和接收者不具有相同的含义。

当人们进行交谈时，常常伴随着一系列有含义的动作。这些动作包括身体姿势、头姿、手势、面部表情、移动、触摸和眼神等。这些无言的信号表达和强化所表述的含义。例如，沟通者双方的眼神交流，可能会表明相互感兴趣、喜爱、躲避或敌视；面部表情会表露出惊讶、恐惧、兴奋、悲伤、愤怒或憎恨等情绪；身体动作也能传达渴望、愤恨和松弛等情感。研究表明，在面对面的沟通中，仅有7%的内容通过语言文字来表达，另外93%的内容则是通过语调（38%）和面部表情（55%）来表达的。由此可见，字词、语言与非语言暗示共同构成了全部信息。

在组织环境下进行沟通，可以利用多种媒介。沟通的有效性依赖于信息发送者根据自己的情况选择恰当的媒介。如何选择沟通媒介，应考虑信息的种类和目的，还要考虑外界环境和沟通双方的条件。

另外，我们生活在一个信息爆炸的时代。组织的管理者都面临着"信息过载"的问题。据调查，管理人员只能利用他们所获得信息的 1/10000～1/100 进行决策。信息过量不仅使决策人员没有时间去处理，而且，也使他们难于向其他相关人员提供有效的、必要的信息，这样，就使沟通变得更加困难。

引导案例中的沟通是一次失败的沟通。在人与人沟通的过程中，由于人们的政治观点、经济地位、年龄、经历、宗教、习惯等有所不同，对同样的事情会有不同的解释和归因。如案例中，美国老板问希腊员工完成报告的时间，实际上是在征求希腊员工的意见（这是与美国管理的传统习惯有关），而希腊员工并非不知道完成报告所需要的时间，只是想让美国老板下命令（希腊员工习惯于命令式的管理）。15 天过后，美国老板要报告（要信守承诺），而希腊员工已经尽力把30天的工作用16天完成了并且认为延迟些时间没有问题）。希腊员工认为美国老板找麻烦，因此，不得已而辞职。所以，要认识和掌握在沟通过程中个体差异及其影响，从而保证沟通的有效性。

10.3.2 有效沟通的实现

针对以上影响沟通效果的主要障碍，以下的对策可以帮助我们实现有效的沟通。

（1）正确对待沟通。管理人员往往重视执行计划、组织、领导和控制等管理职能，而容易忽视沟通的重要性，认为信息的传递按组织系统的层级关系进行就可以了，对非正式沟通中的"小道消息"常常采取压制的态度。这些都反映出沟通没有得到应有的重视。因此，要实现有效沟通，首先就要使管理者重视沟通的作用。

（2）简化语言。由于语言会成为一种沟通的障碍，因此，管理者应当考虑信息将传递给什么听众，并且根据听众来具体调整措辞。请记住，信息被正确地接收和理解，有效沟通才能实现。如果在一个了解其正确与否的群体内使用，术语可以促进交流和理解，但如果在该群体之外使用这些术语，就可能产生很多问题。

（3）积极倾听。对管理者来说，"听"绝不是件容易的事情，在实际中管理者经常出现听不进去，或只听进去一部分内容，或不正确地听，这些都会影响沟通的效果。会听别人说也是一门艺术，例如，全神贯注地听，对谈话内容表现出兴趣，注意非语言暗示，留出适当的时间用于辩论等，在听的过程中不要打断说话人、不要直接争辩、不要从事与谈话无关的活动，不要草率地给出结论等。除此之外，积极倾听强调听取说话者的完整意思而不作出先入为主的判断或解读。积极倾听可以通过复述说话者的内容、利用眼神接触来表示自己对该话题的兴趣、赞同性的点头和恰当的面部表情、提问等方式表现出对谈话内容的重视和兴趣。

（4）及时反馈与跟踪。信息发送者要及时了解信息接收者对所沟通信息是否理解，是否愿意执行，在执行中有何困难。特别是对于管理者来说，更应善于听取下属的意见，尽量消除上下级之间地位隔阂及其所造成的心理障碍，鼓励下属及时、准确地反馈情况。

（5）相互信任。信息发送者应该创造一个相互信任，有利于沟通的小环境。因为，人们往往对自己所信任的人说的一切都能够接受，而对于自己所不信任的人说的哪怕是正确的，也不愿意接受。人与人之间的相互信任，不是说出来的，而是在工作和生活中彼此真心坦诚相待获得的。

（6）缩短信息传递链。我们知道信息传递链越长，信息沟通速度越慢，信息失真程度越大。因此，必须减少组织结构层次，减少组织机构重叠的现象。同时，对于一般性的信息沟通，还可以利用非正式组织的沟通渠道，加快正式组织信息的传递速度。

（7）建立沟通的专职机构。组织内应设置某些专职机构，如特别委员会、职代会或工作小组等，定期、定点、定方式地提供条件，广泛地收集信息、进行沟通和交流。

（8）加强横向沟通。组织内部的沟通常以与命令链相符的垂直方式进行，部门间、工作小组之间的横向交流减少。而实际工作中，横向沟通却能促进横向交流，加强横向的合作。因此，组织可以定期举行由各部门负责人参加的工作会议，其主题是互相汇报本部门的工作，以及对其他部门的要求等，更好地实现横向合作。

（9）考虑文化因素对沟通的影响。进行沟通时，应充分了解对方的文化背景，掌握文化对其基本价值观的影响，从而更好地理解对方对事物的看法和态度，以消除或降低沟通中的文化障碍。

【复习思考题】

1. 什么是沟通？
2. 沟通的功能是什么？
3. 沟通的过程包括哪些环节？
4. 管理者可以使用哪些不同的沟通方式？
5. 组织中沟通的形式有哪些？
6. 请比较正式沟通与非正式沟通。
7. 请解释沟通的流动方向、三种常用的沟通网络。
8. 管理者应当如何处理小道消息？
9. 常见的沟通障碍有哪些？
10. 如何实现有效沟通？

【沟通技能训练】

1. 现代企业，很多管理者每天要花费 1~2 小时阅读、发送和接收电子邮件，可见电子邮件的重要性。请您写一封电子邮件给一家假想的公司，描述您对所购买的某商品或服务的不满。

2. 将邮件打印出来，与班级同学交换、讨论，评估对方的信件并提出反馈。注意信件的语气和语言是否清楚，信件是友善的还是强硬的？信中是否清楚地指出了问题？是否提出了解决方案？如果您是收到该信件的员工，您的反应会是怎样的？请将您的反馈告诉全班同学。

【职场案例 10.1】

德国最愚蠢的银行

2008 年 9 月 15 日上午 10 时，具有 158 年历史的美国第四大投资银行——雷曼兄弟公司，向法院申请破产保护。消息瞬间通过电视、网络传遍地球的各个角落。令人匪夷所思的是，10:10，德国国家发展银行居然按照外汇掉期协议，通过计算机自动付款系统向雷曼兄弟公司的银行账户转入 3 亿欧元，折合人民币 30 亿元。毫无疑问，这笔钱将有去无回。

转账风波曝光后，德国社会各界一片震惊。德国财政部长佩尔·施泰因布吕克发誓一定要查个水落石出，并严惩相关责任人。受财政部委托的一家法律事务所，很快进驻银行进行调查。调查报告很简单，只不过是一一记载了被询问人员在这 10 分钟内忙了些什么。

（1）首席执行官乌尔里奇·施罗德：我知道今天要按照协议预先的约定转账，至于是否撤销这笔巨额交易，应该让董事会开会讨论决定。

（2）董事长保卢斯：我们还没有得到风险评估报告，无法及时做出正确的决策。

（3）董事会秘书史里芬：我打电话给国际业务部催要风险评估报告，可那里总是占线，我想还是隔一会儿再打吧。

（4）国际业务部经理克鲁克：星期五晚上准备带上全家人去听音乐会，我得提前打电话预订门票。

（5）国际业务部副经理伊梅尔曼：忙于其他事情，没有时间去关心雷曼兄弟公司的消息。

（6）负责处理与雷曼兄弟公司业务的高级经理希特霍芬：我让文员上网浏览新闻，一旦有雷曼兄弟公司的消息就立即报告，现在我要去休息室喝杯咖啡了。

（7）文员施特鲁克：10:03，我在网上看到了雷曼兄弟公司向法院申请破产保护的新闻，马上就跑到希特霍芬的办公室，可是他不在，我就写了张便条放在办公桌上，他回来后会看到的。

（8）结算部经理德尔布吕克：今天是协议规定的交易日子，我没有接到停止交易的指令，那就按照原计划转账吧。

（9）结算部自动付款系统操作员曼斯坦因：德尔布吕克让我执行转账操作，我什么也没问就做了。

（10）信贷部经理莫德尔：我在走廊里碰到了施特鲁克，他告诉我雷曼兄弟公司的破产消息，但是我相信希特霍芬和其他职员的专业素养，一定不会犯低级错误，因此，也没必要提醒他们。

（11）公关部经理贝克：雷曼兄弟公司破产已发生，我想跟乌尔里奇·施罗德谈谈这件事，但上午要会见几个克罗地亚客人，等下午再找他也不迟，反正不差这几个小时。

德国财政部长施泰因布吕克出席银行监管董事会会议后感叹："我一辈子都没经历过这样的事。"

演绎一场悲剧，短短10分钟就已足够。在这家银行，上到董事长，下到操作员，没有一个人是愚蠢的。可悲的是，几乎在同一时间，每个人都开了点小差，每个人都没有同其他人进行有效沟通，核实并确认自己的信息和行为，结果就创造出了"德国最愚蠢的银行"。

（根据网络资料改编）

思考与讨论：

1. 案例中，造成这场悲剧的主要原因是什么？
2. 案例中银行的工作人员可以采用的沟通渠道有哪些？
3. 你认为，在组织管理中沟通有哪些作用？

【职场案例10.2】

沟通的烦恼与智慧

案例涉及人员

主管：马林，营销部主管，工作认真负责，部门绩效一直不错。

下属：小刘，营销部员工，刚入职不久，90后。

下属：老王，营销部资深员工，干练、稳重。

案例情景

小刘刚办完一个业务回到公司，就被主管马林叫到了他的办公室。

"小刘哇，今天业务办得顺利吗？"

"非常顺利，马主管，"小刘兴奋地说，"我花了很多时间向客户解释我们公司产品的性能，让他们了解到我们的产品是最合适他们使用的，并且在别家再也拿不到这么合理的价钱了，因此，很顺利就把公司的机器，推销出去100台。"

"不错，"马林赞许地说，"但是，你完全了解客户的情况了吗，会不会出现反复的情况呢？你知道我们部的业绩是和推销出的产品数量密切相关，如果他们再把货退回来，对于我们的士气打击会很大，你对于那家公司的情况真的完全调查清楚了吗？"

"调查清楚了呀，"小刘兴奋的表情消失了，取而代之的是失望的表情，"我是先在网上了解到他们需要供货的消息，又向朋友了解了他们公司的情况，然后才打电话到他们公司去联系的，而且我是通过你批准才出去的呀！"

"别激动嘛，小刘，"马林讪讪地说，"我只是出于对你的关心才多问几句的。"

"关心？"小刘不满道，"你是对我不放心才对吧！"

小刘离开后，马林意识到，小刘对自己情绪也许会影响到日后的工作，可自己直接与小刘谈，很多话不太好讲，于是他拨通了老王的电话。老王一向与马林交好，又是公司的老员工，为人热情，深得新员工的喜爱。老王接到马林的电话，立刻明白了对方的意思。

接下来的一周，马林没有搭理小刘，开会也没有点他发言，平常也不太与小刘打招呼，小刘感到马主管开始冷落自己了，心里十分苦恼，他找到了老王，想沟通一下。

在一个快餐店里面，小刘请客，开始请教老王。

"最近我感到很苦闷，我知道我得罪马林了。"小刘说。

"哦，怎么会呢？你们相处没有多长时间。"老王笑眯眯地看着小刘。

小刘挠挠头说："可能是我上次说他对我不放心，惹他生气了，他现在都不理我了。"

"上次的事，我也听说了，你们当时好像搞得很僵。我觉得没有必要，工作就是工作嘛，哪来那么多想法，更不能有情绪呀。"老王还是微笑着。

小刘委屈地说："我最后带着情绪，这是我不对，但他问得那么细，就是不相信我，还说万一这个单子反复，会影响士气，当时我就生气了。"

"那么你说如果这个单子反复了，会不会影响士气？马林说的有没有错呢？"老王说。

"如果反复了就一定会影响士气，其实他说的都没错，但我感觉他不相信我。"小刘说。

老王笑着抬起头说："他为什么要相信你？你凭什么被别人相信？他相信你，谁相信他？等你坐到了那个位置就知道了，我们部门出了问题就是他出了问题，老板不会骂你，只会骂他，他的压力比我们都大。你看我们已经下班了，在这里吃饭，他还在加班，又没有加班费，工资比我们高不了多少，也不容易，你有没有站在他的角度想想？"

小刘在低着头沉思，老王接着说："人都是首先相信自己，其次才能相信别人，你也一样首先相信你自己，相信凭你的能力，那个客户一定没问题。但你的上司相信自己也没有错，所以他对你的工作问得仔细一点，自己来判断，这些都是正常的。他信自己没有问题，你作为下属，盲目地相信自己就有问题了，毕竟他是主管为公司负责呀，出了问题你的责任大，还是他的责任大？这个问题你想过没有？"

小刘点点头："你说的有道理，他是主管，为部门负责。"

"所以对我们员工来说，关键是要争取到他的信任，怎么争取是个问题。你看我现在要到客户那里，打个招呼就可以了，签回来单只要说一下也可以了，他都不管我，为什么呢？我刚来和你也一样，每次他都问得很仔细，但我每次都能让他满意，以后他就不问了，只看结果。所以，我认为要争取到信任，还是要从自己做起。"

小刘豁然开朗似的说："哦，那我应该怎么做？我现在一点头绪都没有，头发蒙。"

老王吃了一口饭，慢慢咀嚼完，说："我当年为这个问题付出了很大的代价，碰了很多壁，换了几家公司，才发现"天下乌鸦一般黑"，上司都是这样的，也有一些体会。以后你要请我吃大餐，不是今天的快餐就可以打发的，至于在哪里吃就看你的诚意了，哈哈。"

小刘不要意思地说："今天是简单了点，下个月发工资，我请个大的。"

"我的经验很简单，就是一句话，从自己做起，提升自我价值。你要让你的上司满意，你给他的要超过他的期望，刚开始他一定是不信任的，但你的成果每次都超过他的期望，他怎么还会不信任呢？其实他没有太多的时间关注细节，那个时候他就只问结果，而不问过程了。如果还问过程，只能说明他有点变态，哈哈，马林不是这样的。"

（改编自 http: //blog.sina.com.cn/s/blog_7194e1940101k0rb.html）

思考与讨论：案例中，三人的沟通方式有何不同？

第 11 章 激　　励

【学习目标】

1. 理解激励的本质。
2. 理解三类激励理论,并能运用理论分析组织激励制度。

【本章结构图】

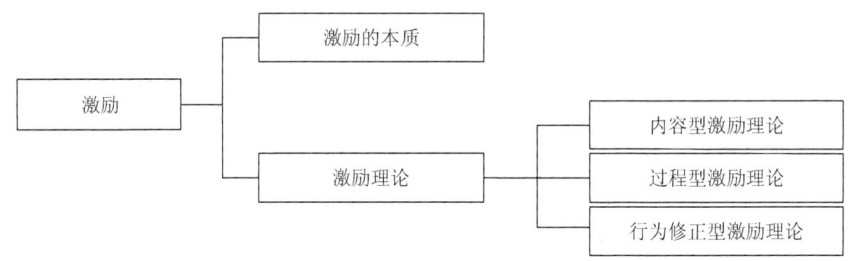

【引导案例】

林肯总统与马蝇效应

马蝇效应来源于美国前总统林肯的一段有趣的经历。1860年大选结束后几个星期,有位叫做巴恩的大银行家到林肯的总统官邸拜访,正巧看见参议员萨蒙·蔡思从林肯的办公室走出来,就对林肯说:"你千万不要将此人选入你的内阁。"林肯问:"你为什么这样说?"巴恩答:"因为他认为他比你伟大得多。""哦",林肯说,"还知道有谁认为自己比我要伟大的?""不知道了",巴恩说,"不过,你为什么这样问?"林肯回答:"因为我要把他们全都收入我的内阁。"

事实证明,这位银行家的话是有根据的,蔡思的确是个狂态十足、极其自大,而且嫉妒心极重的家伙。他狂热的追求最高领导权,本想入住白宫,不料落败于林肯,只好退而求其次。想当国务卿,林肯却任命了西华德,无奈他只好坐第三把交椅,因而怀恨在心,激愤难平。不过,蔡思也的确是个大能人,尤其在财政预算和宏观调控方面很有一套。林肯十分器重他,任命他为财政部长,并尽力与他减少摩擦。

后来,目睹过蔡思种种表现,并搜集了很多资料的《纽约时报》主编亨利·雷蒙特拜访林肯的时候,特地告诉他蔡思正在狂热地上蹿下跳,谋求总统职位。林肯以他那特有的幽默神情讲道:"雷蒙特,你不是在农村长大的吗?那么你一定知道什么是马蝇了。有一次我和我的兄弟在肯塔基老家的一个农场犁玉米地,我吆马,他扶犁。这匹马很懒,但有一段时间它却在地里跑得飞快,连我这双长腿都差点跟不上。到了地头,我发现有一只很大的马蝇叮在它身上,于是我就把马蝇打落了。我的兄弟问我为什么要打掉它。我回答说,我不忍心让这匹马那样被咬。我的兄弟说:'哎呀,正是这家伙才使得马跑起来的嘛!'"然后,林肯意味深长地说:"如果现在有一只叫'总统欲'的马蝇正叮着蔡思先生,那么只要它能使蔡思马不停蹄地跑,我就不想去打落它。"

思考与讨论：马蝇效应对管理的启示是什么？

管理者总是希望员工努力工作，提高工作效率，以高效完成组织目标，但员工却可以自行决定是否努力工作或者投入多少精力。现代知识型员工更希望获得工作与生活之间的平衡，同时也认为加班不一定会带来高绩效。因此，管理者必须理解员工如何和为什么对自己的工作绩效做出不同的选择。而这一选择背后的关键因素正是激励，这也是本章的主题。

11.1 激励的本质

激励是引导人们做出特定行为的力量的组合。员工在工作中可以选择全身心地投入工作，也可以选择勉强完成工作以避免上级指责，甚至尽量少地工作。这与管理者的目标不太一致，因此，管理者需要通过某种方法来引导员工，使其第一种行为尽量增加，而最后一种行为尽量减少。

那么行为是如何产生的？或者是什么决定了员工会采取哪种行为？激励过程模型有助于解释这个问题。

人们行为产生的过程就是一个由未满足的需要开始，到需要得到满足为止的连锁反应。如图11-1所示，在人的特定需要非常想得到满足而未满足时，人们就会产生一种紧张不安的心理状态。为了获得平衡并消除紧张心理，人们会通过努力使自己的需要得到满足。当遇到能够满足需要的目标时，这种紧张不安的心理就转化为动机，并在动机的驱动下产生向目标努力的行为，目标达到后，需要得到满足，紧张不安的心理状态就会消除。

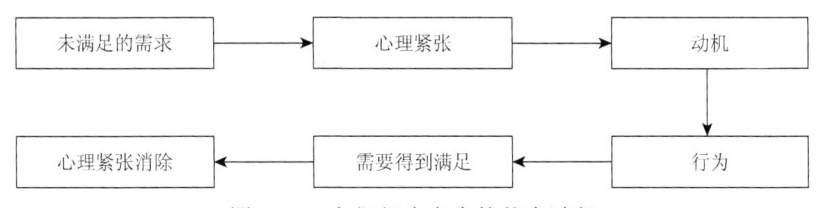

图 11-1 人们行为产生的基本过程

简单来说，就是"需要导致行为"。如同人们会因为饥饿而寻觅食物一样，人们自身的需要就成为其行动的内在驱动因素。人们满足自身需要的欲望越迫切，就越处于一种高的激励状态，也就越有可能做出某种特定的行为。

这种内在驱动因素也称为动机，是指引起个体活动、维持并促使该活动朝向某一目标进行的内在作用。而努力、组织目标和需要是动机的三个关键因素。努力是强度或内驱力指标，而需要是一种内部状态，它使人感到某种结果具有吸引力。

必须强调，在人们为满足需求发起行为时，并非每次努力的行为都能实现目标。

在需求没有得到满足、目标没有实现的情况下，人会产生挫折。所谓挫折，是指人们在通向目标的过程的道路上遇到的障碍。对挫折的反应是因人而异的。根据心理学家的研究，当一个人遇到挫折时，他可能会采取一种积极适应的态度，也可能会采取一种消极防范的态度。一般来讲，最常见的防范态度有：撤退、攻击、取代、补偿、抑制、退化、投射、文饰、反向、表同、固执等。总之，人们在遇到挫折时，心理上和生理上的紧张状态是不能持续下去的，自身会采取某种防范措施，以缓解或减轻这种紧张状态。

组织激励就是这样一个过程，人们的最终行为是由起初最强烈的需要所引发和决定的，因此，在管理活动中，领导者可根据组织成员的特定需要来设置某些目标，并通过目标导向使组织成员产生有利于组织目标的优势动机，并按照组织所需要的方式去行动。

11.2 激励理论

自20世纪30年代以来，国外许多管理学家、心理学家和社会学家从不同的角度对怎样激励人的问题进行了研究，并提出了相应的激励理论。通常我们把各种激励理论分为三大类：一是以人的心理需要和动机为主要研究对象的内容型激励理论；二是以人的心理过程和行为相互作用的动态系统为研究对象的过程型激励理论，三是以改造和修正人们行为方式为主要研究对象的行为改造型激励理论。

11.2.1 内容型激励理论

内容型激励理论涉及激励过程的第一步——需要的内容与结构。人们在社会工作的任何一个时点都可能产生各种需要，哪些需要可以激励人们带来高绩效？劳动领袖通常说更高的工资、更短的工作时间和更好的工作环境能够激励员工，而专家则认为，给予员工更大的自主权和更大的责任是更有效的激励方法。因此，管理者需要深刻理解人们的这些需要，从而设计出适当的激励系统，以引导人们的行为指向组织的目标。

1. 需要层次理论

需要层次理论是美国著名心理学家和行为学家亚伯拉罕·马斯洛（Abraham Maslow）于1943年在论文《人类激励理论》中提出来的。马斯洛将人的需要划分为生理的需要、安全的需要、社交的需要、尊重的需要、自我实现的需要五大类，如图11-2所示。并提出两个基本论点：一是人是有需要的动物，其需要取决于他/她已经得到了什么，还缺少什么，只有尚未满足的需要能够影响行为。换言之，已经得到满足的需要不再能起激励作用。二是人的需要都有轻重层次，低层次需要得到满足后，高层次需要才出现。马斯洛认为，在特定的时刻，人的一切需要如果都未能得到满足，那么满足最主要的需要就比满足其他需要更迫切。只有排在前面的那些需要得到了满足，才能产生更高一级的需要；而且只有当前面的需要得到充分的满足后，后面的需要才显出其激励作用。

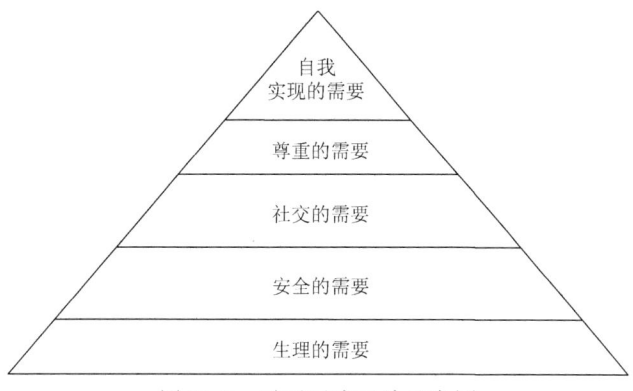

图 11-2 需要层次理论示意图

必须指出，马斯洛本人并没有说过人非得在某一层次的需求获得百分之百的满足之后，高一个层次的需求才能够显示出来。马斯洛曾经说过，事实上，在社会中有许多人，他们的各项基本需求只可能有部分的满足，同时也都有部分不满足；这是常有的事。因此，在人们的需求层次中，应有一个比较确切的描述，即从较低的层次逐级向上，满足的程度百分比逐级减少。例如，假定某人的生理需求可能只满足了 85%；尊重的需求满足了 40%，而其自我实现的需要则仅仅满足了 30%。

从图 11-2 中可以得出以下问题。

第一层次是生理的需要。人们为了能够继续生存，首先必须满足基本的生活要求，如衣、食、住、行等。马斯洛认为，这是为维持人类自身生命的基本需要，在这些需要还没有得到满足之前，其他的需要都不能起到激励人的作用。

第二层次是安全的需要。基本生活条件具备以后，生理需要就不再是推动人们工作的主要力量，取而代之的是安全的需要。这种需要又可分为两类：一类是现在的安全的需要；另一类是对未来的安全的需要。对现在的安全需要，就是要求自己现在的社会生活的各个方面均能有所保证，例如，就业安全、生产过程中的劳动安全、社会生活中的人身安全等；对未来的安全需要，就是希望未来生活能有保障。未来总是不确定的，而不确定的东西总是令人担忧的，所以，人们都追求未来的安全如病、老、伤、残后的生活保障等。

第三层次是社交的需要。当生理及安全需要得到相当的满足，社交的需要便占据主要地位。人们希望在社会生活中受到别人的注意、接纳、关心、友爱和同情，在感情上归属于某一个群体，而不希望在社会中成为离群的孤鸟。人们的这种需要多半是在非正式组织中得到满足。虽然这个层次的需要比前两种需要更难琢磨，需要的程度也因每个人的性格、经历、受教育程度不同而有差异，但对大多数人来说，这的确是一种更为强烈的需要。

第四层次是尊重的需要。根据马斯洛的理论，人们一旦满足了他们的归属需要，他们就会产生尊重的需要，即自尊和受到别人的尊重。自尊意味着"在现实环境中希望有实力、有成就、能胜任和有信心，以及要求独立和自由"；受人尊重是指"要求有名望或威望，可看成别人对自己的尊重、赏识、关心、重视或高度评价"。"自尊需要的满足使人产生一种自信的感觉，觉得自己在这个世界上有价值、有实力、有能力、有用处。而这些需要一旦受挫，就会使人产生自卑感、软弱感、无能感。"

第五层次是自我实现的需要。马斯洛认为，在他的需要层次理论中，这是最高层次的需要，它具体是指一个人需要从事自己最适宜的工作，发挥最大的潜力，成就自己所希望实现的目标等。自我实现的需要几乎在任何人身上都有不同程度的表现。

马斯洛认为，一般的人都是按照这个层次从低级到高级，一层一层地去追求和使自己的需要得到满足的。不同层次的需要不可能在同一层级内同时发挥作用，在某一特定的时期内，总有某一层次的需要在起着主导的激励作用。人类首先是追求最基本的生理上的吃、穿、住等方面的需要。处于这一级需要的人们，基本的吃、穿、住就成为激励他们的最主要的因素。一旦他们满足了这一层次的需要，那么这一层次的需要就不再成为他们工作的主要动力和激励因素，他们就会追求更高层次的需要。这时如果管理者能根据各自的需要层次，善于抓住有利时机，用人们正在追求的需要来激励他们，将会取得极好的效果。

2. ERG 理论

ERG 理论是由美国耶鲁大学的心理学家克雷顿·奥尔德佛（Clayton Alderfer）于 1969 年提出的。奥尔德佛认为，人们存在三种核心的需要，即生存（existence）、相互关系（relatedness）、成长（growth）。这一理论可看作对马斯洛需要层次理论的一个修正，它更为简化，并且弥补了前者实证研究不足的缺点。

生存的需要包括生理需要，例如，水、食物以及与工作有关的物质需要，如工资、额外收益、工作条件等。相互关系的需要包括与他人的关系，尤其是被他人接受，在主要问题上能相互理解，能影响经常接触的人等，如家庭、朋友群体、工作和职业群体。成长的需要包括促进创造和创新，持续个人的成长和发展，并希望能够对周围环境产生建设性影响。

需要强调的是，马斯洛的需要层次理论强调人们的需要层次具有不可逆性，即较低层次的需要要在较高层次需要之前得到满足；而 ERG 理论认为：第一，人们在同一个时间里可能受到不同层次需要的激励，例如，人们工作是为了生计（追求生存的需要），而同时也希望与同事保持良好的关系（追求相互关系的需要），并且在工作过程中追求自我的成长。第二，在某种需要得到满足之后，人们可能去追求更高层次的需要，也有可能不会有这种上升的趋势。此外，ERG 理论还提出，当人们在某一层次上受挫时，他们可能会转向较低层次的需要，这称为"受挫—回归"思想。这一点是马斯洛的需要层次理论未提及的。

因此，管理措施应该随着人们的需要结构的变化而做出相应的改变，并根据每个人不同的需要制定出相应的管理策略。

3. 双因素理论

双因素理论是由美国心理学家弗雷德里克·赫茨伯格（F Hertzberg）提出来的，

他把影响人们工作满意的因素分为两大类,一类是保健因素,主要与工作环境或工作条件有关;另一类是激励因素,与工作内容紧密相关。如表 11-1 所示。

表 11-1 保健因素与激励因素

保健因素(环境)	激励因素(工作本身)
薪金	工作本身
管理方式	赏识
地位	进步
安全	成长的可能性
工作环境	责任
政策与行政管理	成就
人际关系	

20 世纪 50 年代后期,美国心理学家赫茨伯格访问了匹兹堡地区的 11 个工商事业机构的 200 多位工程师和会计人员,请他们回答两个问题:一是什么原因使你愿意干你的工作;二是什么原因使你不愿意干你的工作。研究结果表明,人们对本组织的政策、管理、监督系统、工作条件、人际关系、薪金、地位和职业安定以及个人生活等因素,如果得不到基本的满足,就会导致人们的不满;如果得到满足,则没有不满。赫茨伯格把这类和工作环境或工作条件相关的因素称为保健(hygiene)因素。而人们对成就、赏识、艰巨的工作和工作中的成长、晋升、责任感等因素,如果得到满足则会给人们以极大的激励,产生满意感,有助于充分、有效、持久地调动人们的积极性。赫茨伯格把这类与工作内容紧密相连的因素称为激励(motivator)因素。

赫茨伯格认为,保健因素不能直接起到激励人们的作用,但能防止人们产生不满情绪。作为管理者,首先必须确保职工在保健因素方面得到满足。要给职工提供适当的工资和安全,要改善他们的工作环境和条件;对职工的监督要能为他们所接受,否则,就会引起职工的不满。但是,即使满足了上述条件,也不能产生激励效果。因此,管理者必须充分利用激励方面的因素,为职工创造出贡献与成绩的工作条件和机会、丰富工作内容、加强职工的责任心、使其在工作中取得成就、得到上级和人们的赏识、这样才能促使其不断进步和发展。

赫茨伯格的双因素理论与马斯洛的需要层次理论大体上是相符的。他的保健因素相当于马斯洛的较低级需要,而激励因素则相当于中高层次的需要。当然,他们的具体分析和解释是不同的。赫茨伯格的研究在国外也有很多争议,持批评意见的人认为赫茨伯格的研究方法有局限性,因此,对他所引申出来的结论也表示怀疑。即便如此,并没有人怀疑赫茨伯格对工作激励研究所作的贡献。

表 11-2 是 ERG 理论、马斯洛的需要层次理论与双因素理论的对比。

4. 三种需要理论

自 20 世纪 50 年代以来,美国管理学家戴维·C·麦克利兰(David C McCleland)对成就需要这一因素作了大量的调查研究,提出了"三种需要理论"。

表 11-2 三种激励理论的对比

ERG 理论	马斯洛的需要层次理论	双因素理论
成长(growth)	自我实现的需要	工作本身 成就 成长的概率 晋升 承认
相互关系(relatedness)	尊重的需要	
	社交的需要	地位 与监督的关系 同辈关系 与下属的关系 监督质量
生存(existence)	安全的需要	公司政策与管理 工作保障 工作条件 工资
	生理的需要	

该理论主要研究当生理需要得到基本满足以后,人们还有哪些需要。麦克利兰认为,人们在生理需要得到满足以后,还有三种基本的激励需要,即权力需要、成就需要和归属需要。

(1)权力需要。具有较高权力欲的人,对施加影响和控制表现出极大的关心。这样的人一般寻求领导者的地位;他们十分健谈、好争辩、头脑冷静、善于提出要求、喜欢讲演、爱教训人。

(2)社交需要。急需社交的人能够从人际交往中得到快乐和满足,并总是设法避免因被某个团体拒之门外带来的痛苦。作为个人,他们往往喜欢保持一种融洽的社会关系、享受亲密无间和相互谅解的乐趣、随时安慰和帮助危难中的伙伴、并喜欢与他们保持友善的关系。

(3)成就需要。有成就需要的人对胜任和成功有强烈的要求,同样也非常担心失败。他们乐意接受挑战,往往为自己制定有一定难度、但又不是高不可攀的目标。对待风险,他们采取现实主义的态度,宁愿承担所做工作的个人责任;对他们正在进行的工作情况,希望得到明确而又迅速的反馈。他们一般喜欢表现自己。

麦克利兰发现,对主管人员来说,成就需要比较强烈,特别是在小型公司员工身上尤为明显,那里的总裁普遍有强烈的成就需要。更有趣的是,他发现大公司的首席执行官只有一般的成就需要,而对权力和归属需要的追求往往较高。而大公司的中上层管理人员,在成就需要方面却要高于他们的总裁。他还认为,成就需要可以通过培养来提高。他指出,一个组织的成败,与他们具有高成就需要的人数有关。

11.2.2 过程型激励理论

过程型激励理论研究激励是如何发生的，换句话说，人们为什么选择这种或者那种行为方式来满足需要，以及在实现目标之后如何评估自己的需要。

1. 期望理论

期望理论（expectancy theory）是美国心理学家维克托·弗鲁姆（Victor H Vroom）于1964年提出的，其基本观点是：激励取决于结果的价值和达成结果的可能性。当人们预期他们的行为能够带给自己某种特定的结果，而这种结果对自己具有吸引力的时候，人们就会倾向于采取这种行为。这一过程包含三种联系。

努力—绩效—结果—效价

（1）努力—绩效的联系。人们感到通过一定的努力可以达到某种绩效的可能性，这一联系称为期望，它会受到人们自身能力、工作环境以及人们是否足够努力的影响。

（2）绩效—结果的联系。人们相信达到一定绩效后可获得理想结果（奖励）的可能性，这一联系称为工具性。

（3）结果—效价的联系。人们对所获得的结果或奖励对自己的重要性。如果结果或奖励是个体所希望的，则效价为正，反之为负。如果结果或奖励对个体无关紧要，则效价为零。

上述的三种联系可用公式表示为

$$激励力 = 期望 \times 工具性 \times 效价$$

这说明人们采取某种行为的激励的大小取决于以下几个方面。

（1）我必须付出多大努力才能达到这一绩效水平（期望）？

（2）当我达到这一绩效水平后会得到什么奖励（工具性）？

（3）这种奖励对我有多大的吸引力（效价）？

上述三个方面必须都大于零，才能对人们产生有效的激励。

将期望理论应用在管理实践中，意味着为了提高人们的工作积极性，要重视人们对努力与绩效之间的相关性，明确达到绩效水平后的奖励，并确保所提供的奖励是人们所重视的。

2. 公平理论

公平理论（equity theory）是美国心理学家J·斯泰西·亚当斯（J Stacey Adams）于1976年提出的，其基本观点是：员工首先将自己从工作中得到（所得）和付出（投入）进行比较，然后将自己的付出—所得比与别人的付出—所得比进行比较，如图11-3所示。如果员工感觉到自己的比率与他人的比例相同，则为公平状态；如果比率不同，员工就会认为自己的报酬过低或者过高。不公平感出现以后，员工会试图采取行动来改变它。其结果可能是生产力下降或提高，产品质量下降或者提高，更高的缺勤率或者自愿离职。

感知到的比率比较		员工的评价
$\dfrac{自己的所得}{自己的付出} < \dfrac{别人的所得}{别人的付出}$		不公平（报酬过低）
$\dfrac{自己的所得}{自己的付出} = \dfrac{别人的所得}{别人的付出}$		公平
$\dfrac{自己的所得}{自己的付出} > \dfrac{别人的所得}{别人的付出}$		不公平（报酬过高）

图 11-3　公平理论

人们有时会进行两个方向的比较：一是与同时期他人的付出和所得相比，二是与自己过去的付出和所得相比。而对某项工作的付出（inputs），包括教育、经验、时间、精力、努力水平、能力和其他无形损耗等；通过工作所得或报酬（outcomes），包括工资、表彰、信念、赏识和晋升等。必须指出，公平是一种主观的感受，它还受到员工过去的个人经历、家庭背景等因素的影响。

因此，公平理论不仅强调分配公平，也强调程序公平。近年来很多管理者开始考虑把报酬分配的决策过程公开化，遵循一致的、无偏见的程序，以提高员工的程序公平感。

3. 综合期望理论

综合期望理论是美国行为科学家莱曼·波特（L Porter）和爱德华·劳勒（E Lawler）以期望理论为基础，引申出一个实际上更为完善的激励模式，并把它主要用于对管理人员的研究。这个模式如图 11-4 所示。

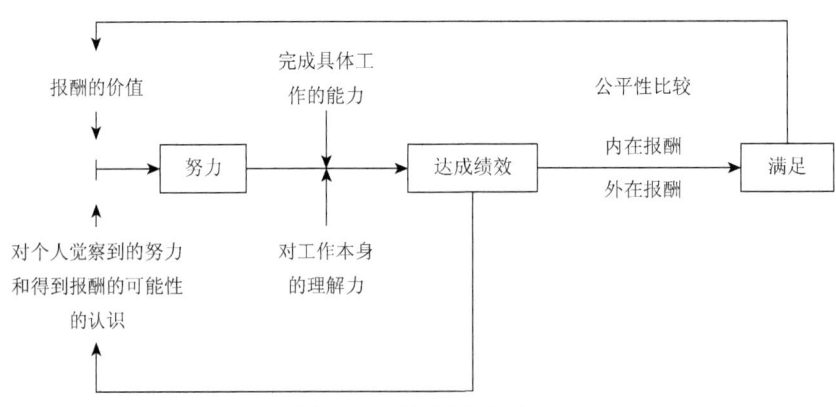

图 11-4　综合期望理论

从图 11-4 可以得出以下结论。

（1）个人是否会努力以及努力的程度如何，不仅取决于报酬的价值，还受到个人觉察到的努力和得到报酬的可能性的影响。其中，个人觉察到的努力是指个人认为需要或应当付出的努力。得到报酬的可能性是指个人对于付出努力之后得到报酬的可能性的期望值。

很显然，过去的经验、工作绩效以及报酬的价值都将在此发生作用。如果个人有较确切的把握完成工作或者曾经完成过并得到相当价值的报酬，那么他将乐意付出相当的或者更高程度的努力。

（2）个人实际能否达成绩效，不仅取决于其努力的程度，还受到个人完成具体工作的能力（如知识和技能）和个人对工作本身的理解力（例如，对目标、所要求的工作及其他要素的理解程度）的影响。

（3）个人是否感到满足不仅取决于其达成绩效后所获得的内在报酬和外在报酬，还受到个人公平性比较的影响。内在报酬是个人完成某一项工作之后所获得的成就感或者自我实现感，外在报酬是个人完成某一项工作之后所获得的物质奖励，如奖金、工作条件、工作地位等。这些又受到个人对于公平与否的感觉的影响，最终影响人们的满足程度。

（4）个人是否得到满足以及满足的程度将会反馈到其完成下一项工作的努力过程中。满足将会导致进一步的努力，而不满足最终导致努力程度降低甚至离开工作岗位。

综上所述，综合期望理论是对激励系统的比较全面和恰当的描述。要使得激励产生预期效果，并形成良性循环，就必须考虑到报酬的内容、报酬评价系统、组织分工、目标设置、管理水平、领导方式以及个人心理期望等一系列的综合因素。

11.2.3 行为修正型激励理论

内容型激励理论研究需要，过程型激励理论解释人们为什么选择不同的行为满足需要，以及他们如何评估通过这些行为获得的奖励的公平性，而行为修正型激励理论则解释这些奖励如何导致行为发生改变或者保持不变。激励理论的第三个部分研究为什么某些行为可以长期持续而另一些行为则发生了改变。行为修正型激励理论认为，当行为的结果有利于个人时，行为会重复出现；反之，行为则会削弱或消退。

1. 强化理论

强化理论是由美国心理学家斯金纳（B F Skinner）于20世纪50年代提出来的。该理论认为，人的行为受外部环境刺激的调节，因而也受外部环境刺激的控制，改变刺激就能改变行为。所谓强化也就是指通过不断改变环境的刺激因素来达到增强、减弱或消除某种行为的过程。主管人员可以采用四种强化类型来改变下级的行为，如图11-5所示。

（1）正强化。奖励那些所希望的行为以使其重复出现。

（2）负强化。也称为规避，指人们为了避免不满意或不希望的结果而努力克服某种行为的情况。例如，职工努力工作是为了避免不希望得到的结果，像不挨上级的批评，这就是负强化。

（3）惩罚。在消极行为发生以后，管理者采取适当的惩罚措施或消除这种行为，就叫做惩罚。

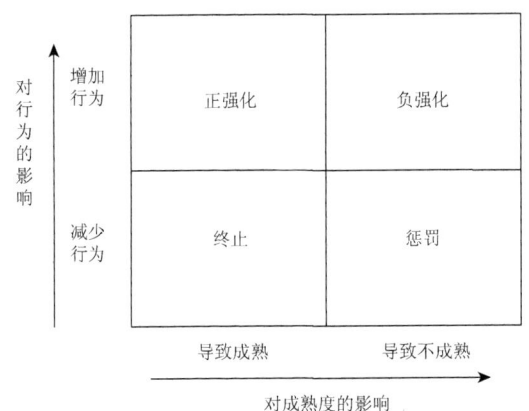

图 11-5 斯金纳的四种强化类型

(4) 自然消退。这是一种冷处理的方法。当某种管理者不希望看到的行为发生后,管理者视而不见,听而不闻,既不进行积极强化,也不给当事者以惩罚。那么职工可能会感到自己的行为得不到承认,慢慢地这个行为也就消失了。

根据强化理论,一旦人们做出了预期的行为,就应当给予强化。通过对预期行为的强化告诉人们该行为是重要的。中止对某一行为的强化会使人们认为该行为已不再重要。当人们采取了某种理想的行为而受到奖励时,他们最有可能重复这种行为。如果某种行为没有受到奖励或者受到了惩罚,则这种行为再次重复的可能性就会大大降低。

主管人员可以根据下属的行为情况不同而采用连续的或间歇的两种不同的强化方式。连续强化是指对每次发生的行为都进行强化。间歇强化是指非连续强化,它不是对每次发生的行为都进行强化。

2. 社会学习理论

社会学习理论(social learning theory)是由美国心理学家艾伯特·班杜拉(Albert Bandura)于 1977 年提出的,其基本观点是:不仅加诸于个体本身的刺激可以加强或者减少人的某种行为,观察别的个体的学习过程也可以获得同样的效果。

社会学习理论着眼于观察学习和自我调节在引发人的行为中的作用,重视人的行为和环境的相互作用。与强化理论不同的是,社会学习理论更强调从社会环境中学习,例如,小朋友看到老师表扬讲礼貌的小朋友,他见到老师也会彬彬有礼。儿童的其他特质如性别角色等,也是从社会环境中学习获得的。社会学习理论使得人们开始关注示范和榜样的作用。实践中,树立榜样、表彰先进等方式有助于促进这种社会学习的发生。

3. 归因理论

归因理论最初是在研究社会知觉的实验中提出来的,但以后随着对归因问题的深入研究,它逐渐应用到管理领域中。目前,归因理论在管理领域主要研究两个方面的问题：一是对人们的某一行为究竟是归结为内部原因还是外部原因；二是研究人们对获得成功或遭受失败的归因倾向。心理学家维纳认为，人们对自己的成功和失败主要归结为四个方面的因素，即努力程度、能力、任务难度和机遇。这四个方面的因素可以按三个方面来划分。

（1）内部原因和外部原因。努力程度和能力属于内部原因；而任务难度和机遇属于外部原因。

（2）稳定性。能力和任务难度属于稳定因素；努力程度和机遇则属于不稳定因素。

（3）可控性。努力程度是可控的因素而任务难度和机遇则是不可控的；能力在一定条件下是不可控的，但人们可以提高自己的能力，在这个意义上能力是可控的。

归因理论认为，人们把成功和失败归因于何种因素，对以后的工作态度和积极性，进而对人们的行为和工作绩效有很大的影响。例如，把成功归因于内部原因，会使人感到满意和自豪，而归因于外部原因，会使人感到幸运和感激；把失败归因于稳定因素，会降低以后工作的积极性，而归因于不稳定因素，可能提高工作的积极性等。

总之，利用归因理论可以很好地了解下属的归因倾向，以便正确地指导和训练职工的归因倾向，调动和提高下属的积极性。

【复习思考题】

1. 什么是激励？
2. 激励过程模式是怎样的？
3. 什么是需要层次理论？
4. 什么是双因素理论？它与马斯洛的需要层次理论之间有何联系？
5. 什么是 ERG 理论？它与马斯洛的需要层次理论之间有何联系？
6. 什么是三种需要理论？
7. 什么是期望理论？请解释该理论中的三种联系以及它们在动机中的作用。
8. 什么是公平理论？
9. 什么是综合期望理论？它与期望理论有何联系？
10. 什么是强化理论？
11. 什么是归因理论？
12. 什么是社会学习理论？
13. 激励理论分为内容型、过程型和行为修正型三种类型的依据是什么？

【技能训练】

1. 请采访三位（最好是不同组织类型的）管理者，了解他们激励员工的方式。记录他们在管理实践中发现的最有效的激励方式是什么？在报告中写下您的发现并在课程上向全班同学汇报。

2. 请认真思考一下您希望从工作中获得什么。列出您认为最重要的因素。您是在寻找一个快乐的工作环境、一份有挑战性的工作、弹性时间的工作、有趣的同事还是其他什么因素？请讨论您将如何发现某份特定的工作是否会帮助您实现这些目标。

【职场案例 11.1】

想从工作中获得什么？

谷歌每天有 3000 多名申请者。这也难怪，公司里每两周有一次按摩，洗衣间、游泳池、温泉、应有尽有的各种免费美食，作为一个雇员，还想要什么呢？听起来这是一份很理想的工作，难道不是吗？但即便如此，谷歌公司还是有许多员工通过他们的离职决定来表明所有这些津贴福利（以上所列仅为一部分）并不足以把雇员留住。正如一位分析员所说："没错，谷歌的利润丰厚；没错，公司里有很多聪明人；没错，那是一个工作的好去处。为什么还有那么多人想离开呢？"

在《财富》杂志评出的"最佳雇主"名单中，谷歌连续四年位居前五名，其中有两年位居榜首。谷歌的高管之所以决定为员工提供丰厚的福利待遇，出于以下几个原因：在残酷的市场竞争中吸引最优秀的员工；帮助员工处理耗时的个人琐事以节省工作时间；让雇员感觉受到重视；使雇员长期保持谷歌个人身份（谷歌员工的称呼）。但是大量的谷歌人还是跳槽或者放弃诱人的福利而选择自己创业。

例如，Sean Knapp 和他的两个同事 Bismarck Lepe 和 Belsasar Lepe 兄弟，产生了一个关于如何处理网络视频的构想。他们就离开了谷歌，或者正如一个人所描述的："他们把自己从天堂里驱逐出来，开始自己创业。"当这三人组合离开公司时，谷歌很想把他们以及他们的计划留下来。于是谷歌给了他们一张空白支票。但这三人意识到他们将负责所有艰苦的工作而最终坐享其成的却是谷歌，所以，他们带着创业的激情断然离开了。

如果这仅仅是个偶然，那么很快会被人忘记。但事实并不是。其他充满天赋的谷歌员工也做过同样的选择。事实上，有那么多人已经离开谷歌以至于他们成立了一个非正式的前谷歌人企业家校友俱乐部。

思考与讨论：谷歌为员工投入很多，但还是不足以留住某些优秀员工。运用你学习的激励理论来谈谈这种情况在员工激励方面给你什么启示？如果你正在管理一个谷歌员工团队，你将怎样保持他们的积极性？

（资料来源：斯蒂芬·P·罗宾斯，玛丽·库尔特著《管理学》（第 11 版））

【职场案例 11.2】

人性化管理的惠普为何留不住人才？

惠普（Hewlett-Packard Development Company，L.P.，HP）是世界最大的信息科技（IT）公司之一，成立于 1939 年，总部位于美国加利福尼亚州帕洛阿尔托市，主要专注于打印机、数码影像、软件、计算机与资讯服务等业务，下设三大业务集团：信息产品集团、打印及成像系统集团和企业计算及专业服务集团。中国惠普有限公司总部位于北京，在上海、广州、沈阳、南京、西安、武汉、成都、深圳等都设有分公司。中国惠普在大连设有惠普全球呼叫中心，在重庆设有生产工厂。

作为美国硅谷的第一家高科技公司，惠普不仅致力于技术的研发，在企业文化的建设上也极富远见。惠普公司"以员工为导向"的哲学，称为"惠普之道"（the HP way）。HP 创始人之一戴维·帕卡德曾说过："回顾一生的辛劳，我最自豪的，很可能是协助创设一家以价值观、做事方法和成就，对世界各地企业管理方式产生深远影响的公司；我特别自豪的是，留下一个可以永续经营、可以在我百年之后恒久继续作为典范的组织。"而戴维·帕卡德所说的"价值观、做事方法"，就是现在广为人知的"惠普之道"。

自成立之日起，惠普一直保持的较高的业绩和较强的创新力。然而近几年，"业绩连续下滑""裁员""重组"逐渐成为惠普的关键词。据 Gartner 数据显示，2006 年第三季度惠普 PC 销售量首次超越戴尔，成为全球 PC 业老大，此后则连续 6 年占据龙头地位。自 2012 年起，随着联想的崛起，惠普更是被抢走了 PC 业界老大的位置。2013 年第三季度全球 PC 出货达 8030 万台，同比下降 8.6%，出货量连续第六个季度下滑。

回想曾经的惠普，午饭后有水果，还是进口的，吃不完还可以打包带走；一天工作 5~6 个小时，每年带薪休假，每年两次体检；公司提倡的"工作与生活两不误"的理念，不给员工施加太大压力的理念，以及让高管花 80%时间用在帮助员工解决问题之上等，都使得曾经的惠普员工无比傲娇。但随着惠普这几年业务的萎缩，建立在福利之上的企业文化，很快也就失去了，抱怨声不断增多，工作强度也不断增加。最终那些歌颂惠普文化的人，基本上都走了，而且是当初福利给得越好的人，反而走得越快。

引起我们思考的是，有如此良好人性化管理战略企业文化的惠普，为何现在每况愈下，虽然在销售收入上还能保持硅谷地区第一的位置，但是盈利逐年下降，危机凸显。与此同时，面对每况愈下的惠普，那些曾经歌颂惠普企业文化的人却选择离开了。如此之好的人性化管理的企业文化，为什么最终不能在企业出现危机时留住那些人呢？丰厚的福利待遇是否真的发挥了它们的效用呢？

事实上，很多的组织中都存在这样的现象，就是福利作为普遍的待遇，其负面作用是挤占了好员工的资源补贴给了差的员工。有人曾经对某公司食堂进行了一个月左右时间的观察，发现了有趣的现象，该公司的食堂是免费的，而且一天提供四顿饭，早、中、晚、夜宵。总有很多员工喜欢带人来吃饭，老婆小孩都带来，有些单身的则是一日四餐都在食堂吃，即使不上班也是如此。往往来吃饭的员工，很多都是喜欢占小便宜且绩效不高的员工，两者相关性很大；而那些努力工作、责任心极强的员工经常忙碌得没有吃饭的时间，只能叫别人代为打饭。除此之外，如某公司每年组织旅游，都可以带家属，但是往往发现越是对公司贡献一般的员工，越喜欢带上家属，而一些工作勤奋的员工则因为工作忙碌，反倒无法参加集体旅游。如此种种，最后就导致公司形成了一种不公平的激励机制，使得人们越来越喜欢蹭便宜，而不是做事情。

从某个意义上看，员工跟企业之间其实是博弈关系，寻求的是合理的边界点，而不是一味地以某一方面为核心，以人为本是有前提的。对于企业经营者而言，首先应是保持企业持续盈利，这才是对员工最大的福利，其次是尽可能创造好的环境让员工成长。

（根据网络资料改编）

思考与讨论：
1. 人性化管理的惠普为何留不住人才？
2. 本案例对企业激励机制的建设有何启示？

第 12 章　控　　制

【学习目标】

1. 理解控制的含义与控制的重要性。
2. 区分不同类型的控制，理解控制的过程。
3. 了解控制的内容。
4. 掌握预算控制方法，理解人员控制方法。
5. 理解有效控制的原则及控制过程中的行为反应。

【本章结构图】

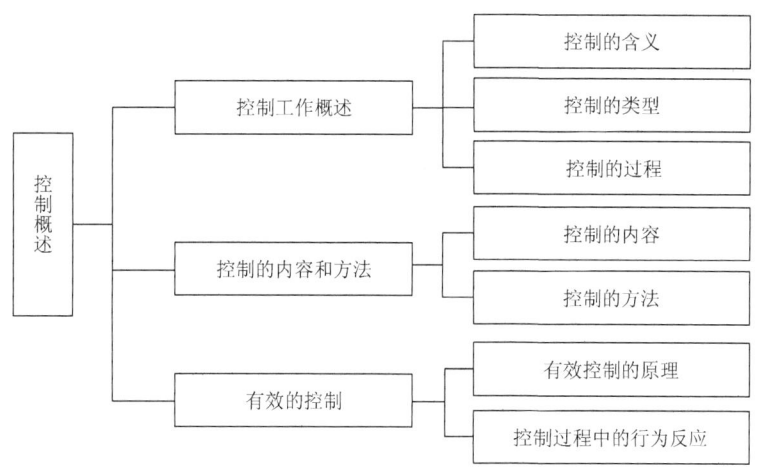

【引导案例】

客户服务质量控制

美国某信用卡公司的卡片分部认识到高质量客户服务非常重要。客户服务不仅影响公司信誉，也和公司利润息息相关。例如，一张信用卡每早到客户手中一天，公司可获得33美分的额外销售收入。这样一年下来，公司将有140万美元的净利润。及时地将新办理的和更换的信用卡送到客户手中是客户服务质量的一个重要方面，但这远远不够。决定对客户服务质量进行控制来反映其重要性的想法，最初是由卡片分部的一个地区副总裁凯西·帕克提出来的。她说"一段时间以来，我们对传统的评价客户服务的方法不大满意。向管理部门提交的报告有偏差，这是因为在报告中很少包括有问题但没有抱怨的客户，或那些只是勉强满意公司服务的客户。"她相信真正衡量客户服务的标准必须基于和反映持卡人的见解。这就意味着要对公司控制程序进行彻底检查。第一项工作就是确定用户对公司的期望。对抱怨信件的分析指出了客户服务的三个重点特点：及时性、准确性和反应灵敏性。持卡者希望准时收到账单、快速处理地址变动、采取行动解决抱怨。了解客户期望，公司质量保证人员开始建立控制客户服务质量的标准。所建立的180多个标准反映了如申请处理、信用卡发行、账单查询反应及账户服务费代理等服务项目的可接受的服务质量。这些标准都是基于用户所期望的服务的及时性、准确性和反应灵敏性。同时也考虑了其他一些因素。除了客户见解，服务质量标准还反映了公司竞争性、能力和一些经济因素。考虑了每一个因素后，适当的标准就成型了。所以，开始实施控制服务质量的计划。计划实施效果很好，例如，处理信用卡申请的时间由35天降到15天、更换信用卡从15天降到2天、回答用户查询时间从16天降到10天，这些改进给公司带来的潜在利润是巨大的。例如，办理新卡和更换旧卡节省的时间会给公司带来1750万美元的额外收入。另外，如果用户能及时收到信用卡，他们就不会使用竞争者的卡片了。该质量控制计划潜在的收入和利润对公司还有其他的益处。该计划使整个公司都注重客户期望。各部门都以自己的客户服务记录为骄傲。而且每个雇员都对改进客户服务做了贡献，使员工士气大增。每个雇员在为客户服务时，都认为自己是公司的一部分，是公司的代表。信用卡卡片分部客户服务质量控制计划的成功，使公司其他部门纷纷效仿。无疑，它对该公司的贡献将是非常巨大的。

思考与讨论：
1. 该公司控制客户服务质量的计划是前馈控制、反馈控制还是同期控制？
2. 请找出该公司对计划进行有效控制的三个因素。

控制职能是管理活动的基本职能之一。它是保证企业计划与实际作业动态相适应的管理职能，控制工作的主要内容包括确立标准、衡量绩效和纠正偏差。一个有效的控制系统可以保证各项活动朝着达到组织目标的方向前进，控制系统越是完善，组织目标就越易实现。要做到有效控制，必须采用合适的手段和方法。

12.1 控制工作概述

12.1.1 控制的含义

从管理的角度看，控制作为一种管理职能，是指管理者监督和检查各项活动是否按照既定的计划、标准和方法进行，发现偏差、分析原因、并进行纠正、以确保组织目标的实现。一个有效的控制系统可以保证各项活动有利于组织目标的实现和纠偏，控制系统越完善，管理者实现组织的目标越容易。

这一定义可以从下面几层含义进行理解。

（1）控制工作是管理全过程中的一个阶段。它将组织的活动维持在允许的限度内，它的标准来自人们的期望，这些期望可以通过目标、指标、计划、程序或规章制度的形式表达。从实质上讲，控制必须同检查、核对或验证联系起来，这样才有可能使控制根据由计划过程事先确定的标准来衡量实际的工作。

（2）控制是发现问题、分析问题、解决问题的过程。组织开展业务活动，由于受外部环境、内部条件变化和人的认识问题、解决问题能力的限制，实际执行结果与预定目标完全一致的情况是不多的。因此，对管理者来讲，重要的是能否及时发现偏差，或预测到潜在的偏差。进而找出造成偏差的原因、环节和责任者，采取针对性措施，纠正偏差。

（3）控制职能的完成需要科学的程序。实现控制需要三个基本步骤：建立控制的标准；将实际绩效同标准进行比较；纠正偏差。没有标准就不可能有衡量实际成绩的根据；没有比较就无法知道绩效的好坏；不规定纠正偏差的措施，整个控制过程就会成为毫无意义的活动。

（4）控制要有成效，必须具备以下要素：第一，控制系统必须具有可衡量性和可控制性，人们可以据此来了解标准；第二，有衡量这种特性的方法；第三，有用已知来比较实际结果和计划结果并评价两者之间差别的方法；第四，有一种调控系统，以保证必要时调整已知标准的方法。

（5）控制的根本目的，在于保证组织活动过程和实际结果与计划目标及计划内容相一致，最终保证组织目标的实现。

在管理活动中，控制的对象是什么就叫"什么"控制。例如，质量控制、财务控制、人员控制、成本控制等。我们把管理中的控制工作称为管理控制或者控制工作。

12.1.2 控制的类型

1. 按照控制活动的性质分类

根据控制活动的性质可以把控制分为预防性控制和更正性控制。

（1）预防性控制。预防性控制是着眼于培养更好的管理人员，使他们能熟练地应用管理的概念、技术和原理，能以系统的观点来进行和改善他们的管理工作，从而防止出现因管理不善而造成的不良结果。预防性控制的主要目的是避免计划执行过程中产生错误，以尽量减少日后的更正活动。例如，企业制定较为详细的规章制度、工作程序、人员训练和培养计划，并强制执行，这就是预防性控制措施。

（2）更正性控制。在现实管理工作中，更正性控制的应用更为普遍，又称为直接控制。更正性控制的目的是当偏差出现时，通过控制修正执行行为方式或实施进程，使之返回到原先预定的或所期望达到的目标水平。例如，国家发现某地区走私现象严重，为了改变这种现象，在交通要道和关口设立一些检查站，以希望减少走私活动；审计制度增加了管理部门采取更正措施的能力，因为定期对企业进行检查，有助于及时发现问题、解决问题。

2. 依照控制点的位置分类

按照控制活动的位置，即根据控制发生在管理活动过程中不同的时间段上，可以将控制分为预先控制、过程控制和事后控制。以生产加工过程中的管理活动为例，如

图 12-1 所示，我们可以依照图示对三种类型的控制活动进行分析和说明。

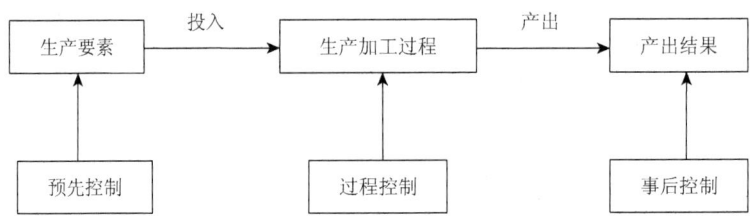

图 12-1 预先控制、过程控制、事后控制示意图

（1）预先控制。预先控制又称事前控制，是指一个组织在一项活动正式开始之前所进行的控制活动。预先控制位于生产要素投入与加工生产过程的初始端交接的关键点。这个点既是生产活动管理过程的起始点，同时也是整个活动时间的开始点，因此，具有特殊的意义。预先控制主要是对活动最终产出的确定和对资源投入的控制，其重点是防止组织所使用的资源在质和量上产生偏差。因此，预先控制的基本目的是：保证某项活动有明确的绩效目标，保证各种资源要素的合理投放，例如，各种计划、市场调查、原材料的检查验收、组织招聘甄选考核、入学考试等，都属于预先控制。通过预先控制，可以保证组织生产加工过程中所投入要素在质量和数量上达到既定标准，同时剔除有可能在生产加工过程中出现问题和缺陷的生产要素，实现人、财、物、信息等要素投入的最优配置。

（2）过程控制。过程控制又称事中控制、现场控制，是指在某项活动或工作过程中进行的控制，管理者在现场对正在进行的活动给予指导与监督，以保证按规定的政策、程序和方法进行。例如，对于图 12-1 而言，过程控制主要指对生产加工过程中的工艺流程、产品质量、物资耗费、生产进度的控制等。在日常生产和其他管理活动中，过程控制的目的是及时发现并纠正工作中出现的偏差。例如，每日的机器设备运行记录、生产情况统计报表、每天对住院患者进行的临床检查、学生的家庭作业和期中考试等，都属于过程控制。

（3）事后控制。事后控制一般位于活动过程的终点。事后控制把注意力主要集中于工作结果上，通过对工作成果进行测量比较和分析，采取措施，进而矫正今后的行动。例如，企业对生产出来的成品进行质量检查、学校对学生的违纪处理等，都属于事后控制。在图 12-1 中，要素投入经过生产加工过程得出产出结果以后，质检人员就会从所有产品中挑选出次等品，以确保出厂的产品达到既定的质量标准，从而把好产品出厂的最后一关。所以，事后控制有助于生产加工系统的外部处于正常状态。

3．根据控制信息的反馈形式分类

按照控制信息的反馈形式和性质，可以把控制分为前馈控制、同期控制和反馈控制三种类型。

1）前馈控制

前馈控制是在企业生产经营活动开始之前进行的控制，其目的是防止问题的发生，而不是当问题出现时再补救。因此,这种控制需要及时和准确的信息并进行仔细和反复预测,把预测和预期目标相比较,并促进计划的修订,控制的内容包括检查资源的筹备情况和预测其利用效果两个方面。这种控制形式属于一种事前控制,如图12-2所示。

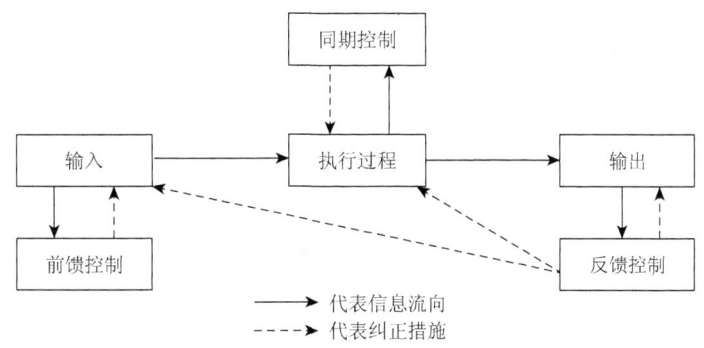

图 12-2　前馈控制、同期控制、反馈控制示意图

2) 同期控制

同期控制属于过程控制的一种形式,是指企业经营过程开始以后,对活动中的人和事进行指导和监督。主管人员越早知道业务活动与计划的不一致,就可以越快地采取纠偏措施,可以在发生重大问题之前及时纠正。

对下属的工作进行同期监督,其作用有两个:首先,可以指导下属以正确的方法进行工作,培养下属的工作,这是每一个管理者的重要职责。现场监督,可以使上级有机会当面解释工作的要领和技巧,纠正下属错误的作业方法与过程,从而可以提高他们的工作能力。其次,可以保证计划的执行和计划目标的实现,通过同期检查,可以使管理者随时发现下属在活动中与计划要求相偏离的现象,从而可以将问题消灭在萌芽状态,或者避免已经产生的问题对企业不利影响的扩散。

3) 反馈控制

反馈控制是指一个时期的生产经营活动已经结束以后,对本期的资源利用情况及其结果进行总结,由于这种控制是在经营过程结束以后进行的,所以,不论其分析如何中肯、结论如何正确,对于已经形成的经营结果来说都是无济于事的,它们无法改变已经存在的事实,成果控制的主要作用,甚至可以说是唯一的作用,是通过总结过去的经验和教训,为未来计划的制订和活动的安排提供借鉴。反馈控制主要包括财务分析、成本分析、质量分析以及职工成绩评定等内容。

4. 根据控制的来源分类

(1) 内部控制。也称自我控制,它是指某个组织及其内部各级、各单位根据本身所要完成的任务来自己拟定目标,并为了保证这些目标顺利实现而进行的自我控制。

(2) 外部控制。也称他控,这是指一个组织的工作目标制定以及为了保证它们顺利实现而开展的控制工作,由另一组织来承担。在组织内部,许多单位和个人都要受到外部控制,他们往往既是控制者又是受控者。

5. 根据控制对象分类

（1）成果控制。成果控制要控制的或是目标制定过程的成果，或是目标执行过程的成果。

（2）过程控制。过程控制要控制的是成果形成的工作内容和方法、成果形成的运动方式，以及组织方针政策和技术规则的履行情况。具体包括：工作内容控制、工作时间控制、工作地点控制、工作方法控制等。

上述两类控制中，成果控制是目的和核心，过程控制是成果控制的保证条件，同时也是成果控制进一步展开的内容。

6. 根据控制手段分类

（1）间接控制。是指运用非行政的手段进行的控制。

（2）直接控制。则是运用行政手段实施的控制。

二者各有利弊，应结合使用，但在不同的时期有主次之分。我国经济体制改革的任务之一，就是从以直接控制为主转为以间接控制为主。

12.1.3 控制的过程

控制的过程是对计划的执行和管理活动过程中不当行为的纠偏。其主要可分为三个步骤：设立衡量绩效的标准；把实际绩效与预定标准相比较，进行衡量以确定组织活动中出现的偏差及其严重程度；基于上述比较与衡量，有针对性地采取必要的纠正措施，以确保组织资源的有效利用和组织目标的圆满实现。组织控制的过程如图 12-3 所示。

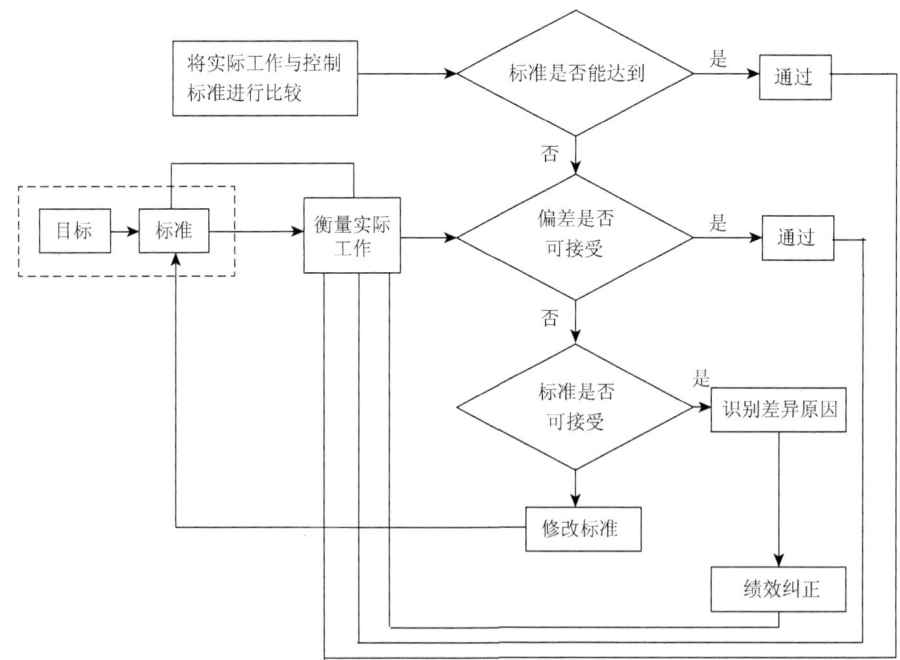

图 12-3 控制工作过程图

资料来源：[美]斯蒂芬·P·洛宾斯，《管理学》（第四版）．中国人民大学出版社．1997

1. 制定控制工作标准

标准是人们检查和衡量工作及其结果的依据，控制始于工作标准的建立。制定标准是进行控制的基础，没有一套完整的标准，衡量绩效或纠正偏差就失去了客观标准，控制也就成了无目的的行动，不会产生任何效果。

计划与标准都是以实现组织目标为目的而编制的，但不能完全用计划目标来代替标准进行控制。组织内部各部门都有自己的计划，而且各种计划在详尽程度和复杂程度上又各不相同。如果直接用计划作为控制标准并对全部计划内容进行控制，会使控制工作因缺乏规范化而导致混乱。通常制定标准的做法是管理者在一个完整的计划程序中选出众多关键点，把处于关键点的工作预期成果作为控制标准。

2. 衡量绩效

所谓衡量绩效就是要找出实际工作情况与标准之间的偏差信息，根据这种信息来评估实际工作的优势与劣势。由此可见，衡量是控制工作的中间环节，是一个发现问题的过程。由于控制目的是必要的纠偏行动能在偏差产生以后迅速采取。为此，要求管理者及时掌握反映偏差是否产生并判定其严重程度的信息。用预定标准对实际工作成效和进度进行检查、衡量和比较，就是为了提供这类信息。

要对控制进行有效的衡量，应注意以下几方面的问题。

（1）如何衡量。个人观察、统计报告、口头汇报和书面报告是管理者衡量实际工作的信息来源，与之相对应的衡量方法是亲自观察、分析报表资料、召开会议、口头报告、书面报告等常用的方法。同时，计算机在组织中的广泛应用使得管理者越来越依赖统计报告来衡量实际工作。统计报告能提供大量的数据、图表，不仅一目了然，而且能显示各项指标之间的相互关系。

事实上，各种方法都有其优缺点，管理者在具体衡量实际工作时应综合利用不同的方法。衡量实际工作情况是为管理者提供有用的信息，为矫正偏差提供依据。

（2）衡量什么。衡量什么是指应用合适的控制标准对工作和管理活动结果等对象进行衡量，它比如何衡量更为关键。衡量的前提是选择正确的标准，如果标准错误会导致计划失调和管理失败等严重后果。例如，对于一个主管生产的经理可以用企业的日产量、单位产品耗费的工时或顾客退货率等来衡量。对于销售部门的经理的衡量可以用市场占有率、实际合同金额、销售收入与销售增长等来衡量。

3. 比较并纠正偏差

通过比较可以确定实际工作绩效与标准之间的偏差。在一些管理活动中，偏差是在整个组织系统内部产生，在所难免。因此，确定一个可以接受的偏差范围尤为重要。通过与标准进行对比，就会对偏差进行量化和定性分析，找出管理控制中存在的问题，从而改变管理行为或调整计划。所以，在比较阶段，管理者应该特别注意偏差的大小和方向。

在控制实践中，管理者和基层管理人员只能在分析偏差原因的基础上，针对那些可以控制的因素采取相应的纠正措施，把实际工作拉回计划的轨道上来，使组织目标能得以有效实现。

12.2 控制的内容和方法

12.2.1 控制的内容

控制职能不仅贯穿管理活动的全过程，而且其范围涉及组织中的所有领域。一般来说，控制的对象包括人员、财务、作业、信息和组织的总体绩效等，据此可以将控制分为人员的控制、财务控制、作业控制、信息控制与组织效率控制等五方面内容。

（1）对人员的控制。本质上，任何控制都可以归结为对人的行为的控制。管理者进行人员控制最简单的方法是直接对下属员工进行监督、检查和对其绩效直接评估。具体来说，对员工行为的控制手段有：对员工的直接监督和行为强化措施；人员招聘、培训与发展、绩效考评、薪酬管理等人力资源管理措施；组织规章制度、企业文化约束等。

（2）对财务的控制。任何组织要生存发展，必须要获取一定的利润。这个目标的实现要依赖对组织财务的控制。对财务的控制可以使组织降低成本并使资源得以充分利用，财务控制的主要内容包括控制会计记录信息的准确性、定期审核财务会计报告、保证财务目标的实现等几个方面的工作。在财务控制过程中，财务比率指标一般作为衡量的重要手段，可以用它来考查组织在利用资产、负债、库存等方面的效率。通过与标准比较，有利于发现财务方面存在的偏差，便于管理者根据偏差采取修正措施。

（3）对作业的控制。所谓作业，是指从劳动力、原材料等原始资源到产成品或服务的转换过程。一个组织的成功很大程度上取决于它在生产产品或提供服务能力上的效率和结果，作业控制就是对这种结果的衡量、比较与纠偏。监督组织的产出，即产品或服务的质量，以满足预定的标准；保证生产转换过程中所有的设备能得到良好的运转等活动，都属于作业控制。

（4）对信息的控制。信息的传递和反馈贯穿于管理活动的全过程。管理者需要在信息收集的基础之上，对其进行分析和筛选，并据此做出相应的决策。对信息的控制主要是指对信息的获取、筛选、传输、存储和反馈的管理，其范围包括生产、销售和市场预测、公共关系及经济预测等。

（5）对组织绩效的控制。组织绩效是组织管理效果的最终表现，是组织内部的管理者和员工及其他利益相关者关注的焦点。对组织绩效衡量的标准不是单一的，产量、规模、产品质量、生产率、效率、利润、员工士气、稳定性等都是衡量组织整体绩效的重要指标。

12.2.2 控制的方法

管理活动包括各方面的内容。对不同活动或同一活动的不同方面的控制有着不同的控制方法。我们把管理控制的方法归结为三种，即财务控制法、人员控制法和综合控制法。具体方法如表 12-1 所示。

表 12-1 控制的方法及其应用范围

方法类别	方法名称	应用范围
财务	1. 预算	收入、支出、产量、销量、原材料利用、成本、利润、时间、人力资源等
	2. 盈亏平衡分析	产量和价格等方面的决策
	3. 比率分析法	利润、资金周转、收入、支出、生产率等
人员	1. 人事选择	人员选用、晋升、调任等
	2. 人事训练	人员能力、行为和态度
	3. 视察	工作现场、监督
	4. 报告	工作进度、工作成果
	5. 鉴定式评价方法	人员选用、晋升、调任
	6. 实地审查法	人员选用、晋升、调任
	7. 强选择列等法	人员的晋升、工资等
	8. 偶然事件评价法	训练、监督等
综合	1. 资料设计	各种控制的基础
	2. 审计	财务与管理活动的保证监督等
	3. 目标管理	组织目标、人员行为和态度
	4. 网络分析技术	项目的进度、时间、资源等

1. 预算控制

所谓预算，是指用数字编制未来某一时期的计划，也就是用财务数字（例如，在财务预算和投资预算中）或非财务数字（例如，在生产预算中）来表明预期的结果。预算描述企业未来的活动计划，它预估了企业在未来时期的经营收入或现金流量，同时也为各部门或各项活动规定了在资金、劳动、材料、能源等方面的支出不能超过的额度。预算有利于根据标准评定工作成效、找出偏差、并采取纠正措施、消除偏差。

制定预算的方式主要有：传统方式、弹性预算和零基预算。

（1）传统方式。传统的预算编制程序一般会经过以下步骤：第一步，组织下属各职能部门制订本部门的预算方案，呈交给归口负责人审批；第二步，各归口负责人对所属部门的预算草案进行综合平衡，并制订本系统的总预算草案；第三步，各系统将其预算草案呈交预算领导小组，预算领导小组审查各系统预算草案，并进行综合平衡；第四步，预算领导小组与最高决策人磋商，拟订出整个组织的预算方案；最后，预算领导小组将整个组织的预算方案提交最高领导层审批之后下发各部门执行。

（2）弹性预算。弹性预算控制就是指预算指标有一定的调整余地，执行人可以灵活执行预算。这种预算的控制力度稍弱,但有较强的环境适应性,能较好地适应控制的要求。在编制弹性预算时,应根据具体情况研究各种费用的变动程度,以确定各种换算系数,这样更有利于预算的合理性、准确性,减少预算变动的频繁程度。

(3)零基预算。零基预算不受前一年度预算水平的影响,在每个预算年度开始时,将所有还在进行的管理活动都看作重新开始,对所有将要进行的活动不管在其以前年度是否有过类似工作以及以前预算费用高低和实际发生多少费用,即以零为基础,根据组织目标,重新审查每项活动对实现组织目标的意义与效果,并在费用效益分析的基础上重新排出各项管理活动的优先次序,资金和资源分配均按此次序进行。

2. 人员控制的方法

人力资源是组织的核心资源,组织工作成效如何,归根结底取决于其员工。所以,组织合理选人和有效用人就具有特别重要的意义。对人员的控制包括对人员配备过程的控制和对人员行为的控制,以及对人员工作结果即绩效的控制。

(1)人员配备控制。如果管理者能够有效地控制本组织员工的非期望行为和态度,组织的有效性就会大大提高。人员配备就是从这个目的出发而运用的控制手段。这里包括两方面的内容,一是对员工进行选择,二是对员工进行训练。人事选择的技术包括人员最初的选聘和以后的提升与调动,而训练则可以促使员工的行为和态度趋向于工作和组织的需要。一个组织若想成功,人员选择和训练都是十分必要的。

(2)工作过程控制。即使一个组织员工选聘符合岗位要求,员工的目标、任务、职责也都清晰,却也无法保证员工工作过程完全满足组织和管理者的预期。管理者需要对员工工作过程进行合理控制,常用的控制方法是管理者的视察和员工报告工作。

3. 人员绩效控制

任何组织当中最关键的资源都是人力资源和人力资本。管理控制中最主要的方面,也是相当复杂和困难的方面就是对人员的行为进行控制。这是因为人的行为是人的思想、性格、经验、社会背景等多种因素综合作用的结果,而这些因素本身很难用精确的方法加以描述。例如,对企业的管理人员、大学教师、政府工作人员等,有时就无法对他们的工作规定得十分清楚,因而相当大的一部分评定过程几乎完全根据评定者的主观判断,这种判断极易产生评定偏差,最后导致人员行为的失控。面对这些困难,人们在管理实践中不断探索,逐渐总结了一些可行的方法。常用的绩效评定方法有鉴定式评价方法、实地审查方法、强选择列等方法与偶然事件评价法。

12.3 有效的控制

12.3.1 有效控制的原理

任何一个负责任的主管人员,都希望有一个适宜的、有效的控制系统帮助他们确保各项活动都符合计划要求。但是,主管人员往往不能全面了解设计控制系统的原理。

因此，要使控制工作发挥有效的作用，在建立控制系统时必须遵循一些基本原理。

1. 适时控制

组织经营活动中产生的偏差只有及时采取措施加以纠正，才能避免偏差的扩大，或防止偏差对组织不利影响的扩散。及时纠偏，要求管理人员及时掌握能够反映偏差产生极其严重程度的信息。

纠正偏差最理想的方法是在偏差没有产生以前，就注意到偏差产生的可能性，从而预先采取必要的预防措施，防止偏差的产生；或者由于某种组织无力抗拒的因素，偏差的出现不可避免，那么这种认识也可以指定组织预先采取措施，消除或遏制偏差产生后可能对组织造成的不利影响。

预测偏差的产生，在实践中和理论上都是可行的，可以通过建立组织经营状况的预警系统来实现。我们可以为需要控制的对象建立一条预警线，反映经营状况的数据一旦超过这条警戒线，预警系统就会发出警报，提醒人们采取措施防止偏差的产生和扩大。例如，质量控制图就是利用控制警戒线来反映产品质量或工序质量状况，从而提醒人们注意质量变化，以采取必要的措施控制质量。

2. 适度控制

适度控制是指控制的范围、程度、频度和积极性都要恰到好处。

1）防止控制过多或控制不足

控制常给被控制者带来某种不快，但是，如果缺乏控制则可能导致组织活动的混乱。有效的控制应该既能满足组织活动的监督和检查的需要，又要防止与组织成员发生强烈的冲突。

判断控制程度或频度是否适当的标准，通常要随着活动性质、管理层次以及下属受培训的程度等因素而变化。通常来说，对科研机构的控制程度应小于生产制造类型的组织；企业中对科室人员工作的控制要少于现场的生产作业。另外，组织环境的变化也会影响人们对控制严厉程度的判断，例如，在市场疲软时期，为了共渡难关，员工通常会同意接受比较严格的行为限制；而在经济繁荣时期则希望工作中有较大的自由度。

2）处理好全面控制与重点控制的关系

任何组织都不可能对每一个部门、每一个环节的每一个人在每一个时刻的工作情况进行全面的控制。同时，并不是所有成员的每一项工作都具有相同的发生偏差的概率；也并不是所有可能发生的偏差都会对组织带来相同程度的影响。例如，组织工资成本超出计划的 5% 对经营成果的影响要远远高于行政系统的邮资费用超过预算的 20%。

适度的控制要求组织在建立控制系统时，利用相关工具，找出影响组织经营成果的关键环节和关键因素，并据此在相关环节上设立预警系统或控制点，进行重点控制。

3）提高控制工作的经济性

任何控制都需要一定的费用。衡量工作绩效、分析偏差产生的原因以及为纠正偏差而采取的措施都需要支付一定的费用。同时,由于纠正了组织活动中存在的偏差,控制又会带来一定的收益。只有控制带来的收益超出所需成本时,才是值得的。控制不足或控制过多都会影响控制工作的收益,组织应根据活动的规模特点和复杂程度来确定控制的范围和频度,建立有效的控制系统。

3. 客观控制

控制工作应该针对组织的实际状况,采取必要的纠偏措施或促进组织活动沿着预定的轨迹继续前进。因此,有效的控制必须是客观的、符合组织实际的。客观的控制源于对组织经营活动状况及其变化的客观了解和评价。

为了实现客观控制,加强控制中的员工参与是必要的。现代的管理方式认为,员工可以参与业绩目标制定以及决定实现目标的方式,鼓励员工的自我管理和自我控制。广泛的参与可以使员工理解他们的工作目标和工作职责与任务,加强员工对工作计划的认同,增强其自主意识和责任感,有助于激发员工的积极性和主动性。同时,当员工参与到工作目标、方法和流程的制定中时,管理者和员工能更好地沟通,促进他们之间信息共享、改变员工对控制的态度、减轻控制和监督的负面效应。

4. 弹性控制

组织在生产经营过程中经常遇到某种突发的、无力抗拒的变化,这些变化使组织计划与现实条件严重背离。这就要求控制系统应该具有灵活性或弹性。

弹性控制通常与控制的标准有关。例如,预算控制通常规定了组织各部门管理者在既定规模下能够用来购买原材料或生产设备的额度。如果将这个额度绝对化,那么一旦实际产量或销售量与预测数发生差异,预算控制就可能失去意义。有效的预算控制应能对组织经营规模的变化做出反应,应该考虑到未来的企业经营可能呈现出的不同水平,从而为标志组织经营规模的不同指标规定不同的经营水平,使预算在一定范围内是可以变化的。

从本章引导案例来看,美国一信用卡公司的卡片分部认识到高质量客户服务的重要性。采取行动解决抱怨。了解客户期望,公司质量保证人员开始建立控制客户服务质量的标准。每个雇员都对改进客户服务做出贡献,使员工士气大增。每个雇员在为客户服务时,都认为自己是公司的一部分,是公司的代表。该公司成功的控制源自于以下几点:首先要对实际情况有一个很好的掌握,了解到出现问题的真实原因,这也是客观控制的要求;其次要在适当的时机采用适当的方式进行控制,在此,可借助管理的艺术性特征,充分发挥领导的激励作用;最后,采取控制措施时还要做到有弹性,针对不同员工的不同情况采取不同的措施以达到控制的目的。

12.3.2 控制过程中的行为反应

无论是施控系统,还是受控系统,其核心都是人。控制与抵制几乎可以说是伴生的。管理者必须认真分析与研究管理控制过程中人的因素、正确估价控制中的行为反应、并因势利导、以实施有效控制。

1. 对控制的反应

1）被管理者对控制的抵制

被管理者往往把控制看作一种外来压力，并把抵制作为对由于控制而产生的压力的反应。由于受到控制，被管理者往往产生漠然处之、反感，甚至敌视和愤恨的态度。这些态度反映在行为上，表现为缺乏进取精神、消极怠工，直至扰乱和公开反抗。这些抵制行为必然干扰受控系统各项职能活动的开展和其目标的实现，并引起人际关系的混乱，使控制机制失效。

控制的不良反应，不仅限于个人，它将扩散到群体，形成群体抵制来同控制压力抗衡。这一过程可表述为团体抵制的发展模式，首先是个人感受到压力，接下来开始相互沟通和串联，最后共同感受压力，群体抵制。

2）强制控制的不良后果

对于这些由于人的抵制行为而产生的偏差，一味采取强制性的控制手段，增加控制压力是无济于事的，甚至适得其反。处理不当，则会产生控制——抵制——再控制——再抵制的不良循环。显然这种状况形成了一种恶性循环。当然这个循环是不会无限进行下去的。其结果或者出现某种僵持，停滞一段；或者管理者让步，放松控制；或者被管理者让步，服从控制；或者爆发激烈的矛盾；或者变更控制方式，减弱或消除抵制，在控制中发展持久合作，以保证实施有效的控制。

2. 产生抵制的原因

人为了维护其个性，对于任何形式的控制总有一种天生的抵制性。产生抵制的原因是多方面的，如政治、经济、社会和心理。管理控制过程中的每一环节上都有引发抵制的因素。产生抵制的原因具体表现为以下四点。

（1）标准太高。

（2）测定不准确。

（3）纠正措施不合理。

（4）施控态度不恰当。

3. 控制过程中的行为管理

为调整好控制过程中的行为问题，管理者需要做好以下工作。

（1）树立正确的态度。每一个管理者都必须清楚地认识到自己是组织中的一员，管理者必须充分尊重被管理者的人格和满足其需求，力求用自己的实际行动赢得被管理者的理解和支持。这样才能从根本上消除控制与受控双方的对立，从而形成控制过程中的良好行为反应。

（2）下放控制权，提倡实行自我控制。管理者要发动群众广泛参与目标与标准的制定，并把日常控制权授予基层和员工，倡导被管理者实行自我控制。这就会增强被管理者的参与感，消除他们的被动感、压力感。

（3）采用科学的手段，并做好宣传解释、教育工作。无论是标准的设定、成效的测量，还是纠正措施的制定，都要尽可能采用科学的方法和手段，做到全面、准确、客观，给被管理者以公正的评价。并做好宣传教育工作，使控制目的、控制标准、控制手段都广为员工所理解，获得广泛的支持。

（4）倚重工作保证体系。建立清晰的组织结构，明确的职责、权限和沟通渠道以及相应的一整套规章制度，这就会使控制处于一种稳定的、程序化的、为全体人员所知晓、理解的状态。控制是通过"法治"而不是"人治"来实现的，这就会缓冲或削弱不利行为反应。

（5）做好人的工作。一方面，要加强对被管理者的引导、考核、奖惩工作，正确地引导他们的行为，客观、全面、准确地测定他们的劳动贡献，并通过奖惩对他们给予公正的对待；另一方面，要做好思想教育和培训工作，提高他们的政治觉悟和业务技术素质。把人本身的工作做好，就会从根本上消除不良行为反应，保证控制的有效性。

【复习思考题】

1. 什么是控制？控制的内容有哪些？
2. 在管理实践中计划与控制有什么联系？
3. 比较前馈控制、同期控制和反馈控制的优缺点。
4. 简述控制的过程。
5. 有人认为每位员工在组织控制活动中都起到了作用，也有人认为控制活动仅仅是管理者的责任，你同意哪种说法？并请说明原因。
6. 传统预算控制法有哪些局限性？
7. 什么是零基预算，它有哪些特点？
8. 什么是弹性预算，它有哪些特点？
9. 人员控制的主要内容有哪些？

【职场案例 12.1】

查克停车公司

如果你在好莱坞或者贝弗利山举办一个晚会，肯定会有这样一些名人来参加：杰克·尼克尔森、麦当娜、汤姆·科鲁兹、切尔……在这样一个名人聚集的晚会中，没有停车服务员，你几乎不可能开一个晚会。而南加州停车行业内最响当当的名字就是查克·皮克。查克停车公司中的雇员有 100 多人，其中大部分是兼职的，每周他至少为几十个晚会办停车业务。在一个最忙的周六晚上，可能要同时为 6~7 个晚会提供停车服务，每一个晚会可能需要 3~15 位服务员。

查克停车公司是一家小企业，但每年的营业额差不多有 100 万美元。其业务包含两项内容：一项是为晚会停车；另一项是不断地在一个乡村俱乐部办理停车经营特许权合同。这个乡村俱乐部要求有 2~3 名服务员，每周 7 天都是这样。

查克的主要业务来自私人晚会，因此，他每天的工作就是拜访那些富人或名人的家，评价道路和停车设施，并告诉他们需要多少个服务员来处理停车的问题。一个小型晚会可能只要 3~4 名服务员，花费大约 400 美元。然而一个特别大型的晚会的停车费用可能高达 2000 美元。

尽管私人晚会和乡村俱乐部的合同都涉及停车业务，但他们为查克提供的收费方式却很不相同。私人晚会是以当时出价的方式进行的。查克首先估计大约需要多少名服务员为晚会服务，然后按每人每小时多少钱给出一个总价钱。如果顾客愿意"买"他的服务，查克就会在晚会结束后寄出一份账单。而在乡村俱乐部，查克根据合同规定，每月要付给俱乐部一定数量的租金来换取停车场的经营权。此时他收入的唯一来源是服务员为顾客服务所获得的小费。

（资料来源：辛枫冬主编《管理学》366 页）

思考与讨论：

1. 您如何理解查克在私人晚会和乡村俱乐部合同中收费控制方式的差异？

2. 在前馈、同期和反馈控制中，查克应采取哪一种手段对乡村俱乐部业务进行控制？对私人晚会停车业务，又适宜采取何种控制手段？

【职场案例 12.2】

连锁商店的内部控制

在某大型连锁商店里，刚出任经理的比尔正为一些事搞得心烦意乱。店里有两位售货员，每天上午轮流去隔壁的自助餐厅喝咖啡，吃甜馅饼。因为只上了一个售货员，顾客们在店里等候服务已经司空见惯。更令人头痛的是，这家零售商店的营业额一直达不到公司的平均水平。当比尔对售货员们谈及这两件事时，他们不屑一顾地答道："你看看公司付给我们多少工资！你还能要求什么？"

比尔对他们回应道："在我们讨论工资的事并且谈出点眉目来之前，有一件要紧的事，就是要你们明确知道我对你们的工作有什么要求。让我们来确定三件事：第一，在安排好的上班时间内，谁也不可以离开商店。当然，在你们的午餐时间里，你们干什么都行。第二，如果这家商店还要营业，不搬到别处去，我们每天的平均销售额应该是 1000 美元。总公司的记录表明，每位顾客大约购买 5 美元的货，这就是说，一天要接待 200 位顾客。我们是两位售货员当班，平均一下，我要求你们每人每天接待 100 位顾客。第三，就是你们怎样来接待顾客。我希望你们做到一丝不苟，礼貌周到。他们想了解什么，你们要有问必答。这三件事你们清楚了吗？如果是这样做，让我们来瞧一瞧你们的工资袋，看看出了什么毛病。你们考虑考虑。"

（资料来源：改编自案例《比尔的烦恼》）

思考与讨论：

1. 顾客服务和营业收入都未达到预期水平，员工在抱怨工资太少，经理在抱怨营业额低。到底哪一方面出了问题？

2. 就该连锁商店目前的状况而言，怎样健全控制系统？

【职场案例 12.3】

餐饮行业的成本控制

餐饮的利润来源于两个点，一个是营业收入，一个就是成本。成本控制的五个环节：采购环节、验收环节、储存环节、生产加工环节和服务环节都是以人员为核心。只有五个环节进行系统化的成本把控才能达到有机统一的成本控制效应。

在这五个环节中，如果每个环节损耗 5%，那么总损耗为 5%+5%+5%+5%+5%=25%。每个环节尽管只有 5%的损耗，但整体就有 1/4 的损耗，这 1/4 的损耗没有转化成产品和服务的价值，对于餐厅来说根本就是亏了。

那么，我们该怎么做好这五个环节呢？如何做好五个环节成本控制。

1. 采购环节控制

对策：建立完善的采买管理制度来控制采购的成本。

效果：对食品原料采购的控制既要保障食品安全又要保障企业成本和利益。

方法：第一，统一采购。让每个门店下单给企业的中央配送中心，配送中心把信息汇总好之后传递给供应商，供应商再把菜品配送到连锁餐厅总部的配送中心。第二，不统一采购。每一个门店单独向自己的不同供应商下订单，不同的供应商分派不同的车辆向各自的订单门店进行配送。第三，集采分送型。把所有的采购信息都集中到配送中心，配送中心再报给不同的供应商。第四，中央厨房。供应商把原材料送过来之后，中央厨房把原材料做成半成品，再通过自己的物流车队送到不同的门店。

2. 验收环节

对策：只有严控验收关才能够保障原料符合标准，避免资源浪费。

效果：节省时间提高效率降低出错率。

方法：在验收过程中不单一局限到某一人，餐饮企业应制定验收制度，对企业日常采购的材料进行性质、规格、质量、标准、报价等各种数值的归纳整理，最后形成验收制度。验收人员只需要在验收时遵守制度即可操作，既节省时间提高效率又保障了出错率。

3. 储存环节

对策：保障原料的储存安全是餐饮企业管理的重点。

效果：保障原辅料在保质期内被消耗，避免浪费。

方法：仓库是大本营，原料的存储管理是重点，企业需要专人实行专账管理，并需要培训考核上岗，保障食材来源的安全性，杜绝食品安全事件的发生。采用先进科学的方法来管理，对成本进行有效的控制，保障原料的保质期。实行专账管理还有利于为企业做预算时提供参考的分析数据。

4. 生产加工环节

对策：从粗加工到细加工建立制度管理。

效果：提高原料利用率，降低成本。

方法：餐饮行业的生产加工制作环节的成本控制是餐饮企业控制比较难的环节，原料浪费是比较常见的状况。加工烹调环节的成本控制难以把握，例如，原材料的利用率，边角余料的再利用，辅料的用量等。现在餐饮企业的原材料成本占47%的比例。餐饮企业的生产加工环节分为粗加工环节和再加工环节，其中，粗加工是成本控制的要点，如何确认并规范净料率需要经过科学测算的，从而保障原料能被充分加工利用。规范加工环节的操作程序，使其能物尽其用。

5. 服务环节

对策：对前厅人员采取激励制度。

效果：提升前厅员工的向心力、归属感和责任心。

方法：餐饮行业的服务环节就是销售环节，要把控的重点是如何以最低的服务成本获取最有效最大的销售额度。同时，餐厅还需要培养员工的归属感，避免频繁的员工更替造成人工成本的浪费。可以用持续不断的培训和激励来控制人员的流动。时下流行起来的打赏制度就是这方面的尝试，它可以增加前厅服务人员的工作热情和积极性。

餐饮行业是一个看似门槛很低，实际上操作极为复杂的行业，涉及的链条十分长，如何把控这个链条中的每一个环节并且把成本降至最低，是每一个餐饮人都应该思考的问题。而以人员为核心的五大成本控制需要老板们运用技术和管理体系不断压缩成本，只有这样才能带来更大收益。

（资料来源："北大纵横"管理咨询集团品途商业评论，
2016年3月25日；作者：尹天琦）

思考与讨论：

1. 餐饮行业是如何做到有效的成本控制的？
2. 餐饮行业的控制方法对您有什么启发？

第13章　管理创新、变革与新理论

【学习目标】

1. 理解创新的含义和内容、过程，掌握管理创新和技术创新的体现。
2. 了解企业变革的内容和方式，并理解变革与创新的区别。
3. 理解传统管理面临的困境和挑战，了解未来管理的趋势及管理学新理论。

【本章结构图】

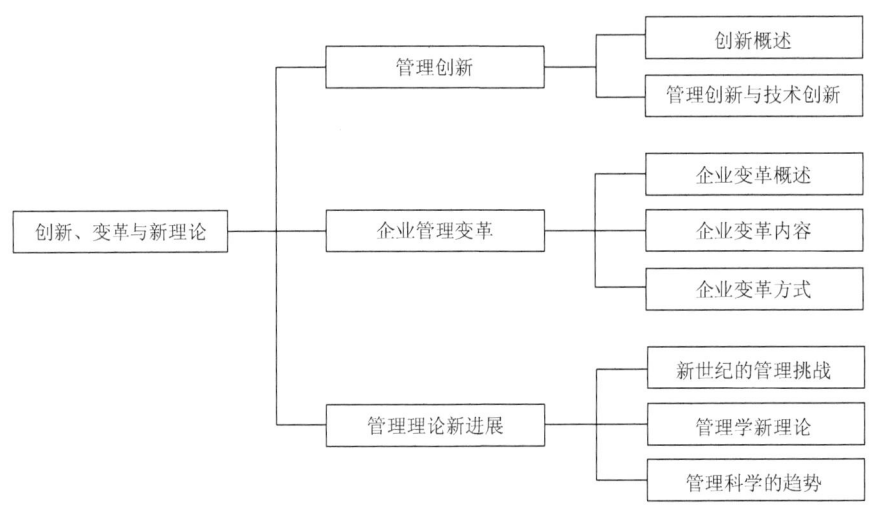

【引导案例】

苹果公司的创新管理

2013年，美国国会参议院就苹果美国公司（Apple Inc.，API）"海外避税"问题对其高管展开质询，使得世人有机会从另外一个角度认识苹果公司。苹果公司是全球最具价值的高科技公司之一，以其独有的创新性产品闻名于世。根据苹果公司提供的信息，它目前拥有超过1450亿美元的现金、现金等价物或可交易证券。苹果公司为股东创造的巨额利润，除了创新技术和创新产品的贡献，还有什么鲜为人知的秘密吗？这里从管理创新的视角对苹果公司的高价值来源一探究竟。在苹果公司创新产品背后，鲜为人知的是其创新的组织架构、价值链设计和独特的知识产权管理创新实践。

1. 苹果公司的组织架构及其演变

苹果公司成立之初的主要经营业务是设计、销售个人电脑。1980年，苹果公司在爱尔兰设立了若干家关联公司，其绝大部分研发活动在美国本土进行，产品在美国加州和爱尔兰进行生产。

20世纪90年代末，苹果公司经历了严重的财务危机。1997年乔布斯重回苹果公司，进行架构重整并将焦点关注于创新，乔布斯的回归不仅为苹果带来了创新的技术，同时也对其组织架构进行了重构。苹果公司取消或终止了若干条产品线，并重新整合了在美国以外的运营架构。苹果公司开始将它的大部分生产活动外包，即使用第三方专业制造商来生产苹果在美国研发出来的各种零配件和部件。苹果公司将苹果最终产品的组装、装配工作几乎全部外包给了在中国的一家第三方制造商。

苹果美国公司（简称API）是苹果公司所有经营管理活动和决策的实际控制者，也是其所有知识产权的全球唯一的法律权利的拥有者。同时，它也拥有在美洲市场销售苹果产品所对应的知识产权的经济权利。苹果美国公司负责组织、协调和管理其在美洲市场的销售活动。苹果国际运营公司（简称AOI）是一家在爱尔兰注册的壳公司，在爱尔兰没有物理意义上的办公场所，它实际上扮演了苹果公司在美国以外最重要的海外持股公司的角色。苹果欧洲运营公司（简称AOE）是苹果国际运营公司的子公司。苹果国际销售公司（简称ASI）是苹果欧洲运营公司的子公司，负责苹果公司在美洲以外，即欧洲、中东、非洲、印度和亚太地区的市场销售活动。

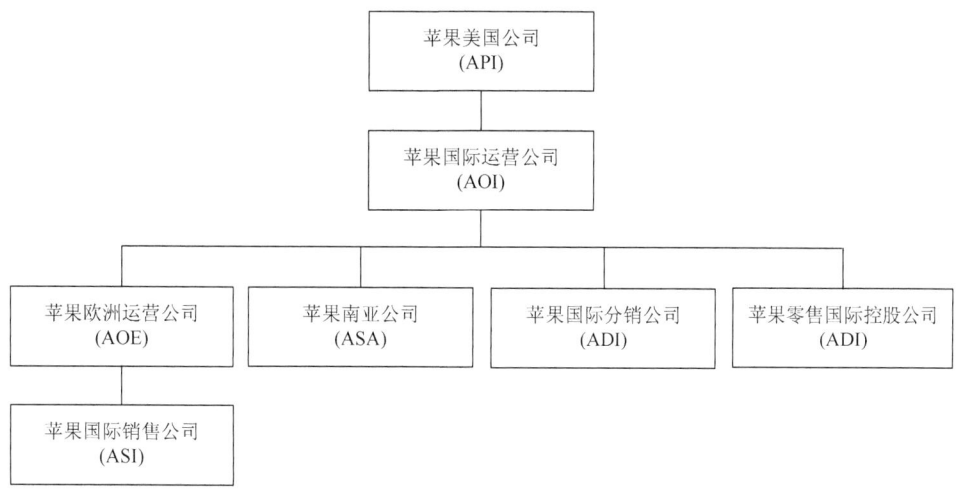

2. 苹果公司创新的价值链设计

苹果公司的运营架构经过不断演变，形成了其独特的价值链。本书从其研发、采购、生产、营销和物流等价值链活动加以阐述。

（1）苹果公司的本土化研发。几乎所有苹果的研发活动都是由苹果美国公司的员工在美国的加州完成的，大部分苹果的工程师、产品设计专家和技术专家的居住地就在美国加州。

（2）苹果公司的全球化采购。苹果公司通过全球化的采购模式对其原材料和部件进行采购。苹果公司的供应商依据苹果公司提出的设计方案和提供的技术，按照苹果公司的要求，为其提供原材料和部件。

（3）苹果公司的合约化生产。苹果公司的零配件和部件几乎全部运往中国，中国第三方合约制造商依据与苹果达成的《合约加工服务协议》,最终完成苹果各类产成品的组装和最终装配,形成苹果的产成品。

(4)苹果公司复杂化的海外分销网络与简单化物流系统。苹果公司具有异常复杂的海外分销网络和相对简单的物流系统。在美国本土和中国以外的地区,苹果国际销售公司作为中国制造商所生产的产成品的第一手买家,通过苹果的销售网络和渠道,把产品销往全球各地。买卖行为只是用合同和订单的方式完成法律意义上的苹果产成品的所有权转移,苹果国际销售公司并不需要将其购买的苹果产成品从中国运到爱尔兰,然后再运到下一手买家。在经过复杂的分销流程后,苹果公司的产成品由中国制造商的工厂起运,直接到达最末端分销商或者最终消费者手中。

3. 苹果公司的知识产权管理

苹果公司知识产权管理的独到之处,是将知识产权拆分为法律权利和经济权利,对之分别进行管理。众所周知,苹果公司从未间断对其知识产权进行法律权利的保护。对于知识产权的经济权利的利用往往不为人知。苹果公司巧妙地通过其组织架构和价值链设计,将知识产权的经济权利最大化。苹果公司的各项知识产权的根本来源就是苹果的研发活动,苹果的研发活动几乎全部都是在美国本土完成的。苹果美国公司从苹果在中国的第三方合约制造商处购买苹果的产成品,附上足够大的加价之后,再把这些产成品销售给苹果的另外一些关联公司,苹果国际销售公司从而截取、保留了巨大的销售利润。

(资料来源:张英华,姚丽. 从苹果公司的案例看创新管理. 天津师范大学学报,2014年6期)

思考与讨论:苹果公司的管理创新体现在哪些方面?

13.1 管理创新

13.1.1 创新概述

1. 创新的含义

创新(innovation)一词源于1912年美籍奥地利经济学家约瑟夫·阿·熊彼特(J A Schumpeter)的专著《经济发展理论》(The Theory of Economic Development)一书,目前大多数专家学者都同意和接受熊彼特关于创新的定义:创新是指新产品的开发、新市场的开拓、新生产要素的发现、新生产经营管理方式的引进和新企业组织形式的实施。

2. 创新的基本内容

企业创新本身是一项系统工程,包括多方面内容,这些方面相互联系、相互作用、共同构成一个具有整体性的企业创新工程。创新的主要内容如图13-1所示。

企业创新主要包括理念创新、文化创新、制度创新、技术创新、管理创新和市场创新等方面。

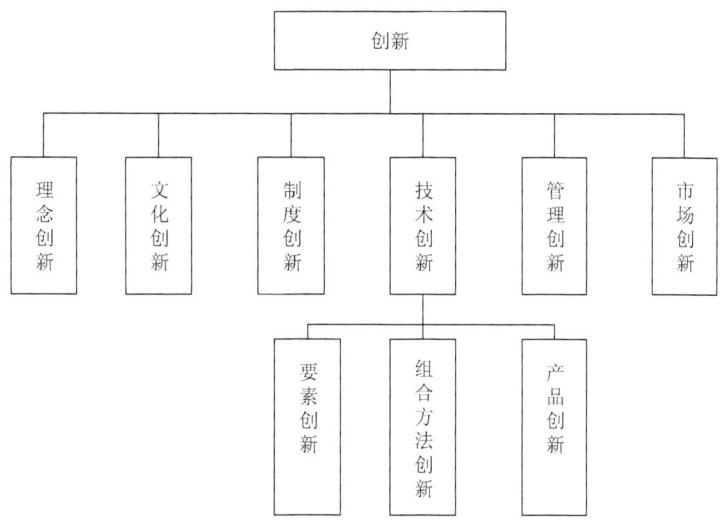

图 13-1 创新的内容

(1) 企业理念创新、企业文化创新是企业创新活动的思想源泉。

(2) 制度创新是企业创新的保障。

(3) 管理创新是企业创新的核心和主导。

总而言之，管理创新与其他创新密不可分，它在很大程度上决定和制约着其他类型创新作用的发挥，其他的创新也只有通过管理创新才能贯彻和实施。

3. 创新的分类

(1) 从创新的规模对系统的影响程度来考察，可分为局部创新和整体创新。局部创新是指在系统总体目标和根本性质不变的前提下，组织或系统内部的与创新相关要素的内容或结构发生变化，从而导致组织或系统的绩效在量上也发生变动，其一般属于渐进式的创新形式。

整体创新是指创新涉及组织或系统内部的各种要素变化，而且创新往往改变系统的目标和使命，进而影响组织和系统的绩效的性质变化，其大部分属于突变式创新形式。

(2) 根据创新与环境的关系，可分为消极防御型创新与积极攻击型创新。防御型创新是指由于外部环境的变化对系统的存在和运行造成了某种程度的威胁，而且组织对于这种威胁没有能力进行反抗或化解时，为了避免威胁或由此造成的系统与组织损失扩大，组织或者系统内部进行局部或全部调整，形成防御型创新。

攻击型创新是在竞争和对环境敏锐的洞察过程中，能有效地预测到未来环境有某种潜在的机遇或机会，从而主动地调整组织与系统的战略，并采取相应的策略，积极开发和利用这种潜在的机会，谋求系统与组织的发展。

(3) 从创新的组织程度上来看，可分为自发创新与有组织的创新。任何社会经济组织都是在一定环境中运行的开放系统，大的组织和系统又由许多分组织和子系统构成。系统的调整会对整个组织和系统的发展,可能具有正负两方面的效应,从整体上来说,调整后各部分的关系可能协调,也可能不协调,给组织带来的总效应既可能为正,也可能为负(这取决于调整正确与失误对比关系),也就是说,系统各部分自发创新的结果是不确定的。

有组织的创新是指组织或系统的管理人员根据创新的客观要求和创新活动本身的客观规律,制度化地检查外部环境状况和内部工作,寻求和利用创新机会,计划和组织创新活动。

4. 创新的过程

成功的创新一般要经历"寻找机遇,提出构想,迅速行动,坚持不懈、持之以恒"这样几个发展阶段。

(1) 寻找机遇。创新是对原有的秩序、模式、制度等的否定之否定,是一种扬弃。之所以"破中有立"是因为组织或系统外部与内部及内部之间主要要素之间存在矛盾与不协调现象。这些矛盾和不协调为创新提供了契机,创新活动正是从发现和利用这些矛盾和不协调现象开始的。对于系统的外部环境而言,有可能成为创新契机的变化主要有:技术的变化、人口的变化、宏观经济环境的变化、文化与价值观念的转变等方面。

(2) 提出构想。在观察到组织与系统发展的矛盾与不协调现象之后,还应透过现象究其原因,并据此分析和预测不协调的未来变化趋势;估计它们可能给组织带来的积极或消极后果,并在此基础上,努力利用机会或将威胁转化为机遇。在形成构思的过程中,通常可采用头脑风暴、德尔菲、畅谈会等方法提出多种解决措施,消除不协调,使系统在更高层次实现平衡的创新构想。

(3) 迅速行动。"兵贵神速"。企业在获得机遇,提出构想之后,能否取得成功关键在于企业能否迅速采取创新行动。"没有行动的思想会自生自灭",这句话对于创新实践极其重要,一味追求完美,以减少受讥讽、被攻击的机会,就可能错失良机,把创新的机会白白地送给自己的竞争对手。创新的构想只有在不断尝试中才能逐渐完善,企业只有迅速地行动才能有效地利用"矛盾与不协调"提供的机会。

(4) 坚持不懈、持之以恒。构想经过实践才能够得到检验和成熟。创新的过程是就是不断尝试、不断失败、不断提高的过程。因此,创新者在开始行动以后,为取得最终的成功,必须坚定不移地继续下去,决不能半途而废,否则便会前功尽弃。同时,创新者还必须有足够的自信心,有较强的忍耐力,能正确对待尝试过程中出现的失败,对于可能出现的失误要采取必要的预防或纠正措施。

13.1.2 管理创新和技术创新

1. 管理创新

管理实际上就是对组织内部的资源进行优化配置的活动过程,实现少投入、多产出的目标。管理创新是指企业按照现代企业生产、经营管理的客观规律,结合组织系统内部与外部的实际情况，对企业生产要素（人、财、物、技术、信息等）和组织运行各项职能（研发、销售、服务）在内容和管理方式上做出适当的调整和新的组合，以实现管理效益最大化。

管理创新大体上可归结为：管理思想创新、管理组织创新、管理模式创新三个方面。

1）管理思想创新

管理创新首先是管理思想的创新。思想创新常常表现为大胆的猜想、基于现实的一种假设，或者是一种灵感，它是组织与系统不断变革与创新的驱动力。

在特定的环境下，组织或个体产生新异的、先进的思想或产品的能力是创新的源泉，管理思想创新产生创造力。

2）管理组织创新

管理组织创新主要指管理组织结构与特征的变革与创新。企业是由一群掌握各种技能的人组成的，企业的主要目标之一就是获取良好的组织绩效，要想提高企业的绩效，就必须对企业人员在企业活动中的努力行为进行引导和整合。企业是通过制度结构化、层级结构化及文化结构化来使成员的行为具有一定程度的可预测性，从而实现对这些成员在企业活动过程的不同时空的努力进行引导和整合。制度结构化规范了作为类群的企业不同参与者之间的正式关系，层级结构化规范了作为个体的参与者之间的正式关系，而文化结构则规范了作为类群或个体的参与者在企业生产经营过程中的非正式关系。

3）管理模式创新

当代现代化管理模式主要有这样几个特征：首先，该模式运用了大量的现代自然科学和社会科学的研究成果如控制论、系统论、信息论等，使管理思维和观念更加适应现代化大生产的要求；其次，电子计算机、现代化通信设备和其他高科技成果的应用，使管理手段进一步现代化并促进管理理论不断超前发展；再次，数字化管理手段的应用使管理模式由科学管理向信息化管理转变。

管理模式的创新就是要加强控制论、系统论、信息论等科学理论对管理实践的指导作用，充分运用数学、运筹学、模拟技术、电子计算机、系统工程的发展为管理科学实用化提供有利条件，使大量的现代化管理方法、管理技术的发明应用在管理模式的创新上。除此之外，还应对大量的管理模式创新所导致的组织不同绩效进行研究分析，为管理模式的创新提供现实基础。

从本章引导案例可以看出，在苹果公司创新产品背后，更为关键的是其在管理上的创新，创新的组织架构、价值链设计和独特的知识产权管理创新实践。苹果公司首先从思想创新开始，引入创新的理念，然后对公司的组织架构进行变革，对价值链进行创新型设计，其运营架构经过不断演变，形成了其独特的价值链。具体体现在研发、采购、生产、营销和物流等方面。例如，本土化研发、全球化采购、合约化生产、海外分销网络与简单化物流系统以及创新型的知识产权管理等，都使得苹果公司得以在激烈的市场竞争当中创造出巨大的销售利润。

2. 技术创新

企业中出现有关技术方面的大量创新活动，因此，有人甚至把技术创新视为企业创新的同义语。企业要在激烈的市场竞争中处于主动地位，就必须顺应甚至引导社会技术进步的方向，不断地进行技术创新。一定的技术都是通过一定的物质载体和利用这些载体的方法来体现的，因此，企业的技术创新主要表现在要素创新、要素组合方法和产品创新等方面的创新形式。

（1）要素创新。企业的生产过程是企业员工利用一定的劳动手段与劳动工具作用于劳动对象使之改变物理、化学形式或性质的过程，参与这个过程的要素包括材料、设备及企业人员三类。按照参与要素不同可将企业创新分为材料创新、设备创新与企业人事创新三类。

（2）要素组合方法的创新。要素的组合主要包括生产工艺和生产过程两个方面。生产工艺是生产加工劳动对象的方法，包括工艺过程、工艺配方、工艺参数等内容。工艺创新即要根据新设备的要求，改变原材料、半成品的加工方法，不断研究和改进操作技术和生产方法，以求使现有设备得到更充分的利用，使现有材料得到更合理的加工。工艺创新与设备创新是相互促进的，设备的更新要求工艺方法做出相应的调整，而工艺方法的不断完善又必然促进设备的改造和更新。

（3）产品创新。产品创新是企业创新的物质载体，也是企业技术创新的核心内容。它既受制于技术创新的其他方面，又影响其他技术创新效果的发挥。

新的产品，产品的新结构，往往要求企业利用新的机器设备和新的工艺方法，而新设备、新工艺的运用又为产品的创新提供了更优越的物质条件。管理创新、制度创新等都是以产品创新为载体进入市场的。

3. 技术创新与管理创新的关系

管理创新与技术创新是相互配合、相互促进的。例如，著名的曼哈顿计划（Manhattan Project）是美国陆军部于 1942 年 6 月开始实施的利用核裂变反应来研制原子弹的计划，为了先于纳粹德国制造出原子弹，该工程集中了当时西方国家（除纳粹德国外）最优秀的核科学家，动员了 10 多万人参加这一工程，历时 3 年，耗资 20 亿美元，于 1945 年 7 月 16 日成功地进行了世界上第一次核爆炸，并按计划制造出两颗实用的原子弹。整个工程取得圆满成功。在工程执行过程中，负责人 L·R·格罗夫斯和 R·奥本海默应用了系统工程的思路和方法，大大缩短了工程所耗时间。这一工程的成功促进了第二次世界大战后系统工程的发展。正是因为制造原子弹这种复杂的产品创新的需要，产生了系统工程这种新的管理创新，或者说正是因为系统工程这种新的管理创新形式的出现大大推动了原子弹的研发进程，1945 年两颗原子弹分别在日本的长崎和广岛爆炸，从而大大缩短了第二次世界大战的进程，避免了世界范围内更大程度的伤亡。

管理创新是技术创新的内在保障。管理创新是一种创造新的资源整合范式的动态性活动，它可以使企业内部的权力机构、决策机构、执行机构形成所有者、经营者和生产者之间明确的相互激励和相互制衡的关系，形成科学的领导体制和决策程序，从而确立技术创新的决策与激励机制。

技术创新对管理创新也具有一定的促进性。技术创新的间接推动作用表现在：由于技术创新中生产技术、产品、工艺方面的创新使得企业中组织机构、人员安排、市场营销及管理观念都需做出相应的变革。

13.2 企业管理变革

1. 企业变革概述

很多企业管理者在谈到企业变革的时候自然而然就会联想到企业创新，两者在有些层面上有很多共同之处，从动因上看二者都是为了适应内外部环境变化的需求，从形式上看二者都是使企业的某些方面发生变化，从目标上看二者都是要改善绩效。虽然创新与变革在现实中常常被等同起来，但是变革与创新并不是一回事。

变革与创新对比如表 13-1 所示。

表 13-1 变革与创新对比

	变革	创新
定义	企业变革是指企业的人员（通常是管理者）主动对企业原有的状态进行改变，以适应企业内外环境的变化，并以某一目标或者某一愿景为取向的一系列活动	创新是把感悟和技术转化为能够创造新的市值、驱动经济增长和提高生活标准的新的产品、新的过程与方法
过程	企业变革是对企业现有状况和存在问题的一种改良，并不一定突出全新的和独特的改变	创新是一种新的制度、产品或者服务，是一个从无到有的过程，强调创造性的变化
主体	变革的主体主要是指企业的管理者	创新主体可以是企业的管理者，也可以是企业的某一部门或者某一个员工
影响	变革未强调结果与目标的一致性，变革的结果可能会没有改善甚至恶化了绩效	创新一般强调给企业或者组织的绩效带来实际改善

通过表 13-1 的比较可以看出来，虽然企业创新与变革有很多的共同之处，但是仔细来区分两者之间还是有特定差异的。严格来说，变革比创新的含义更为广泛，二者的关系是：创新是变革的一种具体方式。变革不一定必须是创新，而创新一定会带来变革。变革是创新的目的。没有变革的创新只能是空中楼阁，无法落地实施。

只有真正地了解了企业自身，又充分地了解和掌握企业变革的实质，才能正确地运用这把双刃剑，保证其只发挥对企业有利的一面，真正地改革企业现有的弊端，实现企业的突破和新的腾飞。

2. 企业变革的内容

（1）战略变革。企业的战略变革是转变企业生产经营和长期发展的战略和目标，这是企业变革管理的中心。美国柯达公司的消费影像部门，由于全球数码影像技术的出现，认识到胶片技术将走向衰落，公司消费影像的发展战略很快由化工胶片转变为数码影像发展战略，而这种战略变革是在国际市场计算机迅速普及，数码影像产品尚未成熟的环境下实施的。在这种战略变革的前提下，企业长期发展的目标也随之转变，而且导致企业的组织、产品、服务、流程、市场发生根本性变革。

（2）结构变革。组织结构是企业内部分工协作的基本形式或框架，主要的模式有直线型、智能型、直线职能型、矩阵型等。不同模式都有各自的优缺点，企业可以通过结构变革，选择最适合当下需求的模式，以改变组织效率低下、部门沟通困难或人浮于事等状况，从工作的分工、授权、管理层次以及沟通效率方面进行调整和再设计。

（3）技术变革。技术是第一生产力，技术变革是通过生产工艺的改变或新产品的引入等技术性的变化，使得同样的一批投入能得到更多的产出，从而提升企业绩效。企业要想取得竞争优势，必须不断研发新的技术和产品，淘汰过时的生产线和技术，这种变革包括产品、技术、品牌、质量的创新，例如，汽车制造企业研发新的车型和品牌，智能手机的诞生等。这些将带来产品的更新换代，甚至企业的转型。

（4）流程变革。在变革管理过程中，企业管理者如果发现组织结构或技术发生变革，业务流程必然也需要变革。流程的变革就是在信息技术的驱动下，以高效的、精简的组织结构为支撑，重新设计流程。信息时代和网络经济的到来，竞争的加剧和环境的不确定性，要求流程具有一定的适应性。

（5）企业文化变革。企业文化是一个企业由其价值观、信念、习俗仪式、处事方式和企业环境组成的特有的文化形象。战略变革、结构变革、技术变革、流程变革势必带来企业文化的变革，企业文化变革的核心是价值观的变革。

3. 企业变革的方式

企业管理者在变革实践中，大致涉及四个方面的主题：企业的人员、企业的任务和技术、企业的组织结构、企业的环境等。不同的变革主题所采取的变革对策、措施是不同的。

（1）以人员为中心的变革。从传统型组织模式向学习型组织模式转变。由于技术、经济的迅速发展和知识的急剧增长，在激烈的市场竞争舞台上，企业很难保持永恒的卓越，为适应环境、永续经营和保持持续的活力，需要不断探索、不断学习、不断更新知识、从知识中吸取力量、才能创造企业的无限生机。而且企业要加强系统思考与知识整合，高度重视人的心灵的转变，让每一个成员都感受到自己存在的价值，这样才能大大增强企业组织革新与创造的能力，去不断适应未来与创造未来。从以个人为基础的管理向以团队为基础的管理转变，要求企业适应经营环境的快速变化，要求组织具有更大弹性，并大大提高组织整体的综合效能。

（2）以任务、技术为中心的变革。创新是企业的生命，是未来企业发展的主旋律。企业要在日益激烈的市场竞争中求得生存和发展，就必须不断进行全面创新。企业的全面创新包括观念创新、制度创新、技术创新、产品创新、市场创新、管理创新、战略创新等。这是企业生存与发展的必然选择。

（3）以组织结构为中心的变革。企业组织结构向扁平化、弹性化、虚拟化、网络化转变。组织结构常常被认为是企业变革的关键，变革管理者关注的重点。而随着知识经济时代的到来，管理者应该与时俱进，不断地探索，寻求适合本企业的效用最大化的组织结构。

（4）以适应组织环境为中心的变革。"无国界、无疆界"的全球化时代的来临使处在开放性世界里的每个企业都直接受到全球化的冲击，企业将是世界经济中纵横交错网络的一个结点，企业发展将受到众多外界因素的影响，参与国际竞争。同时，全球化也提供了机遇，每个企业都可以在世界范围内寻求发展的空间。

13.3 管理理论新进展

13.3.1 新世纪的管理挑战

经济的全球化、知识化、虚拟化、网络化、创新化和协调化，生产方式的变革、组织的活动空间与内涵的拓展，以及环境的急剧变化等，都给传统管理带来前所未有的新挑战。

（1）经济的全球化。管理不再局限于国家的边界。丰田公司在美国制造汽车，通用汽车公司的汽车制造厂设在了巴西，二者共同拥有加利福尼亚州的汽车厂。福特汽车公司的"维多利亚皇冠"牌轿车的零件来自世界各地，墨西哥的座椅、风窗玻璃和油箱，日本的减振器，西班牙的发动机电子控制装置，德国的反锁制动系统，还有英国的关键轴类零件，这些例子说明世界已成为一个全球市场，有效的管理者需要适应不同的文化、不同的制度和不同的技术。因此，从全球的观点看待管理是至关重要的，必须清楚地了解，经济的全球化是如何改变管理者的工作方式的。

（2）组织活动和流程的进度和节奏。在全球化背景下，为了创造更高的企业价值，管理层必须寻找、确定和探寻国际扩张过程中的机会。但现在企业大多通过收购来实现国际化扩张，在这种传统的扩展模式下，企业组织结构、战略和技术的变化经常在"激进式"（通过收购而快速合并）和"递进式"（企业要花精力去处理收购所引起的短期摩擦和紧张）演变这两者之间摇摆，由此带来了企业（国际）扩张中的节奏失衡。企业发展得太慢会落后于人，发展得太快又会掉入"速度陷阱"。因此，企业应该寻找一种最佳速度和节奏，更好地运用技术，把技术商品化以及进行收购和海外扩张。

（3）管理的多样化。管理的多样化在当今世界意味着更多的机会。首先，多样化的管理者会给企业带来创新意识，使企业向国际领域扩张；其次，团队、企业和企业集群的多样化使竞争者无法以更快的速度达到目标，并带来更多的收获、更高的绩效和更长的生存期；最后，组织的多样化帮企业找到发展的最佳速度，因为多样化迫使企业要兼顾多方利益而不会落入"速度陷阱"中。

（4）劳动力的多样化。今天组织的特征是劳动力的多样化，即员工在性别、民族、种族、身体缺陷、年龄或其他任何人类特征方面更具有异质性，这些特征构成了人与人的差异。因此，管理者面临的挑战是，通过处理不同的生活方式、家庭需要和工作风格，使组织能够包容多样化的人群。劳动力的多样化对管理实践产生了重要影响。管理者将不得不改变他们的管理哲学，从同样对待每个人转向承认差别和适应差别，从而确保雇员的忠诚和更高的生产率。现在的组织必须对管理者提供复杂的多样化的培训计划，以使他们更好地沟通、激励和领导。

（5）道德。我们正经受着道德危机的困扰，那些曾经看作应受谴责的行为（撒谎、欺骗、歪曲、掩盖错误等）已经在一些人眼里变成可以接受的甚至是必要的做法。管理者通过非法的利用知情者的信息获取利润；政府官员利用权力和地位通过子女或亲属非法地为个人谋取利益。

（6）创新和变革。计算机和电子通信技术领域的持续创新，加上全球化的产品和金融市场，使得过去的许多指导原则已不再适用。未来成功的组织将是灵活的、能够快速反应的并在新型管理者领导下的组织，这些管理者能够发起大规模和革命性的变革。管理者通过取消不必要的管理层次，削减多余的职能，撤销绩效不佳的经营单位来重构他们的组织。而管理者自己也在改变其管理风格，他们把自己的角色从老板转变为团队领导者。越来越多的管理者发现，当他们不再是吩咐人们应该做什么，而是关注激励、指导和奖励时，他们会变得更加有效。

（7）授权。泰勒主张在管理者和工人之间明确分工和划分职责，他要管理者从事计划和思考工作，要工人只是按照管理者的吩咐去做。泰勒的"药方"在 20 世纪初是一个很好的建议，但是，今天的情况不同了，工人所受的教育和培训远比那时要好得多。事实上，许多工作的复杂性，使今天的工人通常比他们的管理者更清楚如何把工作做得更好。管理者认识到，他们可以通过重新设计工作和让工人来决定那些与工作有关的事情，使质量、生产率和雇员的责任感得到改进。我们把这种过程称为授权。近年来，授权于雇员在许多公司中取得了成功，例如，美国电话电报公司、德尔塔航空公司、联邦捷运公司、摩托罗拉公司等。他们认为，公司的未来在于发挥工人在工作中的作用，而不是泰勒的分割责任的方法。

（8）劳动力的两极化。在工业发达国家，20 世纪末，在制造业中有着大量的低技能工作，从事制造业的工人高中毕业，不仅有就业保障，而且可以得到一份优厚的工资。他的工作可能会使他买得起一栋房子、一辆轿车，供养一个家庭以及享受其他中产阶级的生活方式。但是，这一切已经成为历史。在工业化国家的制造业中，这种低技能的工作被自动化设备所代替，这些重新组织的工作要求相当高的技能；或者这些低技能的工作转移到了其他国家，那里的工人从事同样的工作但只需付给他们较少的工资。其结果是工业化国家中形成了劳动力的两极分化，即雇员趋向于或是从事低技能的工作只能挣到接近最低工资水平的工资；或是从事高技能的工作，其收入可以维持中产阶级甚至是上层阶级的生活方式。

13.3.2 管理学新理论

知识经济的到来使信息与知识成为重要的战略资源，而信息技术的发展又为获取这些资源提供了可能，顾客的个性化、消费的多元化决定了企业只有能够合理组织全球资源，在全球市场上争得顾客的投票，才有生存和发展的可能。种种因素预示管理理论和管理思想体系也要有一场革命。

1. 文化管理

1) 文化管理的含义与特点

文化管理，是指以人本管理的思想为出发点，通过企业文化的建设来形成以自我控制、自我管理、自我完善为主要特征的管理模式的过程。

文化管理主要有以下特点。

（1）以人为本的管理思想。首先，是一种对人在社会历史发展中的主体作用与地位的肯定，强调人在社会历史发展中的主体作用与目的地位；其次，是一种价值取向，强调尊重人、解放人、依靠人和为了人；最后，是一种思维方式，就是在分析和解决一切问题时，既要坚持历史的尺度，也要坚持人的尺度。

（2）组织形式柔性化。由于组织是建立在个人、群体和组织内部子单位之间的动态合作以及与外部环境功能互补的基础之上的，因而柔性已成为组织在不确定环境中求得生存和发展的一个不可缺少的因素。柔性化组织正是要强调组织成员之间的信任、合作与信息共享，以创新能力为宗旨，通过分工合作、共担风险，以及适当的权限结构调整、向基层员工授权、并满足员工的高层次需要、增强员工的主人翁责任感，使其自觉提高各自的工作标准，从而把组织意志变为个人的自觉行动。

（3）管理控制手段软性化。企业为有效配合科学性的硬性管理，秉承"以人为本"的原则，从企业核心价值观出发，针对于如何弘扬企业文化，增强团队凝聚力，打造和谐的内部环境，充分调动员工积极性，提高工作效益，从企业用人、领导作风、领导方法以及人员业务能力提升等方面入手所实施的必要常规化管理。企业软性管理最大特点是充分重视人的因素作用。

（4）以知识不断更新为保证。在当今社会快速变化和企业急剧竞争的背景下，企业家传统的常规的管理知识已经跟不上时代的步伐，时代要求学习的速度快于变化的速度。企业家管理知识更新包括组织管理知识更新、战略管理知识更新、经营管理知识更新等。知识更新的主要方向有追求变革、关注未来、追求弹性、关注无形资源的利用，软文化知识的开发，潜意识和创新思维的发掘等。

2) 文化管理的发展趋势

文化管理作为企业提高管理水平、提升形象、提高自身竞争力的一种有效途径已被理论界和产业界所接受。在未来，企业文化管理将呈现四大发展趋势，即适应性趋势、多元化趋势、个性化趋势和民族化趋势。

2. 顾客价值管理

传统的顾客价值理论的研究认为，顾客的价值由当前销售额（特定顾客购买本企业的产品金额）、终身潜在销售额预期、需求贡献、信用等级、利润贡献等几部分组成。

这种对顾客价值的认识是站在企业的角度强调顾客为企业创造的价值。美国学者伍德鲁夫（Robert B Woodruff）认为，顾客价值（customer value）是顾客在一定的使用环境中对产品性能、产品属性的表现以及使用结果达成（或阻碍）其购买意图的感知偏好和评价，他认为顾客对价值的认知是随时间而变化的。顾客价值管理以顾客价值创造为核心，顾客价值创造是指企业为顾客提供的价值大于顾客所付出的成本。只有企业所提供的产品或服务能够为顾客创造价值，企业自身的价值才能得以实现，所以，顾客价值管理必须以顾客价值创造为核心。企业经营策略的制定、资源的配置、核心能力的培育、产品或服务的设计、业务流程的再造、企业价值观的确定等都要围绕着顾客的价值创造进行。

3. 企业再造

企业再造的思想是美国人迈克·哈默和詹姆斯·钱皮在1994年出版的一本著作《再造企业》中首先系统表述的。哈默与钱皮认为，自亚当·斯密以来的企业运营，都是建立在分工论的基础上的，这种效率低下的功能组织不能适应具有顾客主导、竞争激烈、变化迅速为特征的现代企业经营环境。必须彻底摒弃大工业时代的企业模式，即将硬性拆开的组织架构，例如，市场开发、生产、营销、人事、财务、后勤等功能性部门，按照自然跨部门的作业流程重新组装回去，即从协作的角度出发，用整体思想重新塑造企业的所有流程，使企业模式与当今时代信息化、全球化相适应，才能大幅度提高企业生产力。显然这种重新组装是对过去组织赖以运作的体系与程序的一种革命。

企业再造的核心是业务程序（或业务流程）的再造。流程再造的最终目标是通过改变工作结构和工作方法来培养企业独特的个性，取得绩效的巨大飞跃。企业再造的思想，将导致传统管理理论与实践出现全面革新，必将迎来全新的管理天地。当然，实践中对流程重新塑造为企业带来惊人变化的例子很多，但由于流程再造失败给企业带来了很大损失的例子也不少。

4. 学习型组织

学习型组织是彼得·圣吉在《第五项修炼》中所倡导的一种新理论，该书的出版在全世界引起了巨大反响，于1992年荣获世界企业学会最高荣誉的开拓者奖。彼得·圣吉提出了要建立学习型组织，并认为"五项修炼是建立学习型组织的技能。所谓修炼，对于组织而言，就是通过学习和训练，提高组织内部结构和机能对社会、市场变化的适应能力。对个人而言，是指通过学习提高自身素质。

第1项修炼：自我超越。
第2项修炼：改善心智模式。
第3项修炼：建立共同愿景。
第4项修炼：团队学习。
第5项修炼：系统思考。

要进行这五项修炼，必须建立学习型组织。学习型组织是指更适合人性的组织模式。这种组织由一些学习团队形成社群，有崇高而正确的核心价值、信心和使命，具有强韧的生命力与实现共同目标的动力，不断创新，持续蜕变。彼得·圣吉认为，判断一个组织是否是学习型的组织，有以下四条基本标准：一是人们能不能不断检验自己的经验。二是人们有没有生产知识。三是大家能否分享组织中的知识。四是组织中的学习是否和组织的目标息息相关。

5. 虚拟组织

虚拟组织与传统的实体组织不同，它是围绕核心能力，利用计算机信息技术、网络技术及通信技术与全球企业进行互补、互利的合作，合作目的达到后，合作关系随即解散，以此种形式能够快速获取处于全球各处的资源为我所用，从而缩短"观念到现金流"的周期；不仅如此，灵活的"虚拟组织"可避免环境的剧烈变动给组织带来的冲击。

纵观新世纪管理理论，虽各有所长，各有不同，但也不难寻求其共性。其共性可概括为以下五个方面：①新的管理理论强调系统化，从系统的理论出发，探讨管理学的方法和理论。②更加重视人的因素。③注重"效率"与"效果"的结合。④重视管理方法和手段的科学化、现代化。⑤新的管理理论强调不断创新。

总之，现代管理理论是一个综合性的管理理论体系，它广泛吸收了社会科学和自然科学的最新成果，对组织进行多方面的有效管理，从而达到组织既定的目标和应负的责任。

13.3.3 管理科学的趋势

1. 未来的管理

新世纪的上述管理挑战带来了深刻的革命性的变革，这必然也会给管理理论、管理思想等注入新的内涵。

（1）未来的管理哲学、管理思想。由于管理问题或现象大都是复杂系统问题，人们永远无法完全预知其最终状态，加上人的认识的有限理性，人们永远不会在当前状态下确定未来的最优决策。因此，追求"当前状态下可预期内的最优或最满意"，即动态最优观成为管理发展的新趋势。纵观管理的发展史，管理思想实现了从经验到科学、从效率到效益、从重技术到重视人本身、从寻求普遍适用的管理方法到管理上的随机制宜的四次飞跃，管理的发展方向由沿着效率和人两大方向发展到将二者融为一体。

（2）未来的人。信息社会对组织来说最重要的资源是：信息、知识和创造力，而这些资源的唯一来源是人，人已成为实现快速反应与动态创新的根本。由于经验型管理将在更大程度上被系统的、科学的智能化管理所取代，因此，未来管理将更注重智能，它要求管理者成为技术素质和管理素质兼备的柔性人才，其角色不再是监督者，而是员工的教练、教师和良师益友，其核心任务和职责是同时实现组织效率和个人自我满足这两个目标。管理者需增加的新的职责是：确立组织定位，指明组织的目标；

调动员工的能动性，使组织充满创造力；诚实正直，建立相互信任的氛围。管理者靠与员工沟通协调来创造组织价值。传统组织的员工靠"手"上技能，未来的员工将更多地依靠头脑和软件去实现组织的目标。

（3）未来的组织。创新是未来组织的灵魂。未来组织的创新不仅表现在技术上，还涉及组织战略目标、组织结构的变革、组织文化的重构、组织资源的开发以及现场管理的柔性化过程等。根据詹姆斯·钱皮等的总结，未来的组织不再是传统的金字塔形，而是各种适应性网络型组织形式。未来的组织将以快速应变、柔性化来实现组织的共同目标。

（4）未来的管理职能。未来决策通过分权和授权，以提高组织灵活、快速应对复杂多变情况下的整体决策集成能力。未来的计划将更富有弹性，以动态地适应环境变化。未来组织的走势为：合作联盟、分散经营、重视智力基础设施的开发。未来的领导重视非正式权力作用的发挥，重视"领"的本领的建设和环境的营造、更多地授权、强调内在激励、领导风格更富有弹性。由于组织目标的复杂化和多元化，信息系统将普遍用于控制过程，许多有效的控制方法将不断涌现，控制由外部控制转向内部控制，将交互式进行。

未来的管理资源不仅涉及人、财、物，还涉及时间（空间）和信息等。

2. 传统管理与新世纪管理比较

在管理思想上，传统管理范式强调专业化、规范化和制度化，通过严格的等级制度和管理规则来控制和协调组织的活动，强调对员工进行外部控制，管理的基本任务是建立秩序，突出的是"管"的观念；新世纪的管理强调快响应、柔性化，其基本任务是应付变革、适应环境和改造环境，强调多样化、员工的相互协调和自我控制，突出的是整个管理系统的"合作"和"协调"的观念。注重情感管理、自主管理以及文化管理的人本管理将成为新型组织的核心管理思想和管理哲学。

在组织设计和管理目的上，传统管理模式构建的是传统的稳定—机械式层次结构，其权力主要来源于职位，这种等级式结构具有目标的单一性，它追求效率、稳定与连续性；而新世纪管理模式构建的是以"应变"为核心的新型的适应—学习型"有机"结构，其权力主要来源于知识与专业特长等个人影响力，这种网络式结构通过不断调整自身的多目标学习系统，追求的是组织的效益、创新、持续发展与员工的满意并重。

在管理要素上，传统管理模式涉及的主要要素是人、技术和组织结构；而新世纪管理则强调管理范围是组织的整个投入—产出过程，涉及组织的所有要素。时间（空间）和信息也成为管理的要素。

【复习思考题】

1. 管理创新的内容是什么？
2. 简述技术创新的表现形式。
3. 简述技术创新和管理创新的关系。

4. 简述企业变革的内容及方式。
5. 未来管理的趋势是什么？
6. 解释学习型组织。

【职场案例 13.1】

上海施贵宝公司的管理创新

上海施贵宝公司是中美两国在我国境内成立的第一家西药制剂合资企业，又是完全按照世界卫生组织"优良生产质量规范（GMP）"进行设计、生产和经营、管理的现代化制药企业。该公司先后通过美国、新西兰食品药品管理局（FDA）和加拿大卫生保健局（HPB）批准，成为我国第一家制剂产品可以出口北美和新西兰市场的制药企业。十几年来，该公司始终坚持企业管理创新，进行着卓有成效的经营管理，取得了令人瞩目的成就。

1. 管理思想上创新

管理创新，首先是要在管理思想上创新。这是其他一切创新的前提，没有这个前提，就谈不上创新。企业管理创新也有个机制，这个机制产生于企业内部环境与企业创新的氛围中。具有创新机制的企业，对管理创新具有推动和激发的作用，反之，则不能有效推出管理创新。上海施贵宝公司已成立十多年，在合资企业中成立较早，由于当时许多经营法规并不完善，因此，在操作上有一定的难度，既不能照搬美国投资方——美国施贵宝公司的做法，又不能按国内国有企业的一套做法，而是坚持走学习型、创新型路子。该公司真正在认识上、观念上、措施上到位，以管理创新对变革作反应，并把变革作为机会加以利用。把创新作为应对竞争环境的需要，是企业本身发展的需要。

该公司在管理思想上，主要在四个转变上下工夫：①从传统企业和管理目标多元化向管理目标单一化转变。每年企业都有明确的目标，公司的领导、公司的各项管理工作都围绕这一目标而展开，追求管理的卓越和创新，从而带来最佳的经济效益。②从企业被动型管理向企业自主化管理转变，让企业成为管理的主体。公司内部建立了CMP和质量、财务、安全等内部审计制度，形成了自我检查、自我整改、自我完善、自我发展的机制，调动了管理人员的积极性和主动性，发挥管理人员的智能和潜能，创造性地开展创新活动。③从企业内部管理的计划经济模式向市场经济模式转变。上海施贵宝公司将市场占有率作为衡量企业经营好坏的重要标准。只有提高市场占有率，才能保持企业的生存和发展。他们坚持各项经营管理工作都以市场为导向，一切为市场需要服务，在营销工作中，坚持加强市场研究，讲究市场策略，重视市场投资，完善营销机制。针对药品的特性及其特定的用户，确定了"自销与通过商业渠道销售并举"的原则，立足"甩掉"，而不满足于"卖掉"，以形成销售、服务、消费、制造的良性循环。④从封闭型的企业管理向国际通行的现代管理转变，并密切注意吸取国外现代管理的信息，不断进行管理创新。例如，他们将处方药与非处方药分类管理，为我国实施非处方药提供了一些经验、建议和措施。该公司是国内第一家成立单独非处方药销售队伍的公司,大力开发非处方药(OTC)市场,扩大公司市场份额,积极开发医院和药房的销售,积极传播和促进药房的零售工作,努力塑造品牌,制订一个雄心勃勃的新产品上市计划,建立第一流的非处方药(OTC)销售队伍。

2. 以人为本是现代企业管理的重要创新

人是在一个个具体的环境中全面发展的,由于分工的不同,每个人都有自己的工作岗位,在特定的工作岗位上创造性地工作,以达到企业目标,同时,把自己塑造成一个全面发展的人,这应是企业管理中对人管理的最高目标,它也是以人为本管理的真正要旨。

上海施贵宝公司的主要做法是:①公开择优招聘,促进人才合理流动。招聘工作严格贯彻"公开招聘、平等竞争、严格考核、择优录用"的原则。②实行绩效评估,发挥激励导向作用。③引进竞争机制,改革分配制度。每年都要在同行业内或委托咨询机构调查劳动力的市场价格,以此确定公司合理的工资价位。④重视培训,强调学习。该公司为加强员工学习,通过各种方式加强岗位培训。例如,新员工必须进行上岗前培训,以学习了解公司概况、企业文化、劳动合同、员工纪律、行为规范、安全生产、质量意识等;营销人员每季度进行有关营销策略、销售技巧和产品知识的专业培训;生产人员进行GMP的管理专项培训;管理人员每年集中培训2~3次,请国际专业培训公司讲授管理知识和技巧,指导部属学习掌握有关洽谈及领导沟通技巧、部门冲突处理技巧以及时间管理、团队精神、企业形象、学习型组织等知识;技术和管理骨干,则要出国参加专业培训或在国参加专业培训班等。⑤为员工创造发挥才干的条件,或过"贵宝人和"的融洽气氛。该公司通过培训,使员工提高技能和才干,并通过绩效评估肯定和发扬员工的工作成就,还通过各种方式和活动增进员工之间的感情。建立员工生日档案,公司向他们祝贺。在公司工作满5年的员工,公司领导要请这些员工家属到公司来做客,参观企业并共进午餐。

3. 管理方法上创新

企业管理方法的创新,主要是实现管理科学化和管理现代化。上海施贵宝公司把现代科学技术的一些最新成采用到管理领域中来,例如,全面质量管理、统计分析、计算机网络计划技术、库存管理、决策技术、市场预测技术、生产资源计划(MRPE)、预算管理、办公自动化等。例如,MRPII系统,公司采用了BPCS软件,使计算机网络管理完整地覆盖全公司各生产、经营部门,使市场预测、原料采购、生产作业、产品成本、库存状况、财务控制和质量控制等数据全都纳入一体化管理,从而有可能以最少投入、合理库存量和最高生产效率来编制生产计划,以更好地适应市场需求,在企业内部做到信息共享、决策科学和进行有效监督。另外,该公司还全面开展提高效率活动,制订节省成本、紧缩人员、提高效率的具体计划。这一活动的特点是面广,涉及生产、销售、财务、技术各个方面。公司在生产上开展了缩短生产周期的活动,对主要产品成立缩短生产周期项目组,定期活动,设立专职效率经理,开展大幅度提高效率活动。车间人均效率提高 50%,达到减人增产的效果。全面开展效率活动,包括销售效率、采购效率、新药上市周期缩短的工作效率和财务简化工作程序的活动(Do It Simple,DIS)。该公司在年度预算中把提高效率、减少成本作为实绩考核的一项指标。

4. 经营思路的创新

日本通产省曾对两个最大优秀企业进行调查,得出四个结论:①企业把主要精力放在提高劳动生产率、降低成本方面,经济效益一般;②企业把主要精力放在开拓市场方面,经济效益较好;③企业把主要精力放在提高产品质量和开发新产品方面,经济效益很好;④企业一手抓新产品,一手抓市场的开拓,经济效益最好。由此得出了管理、技术、产品、市场、服务五大创新的关键是产品创新和市场创新。这一结论公布后在国际企业界和理论界引起了强烈的反响。上海施贵宝公司牢牢抓住了产品创新和市场创新,他们在新产品开发上有 5 年滚动计划,每年都要上市 2~3 种新产品;新产品上市又有详细的上市促销和扩大市场占有率的策略,具有强烈的超前意识和市场占有意识。为了更好地占有市场,上海施贵宝公司成立了仓储分发部,把仓库、分发、车队归并在一个部门,加强合作,强化管理,保证 GMP。在全国设立了 14 个分发库,售后服务质量明显提高,例如,98%以上的产品在接订单后 2 天内送到客户手里(除超出客户使用的额度),设立这一部门后,效率上升,费用下降,效果非常好。在国外设有专门的分发公司,而国内企业一般是通过商业部门销售,不设立全国的分发部门。面对国内应收账款较多和三角债严重的情况,上海施贵宝公司对客户实行了资信管理。其办法是通过建立客户资信控制与管理系统,对客户企业的创建情况、销售历史、还款率等资信情况都有完整记录,并根据客户资信状况的变化而调整销售政策。该公司还设立了专职的资信与收款小组,强化了收款工作,使公司应收账款处于良好的状态。

思考与讨论:
1. 上海施贵宝公司的管理创新涉及哪些方面?
2. 上海施贵宝公司为什么能在管理上有创新?
3. 什么是具有中国特色的管理创新?

【职场案例 13.2】

创新型企业管理理念

1. 华菱集团的危机管理

华菱集团在中国还不能说如雷贯耳,但在湖南却是威名赫赫。正是危机理念,使华菱形成了独特的管理模式。

华菱集团董事长李效伟的第一个危机理念:"孙子哲学"。"在企业里我是董事长,但在外面我就是孙子!人家都是爷!这听起来不雅,但我为什么还要大张旗鼓地提出来？因为这就是针对我们国企普遍存在的自大心理得来的。我们总部当时大部分人都是从省冶金厅直接拨过来的，我必须要解决他们行为习惯中的架子、思想意识上的惰性。首先，你出去必须要放下架子，先当孙子！同时，你要广交朋友。特别是企业上层要和人家的基层办事员交朋友。你想，我们上层都是老资格，而人家全是大学毕业生，结果他坐着听，我站着给他汇报，这时我靠什么去支撑？就是靠'孙子精神'"。

伴随着"孙子哲学"的是李效伟提出的"湘勇精神"。即曾国藩湘军的"屡败屡战"精神。上市后，为了配合华菱薄板的项目，华菱做了一个"增发新股"的计划，并已经得到了上级的批准。忽然间证监会发文，说政策改了，增发要被取消。周围人都认为既然板上钉钉，就肯定不行了。李效伟却马上来到北京，找到有关部门，从下午一直游说到傍晚，甚至连站在人家走廊堵人的招儿都使了，终于赢得了上级部门的支持。这种不达目的誓不罢休的精神被李效伟渗透到华菱的每一个员工中，成为华菱的企业精神。"孙子哲学"和"湘勇精神"形成了华菱危机管理的雏形和基础。

李效伟的危机理念使华菱集团取得了长足的发展，作为一家从事传统钢铁产业的国有大型企业，华菱的管理模式具有典型的意义。具体表现在如下几点。

（1）完整的危机理念体系。李效伟的危机管理理念并不仅限于传统的危机事件管理，它包括危机的预测、危机的规避、危机的制造、危机的转移以及相应战略的制定等。这样，华菱的危机管理理念作为企业文化最重要的组成部分，就融入了企业管理的各个环节，从而使危机意识时时刻刻都融合在华菱的各级管理之中。

（2）未雨绸缪的危机管理。真正有效的危机管理应该是前瞻性的，它要求企业家预测企业发展过程中所潜伏的危机，制定相应的企业战略，并最终避免危机的发生，而不是在危机发生后再采取措施进行补救。正是在这种危机理念的指引下，李效伟在华菱集团的创建、上市以及中国加入WTO后等不同的发展阶段，科学地分析与预测了企业可能面临的危机与风险，并制定适当的企业战略。从而使华菱能够及时地抓住机会、避开威胁、扬长避短，使华菱取得了膨胀式的发展。

（3）全员的危机意识。在华菱的危机理念体系中，李效伟通过危机下移、危机制造、全员利润等方法将华菱可能面临的危机与风险层层分解，并具体落实到企业的每一位员工的头上。在华菱，中高层管理人员，实行一年一次360度、量化考核的动态管理。同时，针对中层管理人员，还实行"末位淘汰"。普通员工则实行3%～5%的"劳动合同到期不续签"制度。危机的层层分解，极大地增强了员工的危机意识，激发了他们的潜力，为华菱集团的发展打下了坚实的基础。

2. 联想的"大船结构"管理模式

联想的决策者认识到，没有一支组织严密、战斗力很强的队伍，企业就成不了气候，也就无从谈起进军海外市场。在这样的背景下，他们提出了"大船结构"管理模式，使之产生 1+1＞2 的总体效益。

"大船结构"模式的主要特点是"集中指挥，分工协作"，具体包括以下四层意思。

（1）集中指挥，统一协调。公司以开发、生产、经营三大系统为主体，围绕这三大主体，公司设置了一个决策系统，一个供货渠道，一个财务部门，实行人员统一调动，资金统一管理。根据市场竞争规律，企业内部实行目标管理和指令性工作方式、统一思想、统一号令、接近于半军事化管理。

（2）"船舱"实行经济承包合同制。1988年起，公司按工作性质划分了各专业部，例如，业务部下设汉卡、微机、网络、小型机、CAD工控、软件、资料等专业部，实行"船舱式"管理，任务明确，流水作业，有利于提高工作质量和效率，有利于实现按劳分配，调动职工积极性，体现企业主人翁地位。

（3）逐步实现制度化管理。从1998年起，公司开始完善各种企业管理制度。例如，财务制度、职工培训制度、干部聘任制度、库房管理制度等。着力进行规范化企业管理。实行制度管理，使各"船舱"衔接起来，既要提高各自的工作效率，又要顾及整体目标和利益，制度化管理使企业不但有了强大的动力机制，同时也建立起一套企业约束机制，以保证企业高速正常运转。

（4）实行集体领导，董事会下设总经理（总裁）室。总经理室4名成员，2个在香港，2个在国内，实行海内外统一指挥。公司高度重视领导班子的团结和带头作用。由于领导班子成员有共同的理想，共同的思想基础，又配合默契，使总经理一班人成为公司的坚强核心，在职工面前具有很强的号召力，并保证了企业决策的正确性，避免在竞争中产生失误和失利。

"大船文化"是联想在改革开放的历史条件下，在创建新兴科技企业的过程中提炼升华而成的，联想集团创造了极为丰富、极为宝贵的成功经验，概括起来，主要有以下几个方面。

（1）能正确确定企业的宗旨和目标，并成为指导企业一切工作的指针。联想自成立起，始终坚持一个宗旨：以科研成果为国民经济作贡献。他们把"创办计算机产业，跻身国际市场"作为联想人的共同理想和目标。

（2）善于制定并实施企业的发展战略。从1988年开始，联想就制定并实施了一个海外发展战略，并达到了预期的目标。1998年，联想又制定了一个面向未来（2010年）的跨世纪发展战略和策略，这一战略正在有效地实施。

（3）强调科研成果要产业化、商品化、效益化，他们提出"讲功劳不讲苦劳"的价值观，强调对科技人员的评价不是以学历、资历、成果鉴定会评价为依据，而以实际贡献为依据。要求科技人员强化市场观念、用户观念、时间观念、效益观念，发挥积极作用，创造经济效益。

（4）创立贸、工、技产业发展道路，建立开发、生产、销售、信息、服务五位一体的良性循环的产业结构。由于联想创立之初只有20万元人民币的投资，所以，必须走贸、工、技的产业发展道路，这既是联想的特点，也是联想的创造。

（5）建立"集中指挥、分工协作"的"大船模式"。联想的决策者认识到，没有一支组织严密、战斗力很强的队伍，企业就成不了气候，形不成产业，也就无从谈起进军海外市场。于是，他们实行了"大船结构"的管理模式，收到了很好的成效。

思考与讨论：企业管理的过程中是如何体现各种创新理念的？

参 考 文 献

奥罗克. 2011. 管理沟通：以案例分析为视角. 4 版. 康青, 译. 北京：中国人民大学出版社.
陈绪敖. 2015. 管理学. 北京：中国传媒大学出版社.
冯喜良. 2012. 企业变革的内在动力——社会转型中的企业劳动关系分析. 北京：工人出版社.
弗雷德·R·戴维. 2012. 战略管理. 徐飞, 译. 北京：中国人民大学出版社.
高志. 2010. 现代企业管理. 北京：化学工业出版社.
郝琴. 2015. 社会责任国家标准解读. 北京：中国经济出版社.
何志毅. 战略管理案例. 北京：北京大学出版社.
焦叔斌. 2013. 管理的 12 个问题. 北京：中国人民大学出版社.
焦叔斌, 杨文士. 2014. 管理学. 4 版. 北京：中国人民大学出版社.
凯文·莱恩·凯勒. 2014. 战略品牌管理. 吴水龙, 何云, 译. 北京：中国人民大学出版社.
林海斌. 2009. 企业制度创新与管理创新. 北京：中国社会科学出版社.
罗玉明, 刘莉芳. 2015. 企业战略管理. 北京：中国传媒大学出版社.
裴中阳. 2014. 战略定位. 北京：中国经济出版社.
石秀云. 2012. 管理学原理与实务. 北京：中国金融出版社.
斯蒂芬·P·罗宾斯. 2015. 管理学. 北京：中国人民大学出版社.
王晓辉, 高丽华. 2010. 现代企业管理概论. 北京：北京大学出版社.
王彦长, 刘明, 小利. 2015. 管理大视野——管理案例、习题集. 长沙：湖南师范大学出版社.
王增寿, 王小青. 2012. 现代管理学. 西安：陕西人民出版社.
王忠伟, 费素斌. 2010. 中国远古管理思想史：传说时期管理思想的萌芽. 北京：经济管理出版社.
吴熙云. 2012. 中国管理思想史. 北京：经济管理出版社.
徐飞. 2014. 战略管理. 北京：中国人民大学出版社.
袁竹, 王菁华. 2009. 现代企业管理. 北京：清华大学出版社.
张健. 2013. 管理创新与发展. 北京：经济科学出版社.
张文松. 2010. 战略管理：获取竞争优势之道. 北京：机械工业出版社.
Dessler G. 2012. 人力资源管理. 刘昕, 译. 北京：中国人民大学出版社.
Tidd J, Bessant J. 2012. 创新管理：技术变革、市场变革和组织变革的整合. 4 版. 陈劲, 译. 北京：中国人民大学出版社.
Wren D A, Bedian A G. 2012. 管理思想史. 6 版. 孙健敏, 黄小勇, 李原, 译. 北京：中国人民大学出版社.